U0897382

国家“十三五”重点出版物出版规划项目

乡村振兴中的学校发展
乡村校长培训丛书

丛书主编　杨小微

乡村校社合作

RURAL

EDUCATION

RURAL

TEACHER

李伟　著

华东师范大学出版社
·上海·

图书在版编目（CIP）数据

乡村校社合作 / 李伟著. — 上海：华东师范大学出版社，2021
ISBN 978-7-5760-2185-1

Ⅰ. ①乡… Ⅱ. ①李… Ⅲ. ①农村学校—联合办学—研究—中国 Ⅳ. ①G725

中国版本图书馆CIP数据核字（2021）第204867号

乡村校社合作

著　　者　李　伟
责任编辑　刘　雪
责任校对　邱红穗　时东明
装帧设计　俞　越

出版发行　华东师范大学出版社
社　　址　上海市中山北路3663号　邮编 200062
网　　址　www.ecnupress.com.cn
电　　话　021-60821666　行政传真　021-62572105
客服电话　021-62865537　门市（邮购）电话　021-62869887
地　　址　上海市中山北路3663号华东师范大学校内先锋路口
网　　店　http://hdsdcbs.tmall.com

印 刷 者　常熟市文化印刷有限公司
开　　本　787×1092　16开
印　　张　15.75
字　　数　242千字
版　　次　2022年2月第1版
印　　次　2022年2月第1次
书　　号　ISBN 978-7-5760-2185-1
定　　价　39.00元

出 版 人　王　焰

“乡村振兴中的学校发展”丛书
编委会

“乡村校长培训”系列	总主编◎杨小微
乡村学校公平	杨小微　张　萌
乡村学校课程	吴刚平　赵　晶
乡村学校规划	徐冬青
乡村教师发展	周　晔
乡村学校信息化	闫寒冰
乡村学校评估	张向众　乔　磊　杨　斐
乡村校社合作	李　伟
乡村校长领导力	邬志辉

“乡村教师培训”系列	总主编◎李家成
乡村语文教学	李　重　李政涛
乡村小学数学教学	吴亚萍
乡村小学英语教学	卜玉华　齐　珊
乡村综合学科教学	徐冬青
乡村教师科研	李天凤
乡村班级建设	李家成
乡村学生心理辅导	鞠玉翠
乡村教师人际沟通	孙元涛

总 序

中国教育现代化的短板之一在乡村教育，源于众所周知的历史原因；乡村振兴不能没有乡村教育的振兴，这是由教育与社会的关系所决定的；乡村教师和校长的专业发展到了不容忽视的时期，则是我们必须要正视的现实。

国家近期出台的重大教育政策乃至国家发展战略对乡村教育提出了明确要求：2018年《中共中央国务院关于实施乡村振兴战略的意见》提出了“优先发展农村教育事业”以及“统筹配置城乡师资，并向乡村倾斜，建好建强乡村教师队伍”等要求；中共中央、国务院印发的《中国教育现代化2035》要求“实施乡村振兴战略教育行动”；而《中共中央国务院关于全面深化新时代教师队伍建设改革的意见》也明确提出了“重点开展乡村中小学骨干校长培训和名校长研修”“深入实施乡村教师支持计划”和“优化乡村青年教师发展环境，加快乡村青年教师成长步伐”等部署，表达了党和政府对振兴乡村教育的高度重视和坚定的决心。

振兴我国乡村教育，也是乡村学生、家长、教师共同的需要。乡村学生需要优秀的乡村教师和校长，需要高质量的学校教育；乡村家长需要值得信任、能够开展创造性合作的乡村教师与校长；乡村教师和校长的职业生命与专业生活同样需要有品质的提升。

振兴乡村教育，更是关注我国基础教育优质均衡发展的研究者义不容辞的责任。我们的研究团队多年来扎根中国教育大地，深耕基础教育改革与发展领域，持续投入乡村教育研究。我们不仅奔赴云南、广西、江西、河南、安徽、湖北、甘肃、新疆等地开展了大量的调查研究，而且深度参与了乡村教育的发展过程，开展了大量的乡村教师与校长培训活动，推动了许多的乡村学校的发展，努力促进教育现代化的乡村样板学校和地区的形成。

这样的努力一直在持续，而本系列丛书，就是我们对乡村教育研究成果的阶段性小结，也是我们面向乡村教育发展的未来而不懈探索的智慧结晶。

“乡村振兴中的学校发展”丛书分为“乡村校长培训”和“乡村教师培训”两个系列，分别由杨小微教授和李家成教授担任总主编，每个系列都由八本著作构成。“乡村校长培训”系列涵盖乡村学校公平、课程、规划，乡村教师专业发展，乡村学校信息化、评估，乡村校社合作，乡村校长领导力等内容。“乡村教师培训”系列涵盖乡村语文、数学、英语、综合学科教学，乡村教师科研，乡村班级建设，乡村学生心理辅导，乡村教师人际沟通等内容。我们依托华东师范大学基础教育改革与发展研究所、上海终身教育研究院的学术资源，汇集了华东师范大学、复旦大学、西北师范大学、云南师范大学、华中科技大学、东北师范大学、上海师范大学、浙江大学等高校的科研人员，组成实力雄厚的编委会及作者队伍，参与丛书编写的成员均具有扎实的理论基础和丰富的教学经验。

我们期待这套丛书能够成为乡村教师与校长的培训教材、乡村学校变革的指导手册、开展乡村教育研究的参考书。我们期盼这套丛书的出版与发行，能为乡村教师和校长助力，让乡村学校变革不断获得新的力量；能为乡村教育研究助力，让中国乡村教育研究不断生成新的理论；能为中国教育现代化助力，让中国乡村现代化与乡村教育现代化迈上互生共长的新台阶。

华东师范大学　杨小微　李家成

2019年5月22日

前 言

乡村教育尤其是乡村学校教育，是我国高质量教育体系中不可或缺的一个环节，具有重要的社会意义和教育意义。“民族要复兴，乡村必振兴”，在国家乡村振兴战略的整体大格局、大背景中，再度审视中国乡村学校教育发展问题，从必要性和可能性上都需要更新乡村教育发展的思维方式与教育视野。传统上，人们习惯于问：“教育为社会做了什么？能做什么？”而现在，我们同时也需要甚至更需要问：“全社会为教育做了什么？能做什么？”因此，人们应该更加主动、自觉地用一种系统性、生态性、立体性、合作性的思维方式来思考乡村学校教育，用一种“全社会教育”“全教育实践”的教育眼光来重新思考乡村学校与社会的教育合作。在此基础上，乡村学校教育的政策制定者、教育管理者、教育实践者及全社会的教育相关者应“换一种办教育的眼光”来思考和促进乡村学校教育，“换一种课程资源的眼光”打开乡村学校广阔丰富的课程空间，“换一种专业成长的眼光”多维促进乡村教师的成长，“换一种学校治理的眼光”提升乡村学校的管理品质，“换一种学校合作的眼光”叩开蕴含丰富资源的全教育世界的大门。正是基于以上的思维方式与教育眼光的自觉，本书探究乡村学校与社会合作（以下简称乡村校社合作）的价值意义、可能性、历史脉络与理论基础，建构了乡村校社合作的全面、多维和深度合作的实践框架。

本书围绕乡村校社合作有何现实意义与发展价值、如何有效实现乡村学校与社会的多维与深入合作等主要问题，分为五个专题进行论述：

专题一为“乡村校社合作力的反思与觉醒”，论述乡村校社合作的必要性、可能性、理论视野与实践框架等。

专题二为“乡村学校课程开发与共建”，从乡村社区资源、家庭资源和网络平台等方面论述乡村学校课程开发的意义与策略。

专题三为“乡村学校教师专业成长与共生”，从中小学校际联合互动、大学与中小学合作、公益研修项目等方面论述乡村教师专业成长的意义和路径。

专题四为“乡村学校管理提升与共治”，从家长参与、社区参与、各级政府参与等方面论述乡村学校管理提升的意义和路径。

专题五为“乡村学校与各种社会组织及力量的合作”，论述了乡村学校与NGO、企业、社会网络媒体的合作意义与路径。

在撰写的过程中，本书自始至终努力秉承以下基本原则：

一是主体性与本土性的原则。首先，坚持尊重与发挥乡村学校与合作各方主体性的原则。真正有效的、成功的、可持续的校社合作不是靠“临时即兴式”“外来空降式”“照搬迁移式”等操作模式能实现的，而是一定要看到乡村学校自身的主体性和成长需要，看到合作各方的主体性与发展需要。其次，坚持尊重和适应乡村学校和乡村社会本土性的原则。真正的有生命力的教育一定是有“根”的教育，而这个根基就扎在乡村学校和乡村社会的“本土”性的自然环境、文化环境、社会环境之中。因此，本书在选择主题和案例时，一直警醒自身不能忽视乡村和乡村学校的本土性，不能用文化无意识的“城市中心取向”去“代替”乡村学校自己的本土性思考，而是要尽量地靠近和适应本土性，去培育乡村和乡村学校的教育之“根”和文化之“根”。

二是平等性和互益性的原则。平等和互益，是现代社会运行方式和现代人素养的基本准则和要求。合作的真正的成功之处，在于能“再一次地有效合作”，而其中的关键就在于自始至终尽可能保证和追求合作双方的平等性、互益性。因而，旨在可持续性发展的乡村校社合作必然也要秉承这一基本原则。

三是开放性和生态性的原则。在当代，乡村学校所处的世界已经不是传统农业社会所归限的世界，它可能还保留着农业文明的环境与人文特点，同时也受到工业文明的熏染和影响，此外也因为现代信息技术、人工智能技术的高速发展而同时浸润于信息文明之中。因此，开放性原则也应该是乡村校社合作的重要基本原则，开放性的心态、习惯、思维方式、资源配置方式、文化交流方式等都可以在合作中尽量得到培育和应用。与此同时，现代的合作与变革包括乡村校社合作，都不应该停留在那种高负担、高成本、高耗能、高损害甚至不可逆的发展方式上，而应该自觉秉承生态性的原则，向更高维度的生态文明方式靠近。

四是思想性与实践性融合的原则。“做教育的人，也许不一定是思想家，但是一定得有一点思想”；一本经得起检验的书，也许不一定是思想经典，但是也一定要有点思想。思想，代表了一种对纷繁现象、现实问题的审视高度、透析力以及思维与实践中的定力。虽然一本乡村校社合作主题的书似乎更偏向于实践类、操作类的议题，但我们也尽力先明其立场、立其思想，再谋其实践与操作，力图为读者呈现一个乡村校社合作“道（理）—法（则）—技（巧）”三位一体的立体化思想与实践系统。

五是真实性与启发性兼具的原则。作为较长时间在教育改革一线与老师们合作对话的教育学人，我深知一线老师们某种意义上“最喜欢”真实的、丰富的案例，想必这同样也是乡村学校教育实践者、管理者们的真实需求。因此，本书几乎所有的案例都来自乡土社会和乡村学校发展的真实情境，这虽花费了我和研究团队不少的时间和精力，但我们心甘情愿。因为，透过这些原汁原味的真实案例，我们一方面想表明向乡村学校教育者们致敬和学习的真诚心态，另一方面也是想基于本书的思想和框架与乡村教育者们“面对面”“心连心”地交流探讨，彼此启发。本书力图呈现各种案例和实践操作的“知其然”面貌，同时也想呈现其背后“知其所以然”的脉络，以此引起广大乡村学校教育管理者、实践者和相关研究者更深度的“理智兴趣”与生发性思考。若真能如此，本书“抛砖引玉”的初衷也许就实现一二。

李　伟

2021年4月

本研究系教育部哲学社会科学研究重大课题攻关项目
“加快教育现代化建设教育强国实施路径研究”（18JZD049）
阶段性成果

本研究系国家社会科学基金“十四五”规划2021年度
教育学一般课题“高质量教育背景下教师理论自觉研究：
内涵建构与培育机制”（BAA210025）阶段性成果

目　录

专题一
乡村校社合作力的反思与觉醒
——换一种办教育的眼光 / 1

一、乡村校社合作的必要性 / 9
二、乡村校社合作的可能性 / 22
三、乡村校社合作的理论视野与实践框架 / 34

专题二
乡村学校课程开发与共建
——换一种课程资源的眼光 / 49

一、基于乡村社区资源的乡村学校课程开发 / 52
二、基于家庭资源的乡村学校课程开发 / 72
三、基于网络平台的乡村学校课程开发 / 88

专题三
乡村学校教师专业成长与共生
——换一种专业成长的眼光 / 99

一、基于中小学校际联合互动的乡村教师专业成长 / 104
二、基于大学与中小学合作的乡村教师专业成长 / 119
三、基于公益研修项目的乡村教师专业成长 / 124

专题四
乡村学校管理提升与共治
——换一种学校治理的眼光 / 135

一、基于家长参与的乡村学校管理提升 / 138
二、基于社区参与的乡村学校管理提升 / 165
三、基于各级政府参与的乡村学校管理提升 / 172

专题五
乡村学校与各种社会组织及力量的合作
——换一种学校合作的眼光 / 191

一、乡村学校与NGO的合作 / 193
二、乡村学校与企业的合作 / 208
三、乡村学校与社会网络媒体的合作 / 219

后　记 / 235

专题一

乡村校社合作力的反思与觉醒

——换一种办教育的眼光

任何一个人都要人支持。一个好汉也要三个帮，一个篱笆也要三个桩。荷花虽好，也要绿叶扶持。

——毛泽东

乡村教育主要是指在乡村地区对各个年龄段乡村村民及其子女实施的各级各类教育与各种形式教育的总称，包括乡村学校教育和社会教育。而乡村学校教育成为乡村教育的基础和主体。1986年颁布的《中华人民共和国义务教育法》中明确规定："义务教育事业，在国务院领导下，实行地方负责，分级管理。""地方各级人民政府应当合理设置小学、初级中等学校，使儿童、少年就近入学。"按照这一要求，在20世纪80年代提倡"人民教育人民办"的背景下，出现了"村村都有办学校，学校就在家门口"的局面，众多乡村学校便应运而生。乡村学校在乡村发展过程中担负起特殊的使命，成为乡村之中重要的文化中心，对整个乡村的智力生活、文化生活和精神生活都有着很大的影响。①

改革开放以来，乡村学校在国家的政策支持下逐渐发展，也面临着许多新的困境。《中国农村教育发展报告2016》显示，乡村义务教育呈现出"乡村小规模学校、乡镇寄宿制学校、县城大规模学校"的基本格局。②"如今的乡村学校，几乎已经演变成地方基础教育普遍的痛。随着城镇化步伐的加快，乡村学校规模越来越小，数量越来越少。"③在乡村振兴战略的推动下，社会各界越发关注乡村学校的现状与困境，乡村学校教育也成为名副其实的社会热点。

案例1-1

乡村教育发展报告显示：乡村小学超五成为小规模学校④

2015年，全国共有小学与教学点283 560所，其中乡村地区有200 199所，占全国小学和教学点总数的70.6%。全国共有不足100人的乡村小规模学校111 420所，占乡村小学和教学点总数的55.7%。全国有无人校点9 667个，不足10人的乡村校点达3.39万个。以上内容是今天发布的《中国农村教育发展报告2016》中给出的数字。据悉，该报告综合利用国家统计数据和东北师范大学中国乡村教育发展研究院在全国12个省份的调研数据而形成。"未来一段时间，乡村小规模学校数量可能会持续增加。"

---

① 仲成成．改革开放以来乡村学校社会教化变迁的个案研究［D］．济南：山东师范大学，2012：9.

②④ http://www.moe.gov.cn/jyb_xwfb/s5147/201612/t20161227_293092.html.

③ 武晓伟，朱志勇．论我国"精英式"农村基础教育问题及其治理［J］．南京社会科学，2014(02)：137—143.

东北师范大学中国乡村教育发展研究院院长邬志辉在发布会上说:“不仅村小和教学点学生不断减少,很多乡镇学校的生源也呈下降趋势。”报告显示,目前,仍有相当一部分县(市、区)没有通过义务教育均衡发展督导评估认定。在城镇化背景下,县域义务教育的不均衡发展,使大量学龄儿童进入县镇上学,加剧了乡村学校的小规模化。“城镇化、学校布局调整和城乡教育质量差距是造成该现象的重要原因。”邬志辉说,同时他还给出了另一组数字,“调查显示,48%的乡村家长表示,如果乡村学校具有和城里学校相同的教学质量,则不会选择送孩子去城里上学”。由于学龄人口不断向城镇聚集,2015年,小学教育城镇化率达到69.4%,初中教育城镇化率达到83.71%,分别比2011年提升了10.35和6.66个百分点。

“十三五”期间,全国23个省份、95.3%的县级单位已经实现义务教育基本均衡发展,99.8%的义务教育学校(包括教学点)办学条件也都达到“20条底线”要求,56人以上大班额比例已经由2016年的12.7%下降到2020年的3.98%。[①]在城乡教育均衡发展的新时代教育理念指引下,国家和社会对乡村学校的发展抱有更多的期待。今天的基础教育均衡发展,更应该关注城乡学校的均衡,更应该关注城乡学生享受教育的均衡。然而,在城乡二元体制的影响下,国家社会资源(包括教育资源)的流动倾向于政治、经济、文化较为发达的城市,教育公平问题越发引人关注,已经成为我国社会最主要的矛盾之一。为解决这一矛盾,城乡均衡发展的概念应运而生,而城乡教育均衡发展也成为城乡均衡发展的最重要目标之一。教育的公平,是社会公平的重要体现,乡村学校亦承载着国家、社会和千千万万乡村家庭对孩子教育的美好期待。

本书通过案例解读,帮助乡村学校校长、教师等了解乡村学校的发展现状,探索乡村学校与社会各主体的合作路径(即乡村校社合作),以帮助乡村学校从办学思路、课程开发、教师专业成长、学校治理、学校与各类社会组织与力量合作等方面寻找新的突破,解决普遍的发展困境。在教育实践中,乡村校社合作已经在部分地区率先取得了成果。例如:在“学会联合”这一办学理念的

① http://www.gov.cn/xinwen/2020-12/01/content_5566284.htm.

指引下，南京行知小学在30年的办学历程中逐步实现了“村校联合”“城乡联合”“国际联合”，不但让乡村小学实现了生存、发展以及突破的跨越式前进，还体现出乡村小学办“大教育”的品牌特质。具体来看下面的案例：

案例1–2

走在行知路上①

“文革”之后的1981年，中国乡村的教育也正在经历着改革开放初期国家对教育秩序的整顿和恢复，此时，刚刚从南京晓庄师范毕业的杨瑞清和李亮，主动申请到最艰苦的地方去办学，他们要学习陶行知，去探索现代中国乡村教育发展的新路子。

一、开展行知实验，提高教学质量

杨瑞清和李亮刚来到五里小学时，当时的村民都嫌弃这所学校的办学质量不高，纷纷舍近求远，把孩子送到其他学校去读书，为了改变这个状况，杨瑞清和李亮带头做了三件事情：“不让一个孩子失学”“行知实验班开启教学改革”“不让一个孩子留级”。

杨瑞清和李亮把“不让一个孩子失学”作为他们从事乡村教育事业的第一个使命，他们把走村串户去家访作为他们从事乡村教育事业的第一个行之有效的办法。家访的过程拉近了他们和村民之间的距离，让大家看到了他们对孩子、对教育的一片热忱。十年之内，经过两次教育实验与两届毕业生，杨瑞清和李亮最初的“结合乡村教育实际来践行陶行知的教育理念”办学初衷，在行知小学学校品牌初创时期，具体化为转变当时乡村学校唯分数唯统考论成败的教育目标。他们联系乡村生活实际，丰富乡村小学的课程设置和教学形式，让行知小学的学生能够在小学的学习过程中，以及小学之后的求学道路上和人生道路上获得更多的快乐和成功。

二、促进教师成长，稳定师资队伍

稳定的师资队伍对一个学校的发展起着举足轻重的作用，因为学校的核心教育理念不可能只依靠校长和副校长去实施，更重要的是依靠全

① 杨瑞清.走在行知路上[M].北京：北京高等教育出版，2004：1—203.

体教师的团队合力来贯彻执行。行知小学的四合院新校舍建成后，县文教局为行知小学调来了一批年轻教师，他们当中有的是有教学经验的骨干教师，有的是优秀的师范毕业生，这些青年教师成长快、学历高、能力强，但是他们在行知小学都待不了很长时间，不到三年就全部调离了。面对优秀教师的频繁调离，行知小学做了两件事情：一是在1989年1月10日，行知小学与晓庄师范学校签订合作协议，成为晓庄师范学校第二附属小学，通过晓庄师范学校给行知小学推荐毕业生，让行知小学成为晓庄师范学校的实习基地。二是关注乡村教师教育，关注乡村教师的成长，使教师们能安下心来更好地做乡村教育工作。

即使在师资队伍如此不稳定的情况下，行知小学的许多老师还是坚持不断地进行学历进修。杨瑞清校长在1985年至1988年参加了南京师范大学教育系学校教育专业的本科函授班的学习，学校的其他老师也都积极参加各种形式的进修、学习，年轻教师相继学完了大专以上的专业课程，就连五十多岁的民办教师陈某也去进修了中师课程。

三、建立行知基地，从村校联合到城乡联合

行知小学经过从1981年到1991年十年的发展，如果一切内外部条件都延续原来的状态的话，行知小学下一步要做的应该是专注于教学质量的提高。但是，一方面，学校骨干教师的调离，包括李亮也被调离，使得学校在师资上面临人才的空档；另一方面，多年以来，学校没有得到任何财政资金的投入，办学条件已经非常简陋，再加上“不留级”实验班在统考中考试成绩比较差，遭到大家的质疑和否定，这些问题都触及学校的生存问题。行知小学在这个拯救自己、谋求生存、寻求发展的关键时期，跳出了村办小学的局限，放眼整个乡村和城市去寻求联合，为学校的发展找到了一条新路。

为了解决行知小学的经济困境，1992年杨瑞清校长模仿苏南的很多学校办起了校办工厂，但效果不佳。工厂办不成，就办农场。五里村的农民慷慨地给了学校二十几亩地，杨瑞清校长带领学生培植爬山虎幼苗，还给学校带来了一两千元的收入。行知实验农场一点点地做出了规模，吸引了南京市第二十二中学的校长，一所城市中学和一所乡村小学联合办起了实验农场，第二十二中的学生还来到行知小学学农，正是在此基础上发展出了行知基地。1994年7月18日,“南京市中小学生行知乡村科技实践基地”(以下简称行知基地)正式挂牌成立,该基地一成立,立刻得到了南京市许多中小学的积极响应,他们纷纷组织学生到行知基地开展活动。城市学生到行知小学的行知基地来做什么呢?行知基地设计了三方面的课程,即学习农业科技、了解乡村建设、体验农民生活的三农特色课程。回顾当时行知基地对于行知小学发展的影响,杨瑞清校长这样评价行知基地:我们的联合出现了质的变化,由村校联合发展到了城乡联合,城市毕竟在中国文化、经济中是主流的,是有力量的,那么这样的一种城乡的对话与城乡的联合,对我们的小学的促进就是根本性的,也给我们带来了很多机会,这里面包括投资,一开始是少的,一开始是10万,十年以后才有200多万、300万的,但是这些让我们看到了希望,城乡联合让我们可以抓住很多机会。另外,还可以收点费用,真正的主动就是我们可以收点活动费,这样就可以精打细算,省出一点钱来发展小学、养活小学,提高教师待遇,促进教师学习,这是一个非常重要的举措。“让农民的孩子也能享受到最好的教育”是杨瑞清校长一直以来的奋斗目标。他认为,最好的教育不只是物质条件最好,而是让学生能在学校快乐地成长,在师生共同努力下,早日成人、成材。在陶行知先生当年倡导的乡村教育运动中,也曾提出过这种集中附带的事业,即招待参观的工作,“为便利远道来校参观者起见,曾在少数优良学校里设备床位,以便参观者做长期观察。这个方法,可以使乡村教育运动扩大得更快、更远”。“城乡联合”,让城里的孩子有机会亲自体验乡村生活,使行知小学走上了快速的、可持续的发展道路。行知基地的建立,在行知小学的发展历史上是非常重要的一笔,这个创举,使得行知小学跳出了就乡村教育办乡村教育的局限,与城市的学校合作,并没有让行知小学丢掉自己的乡村教育特色,反而让更多的人看到了乡村教育的魅力和希望,并为乡村教育争取到了更多、更好的资源。行知基地不是竖立在行知小学校舍旁边的宿舍楼,而是一个平台,它是由行知小学和所有合作学校共同搭建起来的,它增加了乡村教育与城市教育、乡村学校与城市学校之间的互动和交流、学习和成长。

1995年底,由县长牵线,南京古南都饭店为回报社会,选中了行知小学做对口支持，古南都饭店愿意一次性捐助10万元，同时给每位教师提供每人每月150元的津贴，并资助学校里家境贫寒的学生上学，但是行知小学要冠上“古南都”三个字，更名为“古南都行知小学”。古南都饭店给予学校的支援，解了行知小学的燃眉之急，学校偿还了债务，维修了校舍，添置了设备。办工厂、办农场，和企业联合办学，这些都是行知小学的大教育联合中的产业建设环节。行知基地的发展把大量的经费、信息和机遇带到了行知小学，同时又把行知小学的影响带到了四面八方。[①]行知小学的村级大教育课题，其实主要是一种理想，是一种探索。村级大教育的局面形成了，虽然初期框架多于实质内容，但这种源自陶行知先生大教育观的具体实践，可能是将来乡村教育发展的一条途径。

四、国际联合，探索办好乡村学校的出路

陶行知先生始终认为生活教育、活的教育是办好乡村学校的出路。他认为，生活教育的特质之一就是活的教育，是世界的教育。生活教育的场所可以是整个世界，而不仅仅是中国。作为行知思想和文化的传承者，杨瑞清和他的行知小学也在办学过程中继承和发扬了这一思想。

2005年，在一次文化交流活动中，杨瑞清校长结识了新加坡文教中心的负责人陈君宝先生，自此行知小学拥有了第一次与国际学校交流的机会。2007年，行知小学被国家认定为“汉语国际推广中小学基地”。以此为标志，通过接待海外华语学校的老师和学生参观考察，向海外华人传播行知文化，行知小学逐步实现“国际联合”。10年来，行知小学已接待5 000多人次的境外师生感受与交流中华文化。随着国际交流平台的搭建，行知小学的老师们也获得了更多走出国门进行学术交流的机会。几年来，行知小学接待近10个国家的教育工作者超过500人，其中多数是新加坡、马来西亚的汉语教师，他们在这里学习培训一般在一周以上。专门组团过来培训的马来西亚教师团有4个，新加坡教师团有5个，还有相当一部分老师是组织学生活动的带队老师。近10年来，行知小学搭建了“行知苑”中华文化感受与交流活动中心、国际汉语教师交流中心、“行知

① 廖其发，等.中国乡村教育问题研究[M].成都：四川教育出版社，2005：18.

教育三国论坛”等平台。这里每年接待世界各地师生数千名，成为中国乡村教育对外开放的重要窗口，是弘扬行知精神、传播中华文化的重要阵地。2011年，行知小学被确定为“江苏省华文教育基地”，被评为“江苏省教育国际合作交流先进学校”。“在全球化、信息化的今天，无论乡村学校还是城市学校，中国学校还是外国学校，大家要一起来办世界学校。”杨校长的这句话体现了行知小学“创办世界学校、培养国际公民”的办学理念，也体现了行知小学国际联合后所要打造的“世界学校”的品牌特色。

这个案例体现了“一个好校长就是一所好学校”，也生动地诠释了“换一种办教育的眼光”的丰富内涵。作为一校之长，他办教育的眼光对学校、教师、学生发展的引领作用是决定性的，他的努力程度和向上的态度直接影响着一个学校的前途与命运，而一个学校的品牌建设，更需要校长具有不断创新、不断突破的自我超越意识。乡村学校校长应当“换一种办教育的眼光”，自觉提升乡村校社合作力，即提升乡村合作的政策自觉、理论自觉、历史自觉与实践自觉。

一、乡村校社合作的必要性

（一）读懂乡村教育发展的内在需要

1. 乡村儿童未来发展的成长需要

第一，满足乡村儿童的精神需要。世界的未来在儿童的手中，而乡村的未来则与乡村儿童息息相关。关怀乡村儿童应从其精神世界的内在需要开始。其一，每个儿童都渴望得到家庭的关怀。由于父母常年外出务工，乡村留守儿童在逐年增多，大多数儿童缺乏父母关爱，容易产生情感上的缺失。乡村社会应当呼吁村民们多关注子女的健康成长，增加与子女的情感交流。其二，儿童渴望在学校、社区中得到关注，确立存在感。乡村教师应当尽可能地了解学生的家庭背景，关心学生的日常生活，给予乡村学生更多的关心与帮助。学校和乡村社会可以组织相关活动，设立青少年宫等帮助乡村儿童合理安排课余、周末及假期时间，组织相关娱乐活动，丰富乡村儿童的日常生活。[①]

① 仲成成.改革开放以来乡村学校社会教化变迁的个案研究[D].济南：山东师范大学，2012：39.

第二，提升乡村学生学校归属感。调查发现，若乡村学生能获得更多的社会支持，他们就会更加喜欢学校里的环境，更加喜欢学校里的同伴和老师，这可增加他们对学校的认可并融入学校，形成强烈的学校归属感。其一，为了降低乡村学校辍学率，应当增加乡村学生的社会支持。特别是社会应加大投入，改善乡村学校的办学条件，通过建立完善的教师轮岗制度、选派优秀教师到乡村学校支教等办法对乡村学校加以扶持，以提高对乡村学生的客观支持力度，增强他们的学校归属感。其二，乡村学生主观体验到的社会支持也影响着他们对学校的归属感。因此，教师在教育教学中应尊重、爱护学生，平等对待每一位学生，让学生切实体验到自己在学校中时刻受到教师、同学的尊重、理解、支持与关心，从而产生受尊重、被理解、被支持的情感体验，以提高他们的主观支持力度，增加他们的学校归属感。[①]

2. 乡村学校发展的变革需要

第一，振兴中国乡村社会的学校变革需变革自身。乡村产业结构的变化、互联网与大众传媒的普及、社会生产与消费方式的变化、大批外出打工者观念的更新等诸多因素都在影响着乡村社会的转型。然而，这种转型是艰难的、痛苦的、漫长的，因为它所要改变的是几千年来中国社会遗留下来的传统观念，触及人们的生产与生活方式。为此，教师、校长需变革自身，必须把合作与自治的精神视为学校生活的重要精神内核。这种精神内核不仅应该渗透在整张课程表中，而且还应渗透在学校生活的方方面面。学校应当营造合作氛围，不断为学生提供合作学习和做事的机会，把合作内化为师生的习惯。

开展合作学习是养成合作精神和能力最有效的途径之一。开展合作学习，就要打破一些常规，比如传统课堂上教师往往比较多地关注学生个体，师生一对一问答式的教学方式比较普遍，教师与学生个体之间的单线直接交流以及教师与学生群体之间的交流相对比较丰富，而学生个体之间、学生个体与群体、小群体与小群体之间的交流相对比较缺乏，这样就使学生之间缺失了最基本的合作基础。合作学习还要求教师具有新的时间和空间概念，即在空间上对课程整体空间进行分割，形成网络多中心模式；在时间上，将串行的、线性时间，分割

---

① 刘雪珍．乡村小学生学校归属感与社会支持研究——基于罗城仫佬族自治县乡村小学的调查［J］．河池学院学报，2013，33（02）：119—123．

成串行与并行混合、线性与非线性结合的模式，从而形成从一元向多元的过渡，为合作学习提供有力的保障。此外，自治精神和能力的养成，脱离不开在自治状态下的日常生活经历。经过最自然的生活积累，自治精神才更容易在学生头脑中巩固并逐渐成为习惯。对于自治精神的培养，最好的训练莫过于班级管理与教育中的日常锻炼。①

第二，学校布局调整背景下需承担建设乡村社会文化的责任。基于学龄人口不断减少、城镇化进程逐步推进背景下的学校布局调整，是不可逆转的教育改革趋势之一。但是，如何在追求经济效益的过程中尽可能照顾弱势群体的切身利益，如何在提高教育质量的过程中尽可能不破坏乡村文化的发展延续，应该成为学校布局调整政策的基本立足点和重要目标之一。②

其一，乡村学校需加强自身文化功能，充分发挥文化引领作用。作为乡村文化中心的学校，要尽可能地给予当地村民以文化精神上的引导和培育。乡村学校具有相应的文娱、体育、休闲的活动场所与设施，在不影响学校正常教育教学活动秩序的前提下，乡村学校可以组织当地村民在学校里开展文体活动、民间艺术活动、科技培训活动等。这些活动可以由学校师生与当地村民共同组织、合作参与，这样一来，不仅可以丰富当地村民的文化生活，引导当地村民形成丰富、健康的兴趣爱好，而且还可以加强学校与当地村民的联系和交流。

其二，乡村学校要有效利用乡村社会特有的文化环境。乡村文化环境是一个由乡村传统、习俗、民歌民谣、民间故事以及乡村道德共同建构起来的乡村生存样态，正是口耳相传的文化传播使乡村儿童获得心智的启蒙，正是浑然天成的文化环境使乡村人养成淳朴、自然的性格。③作为乡村文化主要传承人的儿童，对乡村文化的习得过程，是其从知晓、了解、传承到热爱的过程，也是其从精神层面回归本乡本土的心理历程，可以增进对家乡的归属感。同时，乡村学校有更多的机会让学生参与乡村生产实践，通过让学生参加田间劳动，使其体验到劳动的艰辛和收获的喜悦，培养他们吃苦耐劳、热爱劳动的精神品质。

---

① 郭长江.学校变革与中国乡村社会之命运[J].宁波大学学报(教育科学版),2003(04): 18—21.

② 安晓敏.学校对乡村意味着什么——布局调整对乡村社会文化的冲击及对策[A].东北师范大学乡村教育研究所，吉林省教育学会.“公平、质量、效率：乡村教育政策的抉择”国际学术研讨会论文集[C].东北师范大学乡村教育研究所，吉林省教育学会：东北师范大学乡村教育研究所,2009: 5.

③ 邬志辉.关于乡村教育三个理论问题的探讨[J].理论月刊,2009(9): 7—12.

其三，最重要的是要形成乡村社会文化的内生机制。乡村社会文化不是一个静止的、一成不变的概念，而是一个不断变化、不断更新发展的过程，这种发展不是外在的、强加的，而是内在的、自我生成的。健康的、富有生命力的乡村文化需要形成自身的内生机制。在乡村地区进行优秀文化资源的建设和引进，形成乡村社会文化的自我生成机制，具体措施有三个方面：一是把撤并后闲置的校产用于乡村社会文化建设，如为农民创办成人培训班、健身场所、电影院、图书馆等，充分发挥校产应有的功能；二是引进优秀的文化资源，让优秀的图书、电影、艺术进入乡村社会，加强对乡村文化的引导与培育，让村民形成健康的兴趣爱好，丰富其精神生活；三是建设高素质的乡村师资队伍，通过引进、派任、培训等措施提高乡村师资队伍的整体素质，在提高乡村学校教育质量的同时，也使乡村文化的更新发展有了最根本的保障。①

3. 乡村人民对美好生活的美好期待

党的十九大报告中明确指出："中国特色社会主义进入新时代，我国社会主要矛盾已经转化为人民日益增长的美好生活需要和不平衡不充分的发展之间的矛盾。"②乡村人民在新时代的美好生活需要至少包括这几个方面：第一，经济条件的改善需要。解决好发展不平衡、不充分的问题，重点难点在"三农"，迫切需要补齐农业乡村短板弱项，推动城乡协调发展；构建新发展格局，潜力后劲在"三农"，迫切需要扩大乡村需求，畅通城乡经济循环。③第二，乡村生活设施的改善需要。加强乡村公共基础设施建设，提升乡村基本公共服务水平。建立城乡公共资源均衡配置机制，强化乡村基本公共服务供给县乡村统筹，逐步实现标准统一、制度并轨。第三，乡村教育质量的提高和教育公平的提升。《中共中央国务院关于全面推进乡村振兴加快农业乡村现代化的意见》提出，要"多渠道增加农村普惠性学前教育资源供给，继续改善乡镇寄宿制学校办学条件，保留并办好必要的乡村小规模学校，在县城和中心镇新建改扩建一批高中和中等职业学校。完善乡村特殊教育保障机制。推进县域内义务教育学校校

---

① 安晓敏.学校对乡村意味着什么——布局调整对乡村社会文化的冲击及对策[A].东北师范大学乡村教育研究所，吉林省教育学会."公平、质量、效率：乡村教育政策的抉择"国际学术研讨会论文集[C].东北师范大学乡村教育研究所，吉林省教育学会：东北师范大学乡村教育研究所，2009：5.

② http://theory.people.com.cn/GB/n1/2018/0309/c40531-29858058.html.

③ http://www.moj.gov.cn/news/content/2021-02/22/1688_3266677.html.

长教师交流轮岗，支持建设城乡学校共同体”[①]。其中，义务教育城乡均衡发展是最基础性的教育公平事业。

4. 中国教育现代化的追求

第一，乡村教育的发展出路。乡村教育一直是政府和国家关注的重点，解决乡村教育问题更需要在循序渐进、遵循事物发展规律的基础上发挥人的主观能动性。[②]其一，政府应加强有效的支持与引导，制定稳健适当的政策措施助力乡村教育。做到重新以教育正义为根本出发点，适当加大国家对乡村教育的经费投入量，抓紧落实相应配套设施建设，为学生营造健康文明的校园环境。[③]其二，重视乡村教育的课程改革与乡村文化的重塑。在城市化不可逆的发展过程中，要加强乡村本土文化与乡村教育的融合，乡村固有的文化精神要与乡村教育的发展紧密联系起来，并立足乡村教育实施制度化改造。[④]其三，重建现代化价值体系，优化教育发展结构。在实践中，要通过现代化乡村价值体系的重建与整体社会体系的调整，促使乡村儿童养成一种健康的生活方式，形成正确的价值追求。[⑤]

第二，乡村文化秩序的重建。《中共中央国务院关于全面推进乡村振兴加快农业乡村现代化的意见》提出要加强新时代乡村精神文明建设。深入挖掘、继承创新优秀传统乡土文化，把保护传承和开发利用结合起来，赋予中华农耕文明新的时代内涵。[⑥]在乡村文化日益荒漠化的今天，重建乡村文化秩序，需要乡村学校主动融入乡村社会、加大课程内容中乡土文化的渗透力度。[⑦]其一，增强乡村人民对本土文化的认同。除了要加强村民组织建设、乡村图书馆建设、传统乡村文化形式的发掘和引导外，乡村学校要自觉扮演乡村文化的堡垒角色，承担起引导人们获得正确价值观的重任。其二，充分利用各地发展优势，因地制宜，整合优势育人资源，开发地方课程和校本课程，把乡土文化引入校园，引入课堂。[⑧]

---

① http://www.moj.gov.cn/news/content/2021-02/22/1688_3266677.html.

② 李珍.社会变迁视角下乡村教育发展研究述评[J].湖北农业科学，2019，58(20)：210—213+219.

③ 蔡志良，孔令新.撤点并校运动背景下乡村教育的困境与出路[J].清华大学教育研究，2014，35(02)：114—119.

④ 闫守轩.乡村教育“悬浮态势”的困境与出路[J].教育科学，2013，29(02)：34—38.

⑤ 杜尚荣，李森.当代中国乡村教育的主要问题及思考[J].教育导刊，2011(10)：22—24.

⑥ http://www.moj.gov.cn/news/content/2021-02/22/1688_3266677.html.

⑦⑧ 王勇.社会转型期乡村学校教育的文化困境与出路[J].教育探索，2012(09)：29—30.

（二）读懂乡村学校发展的现实困境

随着社会现代化发展，城乡二元结构等因素使得乡村学校发展遇到诸多结构性困境，需要国家、社会等长期的支持、持续的调整才能解决。同时，国家提供的政策支持，在教育实践中是否能被地方政府、乡村学校良好落实，以及乡村学校自身发展中在决策、理念、实施等方面存在的主观问题，也导致了诸多发展性困境的存在。

1. 乡村教育结构与布局的困境

第一，乡村教育结构不合理，脱离乡村实际。乡村教育的任务主要是培养乡村的新一代建设者，提高他们的科学文化素质，促进乡村经济建设和社会发展。但是，由于社会、经济、政治、思想等因素的制约，乡村教育成了偏单一性的全日制普通学校教育结构，忽视了各种形式的职业教育和成人教育；而乡村教育的内容、学科设置往往脱离乡村的社会生产实际，乡村学生毕业回到乡村后缺乏生产致富的本领。

第二，随着乡村义务教育学校布局调整的发展，乡村小规模学校经历撤并、保留与恢复等一系列变动之后，使乡村小规模学校的发展面临困境，在发展道路上也存在着诸多的矛盾与问题。为了促进乡村学校发展，重振乡村小规模学校，国家提出乡村教师支持计划等。[①] 如“2020年乡村义务教育阶段学校教师特设岗位计划”提出要切实加强乡村学校教师补充，优先满足“三区三州”等深度贫困地区县……持续优化教师队伍结构，加强体音美、外语、信息技术等紧缺薄弱学科教师的补充。[②]但是，乡村教师队伍的建设依旧存在着师资短缺、学科开设不足、缺乏教学资源等问题。

2. 乡村学校办学经费与资源的困境

第一，乡村义务教育经费投入总量不足。义务教育经费投入总量包括三

---

① 姜荣华，汤贝．乡村小规模学校的统筹及其社会功能［A］．东北师范大学中国乡村教育发展研究院，联合国教科文组织国际乡村教育研究与培训中心，中国社会科学院中国教育发展智库、中国乡村教育发展协同创新中心.2017年乡村教育国际学术研讨会教育促进乡村转型会议论文集［C］．东北师范大学中国乡村教育发展研究院，联合国教科文组织国际乡村教育研究与培训中心，中国社会科学院中国教育发展智库，中国乡村教育发展协同创新中心：东北师范大学乡村教育研究所，2017：1.

② http://www.moe.gov.cn/srcsite/A10/s7151/202005/t20200511_452739.html.

个方面：国家财政拨款、社会办学资金（包括社团、个人、企业办学等）和学生的家庭教育支出费用，其中国家财政拨款是其最主要的来源。近几年来，我国对乡村义务教育事业经费的投入金额总量虽然不断增加，但投入比例仍然不高。"2014年，全国教育经费总投入为32 806.46亿元，比上年的30 364.72亿元增长8.04%。其中，国家财政性教育经费（主要包括公共财政预算安排的教育经费、政府性基金预算安排的教育经费、企业办学中的企业拨款、校办产业和社会服务收入用于教育的经费等）为26 420.58亿元，比上年的24 488.22亿元增长7.89%。"①但从教育经费投入来看，我国教育偏重于城市地区，乡村教育经费投入不足。由于教育经费短缺，广大乡村学校的办学条件教学的最基本要求与全面推进素质教育的目标相去甚远。这些因素都严重影响了乡村学校的教育质量，阻碍了乡村学校的发展。②

第二，乡村学校缺乏办学资源，包括人、财、物、文化和制度资本等。以教师为例，尽管国家、各级政府实施了《乡村教师支持计划（2015—2020年）》，但是并没有解决乡村小规模学校的师资配置问题，教师的周课时量大多超标。由于人手不足，小规模学校教师工作时间过长、工作任务过重，很多教师的任教科目都在3门或3门以上。然而，乡村教师优质培训机会未能直达乡村小规模学校，教师专业知识、能力和专业伦理的提升没有渠道。③

3. 乡村学校办学环境与教育文化生态的困境

办学环境既包括物理的时空环境，也包括广义的社会支持环境等。学校（文化）生态的困境主要是指乡村社会文化生态、教育文化生态等方面的恶化或困境。

第一，乡村对教育重视不足，缺少科学化教育理念。贫困和"读书无用论"的教育观念严重影响着乡村教育的发展。其一，乡村学生家长多半为农民，文化教育水平普遍不高，他们对子女教育很多不具备前瞻性以及计划性，对子女的教育期望过低，"读书无用论"对乡村学生辍学、失学的影响颇深。其二，从教育投入上看，城市的教育投入远高于乡村。乡村家长多半忙于农活或外出打

---

① http://www.moe.gov.cn/srcsite/A05/s3040/201510/t20151013_213129.html.

② 黄婉嫦，綦林．农村小学素质教育实施办法初探［J］.成功（教育），2013（05）：118—119.

③ 张滢．为乡村教师发展搭建更好的政策环境——访华中师范大学教育学院副院长、教授雷万鹏［J］.中国民族教育，2016（03）：37—39.

工，无法很好地跟进子女的学习，与学校教师的有效沟通也极为缺乏。更有一些留守儿童因父母常年在外打工，多由爷爷奶奶来照顾，隔代教育的质量也令人担忧。此外，一些西部贫困地区的辍学率一直居高不下。

第二，乡村学校教育目的过度“功利性”。改革开放以来，随着社会经济的大发展，乡村学校逐渐被社会大环境所影响。“功利性”“城市化”等价值取向在乡村学校发展中体现出来，越来越多的村民支持子女接受教育只是为了今后能找到理想的工作，乡村学校本身所具有的注重知识、人文教育的特点逐渐淡化。

第三，乡村学校成为“孤岛”。其一，以提高教育质量和节约办学成本为直接动因的乡村学校布局调整政策，自20世纪90年代实施以来，由于大规模的撤点并校导致大量的乡村学校急剧消失。如果把小学校和教学点都算上，1998—2007年10年间，乡村地区平均每年减少31 740所学校，也就是说，每天约有87所乡村学校消失。[①]其二，乡村学校原本是文化教育的载体，但在乡村教育一步步向城市整合的过程中，乡村学校逐步成为孤立的存在且逐渐失去其实际价值。越来越多的家庭选择寄宿制学校，而乡村学校悬浮在普通人的生活之上，无形中成为空间意义上以及心理情感和文化认同上的孤岛。[②]

第四，乡村文化的衰落。乡村文化是中国传统文化的价值传承，它维系着中华文化的发展血脉，但在现代化进程下，乡村文化遭受冲击并逐渐衰落。[③]自2001年起，我国进行了以撤并中小学为主的乡村学校布局调整，许多乡村儿童不得不从小就开始离开村庄到城镇学习，多数乡村儿童不得不抛弃乡村生活中习得的知识和习惯而接受城市文化的打磨，在无形中加剧了乡村儿童的文化离农倾向。[④]乡村文化在这种强制性之下渐渐淡出人们的思维和视线。[⑤]

4. 乡村学校学生发展困境

第一，乡村留守儿童增多，乡村儿童精神日趋荒漠化。乡村留守儿童是指乡

---

① 安晓敏.学校对乡村意味着什么——布局调整对乡村社会文化的冲击及对策[A].东北师范大学乡村教育研究所，吉林省教育学会.“公平、质量、效率：乡村教育政策的抉择”国际学术研讨会论文集[C].东北师范大学乡村教育研究所，吉林省教育学会：东北师范大学乡村教育研究所，2009：5.

② 周洪新，徐继存.农村学校布局调整中的乡村文化危机与反思[J].理论学刊，2014(09)：104—107.

③ 蔡志良，孔令新.撤点并校运动背景下乡村教育的困境与出路[J].清华大学教育研究，2014，35(02)：114—119.

④ 王勇.社会转型期乡村学校教育的文化困境与出路[J].教育探索，2012(09)：29—30.

⑤ 李涛.“文字”何以“上移”？——中国乡村教育发展的社会学观察[J].人文杂志，2015(6)：122—128.

村地区因父母双方或单方长期在外打工而被交由单方父母或长辈、他人来抚养、教育和管理的儿童。在长期情感缺失和心理失衡的影响下，许多乡村留守儿童因“情感饥饿”而产生了自卑、性格抑郁等不良心理。不适应城市生活、心理认同感降低、乡村归属感日渐消失，这导致乡村儿童面临的道德风险随之增高。[①]缺乏父母关爱、教师理解的乡村儿童的数量在增多，也使得乡村儿童精神荒漠化的情况正在加剧。因而，乡村学校在乡村儿童的受教育方面需要肩负起更重的责任，在向受教育者传授知识的同时，亦应当关注其思想观念的变化，日常行为的规范与否。[②]

第二，乡村学校的生源问题凸显。城镇化进程过快带来的“乡村孤岛效应”，严重制约着乡村学校的发展，使乡村学校的生源问题凸显。所谓“孤岛效应”，是指某一区域较少或很少与外界进行经济、社会、文化、科技、信息、人员等方面的交流，在自给半自给、封闭半封闭状态下所形成的贫困落后的恶性循环。

其一，本地学生人数锐减，生源流失严重。师资配备的失衡进一步造成了乡村学校学生的流失。乡村学生由于经济困难造成的辍学越来越少，反倒是由乡村公立学校流向了城镇学校，造成了乡村学校“空巢”的现状。需要注意的是，这并不是乡村父母不重视教育，而是很重视教育。乡村父母普遍认为，城镇学校的条件要比乡村学校的好，为了不让孩子输在起跑线上从而更倾向于为其选择城镇学校。

其二，乡村学校目前的布局规划难以应对生源回升后的招生入学。自20世纪80年代至今，计划生育政策的实施对乡镇学校生源产生了巨大的影响，由于学区内学龄儿童的数量锐减，许多村级学校、教学点纷纷拆并、变卖，土地也由地方政府回收。而在“二孩政策”“三孩政策”相继放开以后，可以预期到一个学龄儿童的入学高峰期即将到来，由于行政区划内学校数量的减少，很多行政村没有学校，村上的学龄儿童需要在镇上的学校入读，交通、住宿等问题也会纷纷凸显；由于前期规划的问题，很多乡镇的学校也难以应对生源回升后的教育教学问题，如师资力量短缺、教育教学硬件设施不达标等。

5. 乡村学校教师发展困境

第一，乡村教师队伍问题凸显。随着城乡二元化的加剧，乡村学校与城市

① 李珍.社会变迁视角下乡村教育发展研究述评[J].湖北农业科学，2019，58(20)：210—213+219.

② 仲成成.改革开放以来乡村学校社会教化变迁的个案研究[D].济南：山东师范大学，2012：37—39.

学校相比存在着很大的差距，其差距主要来源于教育资源的分配不均衡。其一，除了在硬件上的财政分配之外，最主要的失衡在于师资分配上。一方面乡村的经济水平与城市相比较差，收入水平相比较低，很多优秀师范生毕业之后不愿意到乡村去教书；另一方面当前乡村学生的价值取向是努力学习脱离贫困的乡村，而不是使乡村脱离贫困，所以很多乡村出来的师范生却不愿意回到自己的家乡，这些都加剧了师资的失衡。其二，除了新的师资注入问题之外，还有优秀师资外流的问题。教师的均衡分配是教育里的难题，相对于乡村中小学来说，城市的中小学对优秀教师具有更大的吸引力，因为会有更高的薪水、更好的发展平台、更好的福利保障等。其三，当下现存的乡村的中小学教师教育思想落后、教学水平较低等迫切问题也亟待解决。虽然，我国"推行素质教育，促进学生全面发展"的口号已提倡多年，但是在乡村中小学中，美术、音乐这类课程几乎很难开全，主要的原因是非常缺乏艺术类的乡村学校教师；另外乡村中小学中，教师使用的教学方法相对落后，先进的教学技术没有被教师所掌握。从2010年起，国家为了提高教师素养开展中小学教师国家级培训计划（以下简称"国培计划"），对乡村中小学教师进行了培训，但是其效果不佳。有研究调查了"国培计划"中教师应用培训内容的情况，结果显示，经常或总是有意识地将培训内容应用到实践教学中的教师并不多（见表1-1）。①

表1-1 "国培计划"对中西部乡村中学教师教学的影响调查结果

访 谈 问 题	选项（%）				
	从未	很少	有时候	经常	总是
您是否创造性地运用教育理论去分析并解决自己教学中的真实问题？	1.57	16.53	51.96	25.19	4.72

第二，乡村教师脱离乡村生活。随着社会经济的大发展，乡村教师逐渐呈现出"市民化"倾向，他们逐步摆脱对乡村土地的依附关系，与乡村生活的距离逐渐增大，"逃离"乡村，"挤进"城市，乡村教师与乡村生活有渐行渐远的趋势。改革开放以来，教师来源发生变化。以往乡村学校教师大都是该村或邻村的"文化人"，大都生活在乡村之中，对村民非常熟悉，对乡村也有着深厚的感情，

① 董春华."国培计划"中西部项目对乡村中学教师的影响[J].河南机电高等专科学校学报，2015,03：68—72.

村民的日常生活也少不了他们的积极参与。21世纪以来，许多大学毕业生因就业压力而重回乡村，通过统一的招聘考试，年轻一代的新教师取代了老教师，为乡村学校发展注入了新的活力。然而，年轻教师疏离乡村生活，多居住于乡镇或县城，对村民不甚熟悉，对乡村也缺乏浓厚的感情，乡村教师脱离乡村生活实际的问题在不断加大。[①]

此外，乡村教师还存在着总体数量不足以支持乡村学校开设足量的国家课程、性别比例失衡、学历水平普遍不高、待遇亟待提高等方面的困境。

6. 乡村学校课程与教学困境

第一，乡村学校教学内容疏离乡村生活背景。乡村学校在发挥其社会教化的过程中，对于乡村政治、文化的影响越来越微弱。早期的学校教学内容多能体现出乡村特色，利于乡村学生了解乡村、热爱乡村。早期，学校教材内容多源于乡村生活，学生在学校学习的知识涉及乡村清澈的溪流，如在池塘边钓鱼、玩耍打闹，生活在乡村的经历连同在乡村小学学习的知识一起印刻在脑海之中。然而，现如今的乡村学校教材内容出现了新的问题：教材城市化。[②]乡村学校教学内容城市化中心取向既不利于乡村学生对所学知识的理解，也不利于现代进步政治观念的获得，也不利于学生对乡村情感的培养以及乡村文化的发展，还会影响乡村学生未来参与乡村建设与促进乡村政治进步活动中的积极性。

第二，课程资源开发局限于教材。受传统教育思想的影响，乡村教师只注重传授知识，把教材作为唯一的课程资源，仅停留在"教教材"的层面，不会把丰富的社区课程资源、家庭课程资源、网络课程资源等运用到教学中来。乡村教师自身课程资源开发的意识和专业能力不高，往往将开发与利用课程资源视为学科专家、教育行政部门和学校的事情。因此，在课程实施上，乡村教师也局限于传统的"教师教书，学生背书"的教育方式，难以带动教育方法、教育手段、教育组织形式等方面的变革。

第三，难以激发学生学习的内在动机。由于缺乏"教育从生活中来"等观念，课程内容脱离乡村学生家庭生活、社区生活等方面的生活实际。课程内容忽视从直接经验、从生活中汲取问题和素材，就难以激发学生学习的内在动机。

---

① 仲成成.改革开放以来乡村学校社会教化变迁的个案研究[D].济南：山东师范大学，2012：36.
② 仲成成.改革开放以来乡村学校社会教化变迁的个案研究[D].济南：山东师范大学，2012：35—36.

7. 乡村学校办学思路的困境

第一，乡村学校的开放程度低。随着社会发展，学校外部对乡村学生容易产生不良影响的因素也在增多，越来越多的乡村学校开始实施封闭式管理，设立门卫制度，隔断校外不良因素的影响，以期保护学生的身心安全。与此同时，学校对外开放程度越来越低，封闭式管理在减少不良事物对学生影响的同时，也减少了村民利用乡村学校设施的机会，更阻隔了乡村学校与村民的往来互动，使学校对村民的教化能力减弱。[①]

第二，乡村学校教育的民主化、科学化程度低。当前学校教育中隐性不民主的问题在我国学校教育中表现得较为突出，乡村学校尤其明显，其与社区、家庭、社会的合作较少，缺少组织社区人士、家长、社会人士参与学校的教育教学与民主决策，难以推动学校教育走向民主化和科学化。

第三，乡村学校合作办学意识不强。乡村学校拘泥于学校行政、教学体制之下，与社会组织、网络媒体、社区、家庭等其他主体的合作办学意识不强，沟通较少。一门心思低头办学、凭借考试以提升学生的成绩的做法，反而使得乡村学校的诸多困境难以解决。例如：教师的专业成长无法通过城乡教师互助的方式得到提升，也无法通过社区、家庭合作共同促进留守儿童的日常生活关怀等。最终，乡村学校主动使自己陷入“孤岛”境地。

总的来说，由于城乡二元分化的加剧，乡村文化被忽视，乡村教育处于劣势地位，导致乡村教师“量少质弱”、乡村学校“空巢”等问题。要解决以上这些问题，不仅需要政府从政策上实施倾斜，而且还需要学校自身寻求出路，开展与家庭以及其他学校和社会组织的合作，寻求更加开放、合作、发展的办学思路。

（三）读懂乡村校社合作的价值与意义

1. 乡村校社合作对于学校发展的价值与意义

乡村校社合作对于学校发展的价值与意义，具体表现在以下几方面：其一，在办学经费和资源方面，乡村校社合作有利于学校争取更多办学经费，获得丰富的课程与线上线下教学资源，为乡村学校的长期发展提供物质援助、人力资源，缓解乡村学校的经济负担，推动政府政策对乡村学校的支持与呵护。其二，

---

① 仲成成.改革开放以来乡村学校社会教化变迁的个案研究[D].济南：山东师范大学，2012：34.

在办学生态方面，乡村校社合作有利于促进学校教育走向民主化和科学化，推动乡村教育改革，利用社会网络媒体扩大宣传乡村教育的影响力。其三，在学生发展方面，乡村校社合作可以增强学生对社区的认同感和归属感，加速学生个体社会化的进程。其四，在课程与教学方面，乡村校社合作有利于调动和生发学生的直接经验，提升学校课程设计的适切性，更容易激发学生学习的内在动机；丰富学校课程设置，通过网络媒体技术促进教学活动的开展等。其五，在教师发展方面，乡村校社合作有利于关照和回应乡村教师的困境与需求，为乡村教师专业成长搭建桥梁，促进乡村教师参与教学改革和教育研究。

2. 乡村校社合作对于乡村发展的价值与意义

第一，在乡村居民方面，乡村校社合作有利于提升村民素质、丰富村民文化生活、规范村民行为。国家希望通过村民自主管理形成良好的乡村环境，促进乡村政治更加自由、平等、科学，然而在发展中受到经济压力等因素的影响，导致传统文化的衰微、村民之间产生信任危机等问题，乡村村民原本缺乏的文化生活方式贫乏。乡村校社合作有利于发挥乡村师生的引领作用，如引导村民行为、参与乡村基层工作、推进乡村民主进程，引领村民日常生活、做好榜样、提供服务等。[①]

第二，在乡村文化方面，乡村校社合作有利于保留和发展乡村文化。其一，通过学校教育培养乡村社会人的合作和自治精神与能力，改变乡村社会“读书无用论”的观念和导致儿童失学辍学的现象，改变过于封闭、缺乏合作、以家庭为单位的小农生产生活方式。[②]其二，乡村校社合作有利于应对乡村学校布局调整给乡村社会文化带来的冲击。相对于城市而言，乡村是一种平面化的居住方式和“熟人社会”，[③]乡村学校应当成为乡村的文化中心。在很大程度上，乡村学校不仅能为村民提供教育服务的固定场所，同时还被赋予了象征性的符号意义。对于文化相对贫乏的乡村地区来说，乡村学校不仅是物化的场所，同时也是寄托民间传统、族群认同、文化习俗等的精神符号。

---

① 仲成成.改革开放以来乡村学校社会教化变迁的个案研究[D].济南：山东师范大学，2012：26—32.

② 郭长江.学校变革与中国乡村社会之命运[J].宁波大学学报(教育科学版)，2003(04)：18—21.

③ 安晓敏.学校对乡村意味着什么——布局调整对乡村社会文化的冲击及对策[A].东北师范大学乡村教育研究所，吉林省教育学会.“公平、质量、效率：乡村教育政策的抉择”国际学术研讨会论文集[C].东北师范大学乡村教育研究所，吉林省教育学会：东北师范大学乡村教育研究所，2009：5.

第三，在乡村社会整合方面，乡村校社合作有利于发挥乡村学校作为乡村社会整合的重要组织作用。其一，乡村学校提供重要的公共生活的场所。这种公共生活秉承国家、社会和世界的公共立场，因其超越家庭、邻里等初级组织视野，突破乡村家庭和宗教利益的眼光局限，从而利于实现更大范围的社会整合与公共生活的建构。其二，发挥乡村教师调解社会纠纷、规制乡风民俗、凝聚社会团结的作用。乡村教师是具有教化权力的重要代表，他们对于维持乡土社会的礼治秩序、“无讼”传统乃至“无为政治”从来都负有重要责任。[①] 其三，乡村校社合作有利于促进建立城乡教育资源均衡配置机制、加快县域内城乡融合发展。

3. 乡村校社合作对于社会与国家发展的价值与意义

乡村校社合作对于社会与国家发展的价值与意义，具体表现在以下几方面：其一，在社会情感方面，乡村校社合作有利于发挥学校教育增进社会团结、社会归属、情感联系的功能，使学生、村民对生活于其中的乡村社会产生情感和社会的联系。其二，在国家认同方面，乡村校社合作有利于发挥乡村学校作为整合政治工具的功能，创造更好的主流文化和意识形态传播的场域，借助学校和文化的软力量促进村民对于国家的认同。[②] 其三，在政治经济方面，乡村校社合作有利于为国家输送合乎意识形态要求的后备人才、提升人力资本。其四，在社会文化方面，乡村校社合作有利于连接大传统与小传统，大、小传统之间得以不断互动磨合，最终成就相对统一的、绵延不绝的中华文明。[③]

二、乡村校社合作的可能性

（一）来自国家乡村振兴政策的支持与引导

乡村振兴战略是中国进入新时代后党和政府力图破解乡村发展困局的伟大之举，不仅从整体上为乡村现代化勾勒出壮丽的蓝图，还为乡村教育的发展铺平了道路。[④] 2016年国务院《关于统筹推进县域内城乡义务教育一体化改革发展的若干意见》提出：通过开展城乡对口帮扶和一体化办学、加强校长教师轮岗交流和乡村校长教师培训、利用信息技术共享优质资源、将优质高中招

---

①③ 熊春文，折曦．乡村学校的演进及其社会文化价值探析［J］．广西民族大学学报（哲学社会科学版），2014，36（05）：18—24.

② 仲成成．改革开放以来乡村学校社会教化变迁的个案研究［D］．济南：山东师范大学，2012：6.

④ 吴云鹏．乡村振兴视野下乡村教师专业发展的困境与突围［J］．华南师范大学学报（社会科学版），2021（01）：81—89+206.

生分配指标向乡村初中倾斜等方式，补齐乡村教育短板。各地要在县域义务教育基本均衡的基础上，促进义务教育优质均衡发展，探索市（地）域义务教育均衡发展实现路径。要通过城乡义务教育一体化、实施学区化集团化办学或学校联盟、均衡配置师资等方式，加大对薄弱学校和乡村学校的扶持力度，促进均衡发展。建立城乡义务教育学校教职工编制统筹配置机制和跨区域调整机制，实行教职工编制城乡、区域统筹和动态管理，盘活编制存量，提高使用效益。落实学校办学自主地位，完善家长委员会，推动社区参与学校治理，建立第三方评价机制，促进学校品质提升。[①]第十三届全国人民代表大会第四次会议上提到2021年的重点工作包括：发展更加公平更高质量的教育。推动义务教育优质均衡发展和城乡一体化，加快补齐乡村办学条件短板，健全教师工资保障长效机制，改善乡村教师待遇。深化教育评价改革，健全学校家庭社会协同育人机制。[②]国家在乡村振兴、乡村教育方面陆续推出的系列战略与政策，为乡村校社合作提供了坚实的政策基础。

（二）来自中国乡村校社合作的历史启迪

1. 中国传统乡村校社合作的历史

中国传统的乡村学校承担着社会教化功能。早在春秋时期，官学与私学便逐渐分离。伴随着乡间私学的勃兴，就已经有不少关于乡里学校和教学的传说了。后来随着私学的进一步发展，传统中国的乡村社会陆续发展出多种形式的办学组织，如：稷下学宫、乡校乡学、私塾、社学、义学、乡约等。这些乡村学校组织对于上层道统的维系和民间文化的传承起着十分重要的作用。[③]

在政教合一的传统中国，乡里学校是在礼俗教化的荫蔽下形成的，其教学主旨在于教化民众、移风易俗。齐桓公在国都临淄的翟门附近设立稷下学宫，学者们论而不治、敬教劝学，在学术问题上相互诘难，不断进行争辩和探讨。唐代以前，“乡校”一般是地方官学的统称，早期的乡校是教育贵族士大夫的子弟的，也是乡党州里官员和子弟们礼乐聚会的场所；大致到唐宪宗时代，乡校大

① http://www.gov.cn/zhengce/content/2016-07/11/content_5090298.htm.

② https://mp.weixin.qq.com/s/qk_8wLRVb-kCUP_FwzDIvg.

③ 熊春文，折曦．乡村学校的演进及其社会文化价值探析［J］.广西民族大学学报（哲学社会科学版），2014（09）：18—24.

起，乡学才演变为乡间私学的一部分，与乡里村学渐无区别。[①]作为基层教育组织，乡校乡学或乡里村学的存在主要有三种作用，其一，它起着以读书识字为主的启蒙教育的作用。[②]其二，它也在一定程度上促进了社会的流动。[③]其三，乡里村学作为当地社区的文化中心，容易形成一定的议政氛围，能对周边社区和广大民众起到移风易俗的教化作用。[④]

在传统中国，自春秋私学兴起到晚清设新学的漫长历史时期里，私塾这一教育形式是广泛存在于乡间的。这包括家塾、义塾、书馆、蒙馆等多种形式在内的民间私学，承担的是启蒙教育的功能。对于个人及其家庭而言，它们是乡村社会传统的识字中心和“学而优则仕”的台阶。[⑤] 对于乡村社会而言，私塾常常间接地占有了当地社区的若干政治经济力量，从而成为乡村的活动中心。[⑥]

“社学”缘起于元代，在乡村地区广泛设立的、以农家子弟为对象的初等教育制度，到明朝得到了进一步的推广，洪武年间开始提倡在乡村开办社学。[⑦]“社学”与“私塾”最大的区别在于：“社学一般不以科举入仕为指归，也不以学术宣讲为目标，而以承担民间子弟的启蒙教育，使之掌握日常知识、伦理规范、行为习惯及法律常识为主要任务。”基于这样的目标，“社学”更重礼俗、重教化，因此逐渐与乡约传统汇流。[⑧]

到了晚清时期，晚清政府才真正着手自上而下建立一种贯通全国的现代普及教育制度，这一面向乡村的进程一度被形象地概括为“文字下乡”[⑨]，而其实际开端是从“庙产兴学”开始的。“庙产兴学”又称“废庙兴学”，是晚清政府在广设新式学堂后，由于财政紧张而施行的一项措施，试图将一些庙田拆毁或改为学堂，并把庙里的一些公产划入学堂经费。[⑩] 现代意义上的乡村学校不再

---

①④ 熊春文，折曦．乡村学校的演进及其社会文化价值探析［J］.广西民族大学学报（哲学社会科学版），2014（09）：18—24.

② 万军杰．试析唐代的乡里村学［J］．史学月刊，2003（05）：29—35.

③ 熊春文．“文字上移”：20世纪90年代末以来中国乡村教育的新趋向［J］．社会学研究，2009（05）：110—140+244—245.

⑤ 廖泰初．动变中的中国乡村教育——山东省文上县教育研究［M］.北平：燕京大学社会学系，1936：37.

⑥ 廖泰初．动变中的中国乡村教育——山东省文上县教育研究［M］.北平：燕京大学社会学系，1936：37—40.

⑦ 胡志艳．古代社学对我国当前农民职业教育的启示［J］．辽宁教育，2012（19）：91—92.

⑧ 施克灿．中国古代社学教化职能初探［J］．教育学报，2010（01）：105—109.

⑨ 费孝通．费孝通文集・第5卷［M］．北京：群言出版社，1999：321—332.

⑩ 沈洁．现代化建制对信仰空间的征用——以二十世纪初年的庙产兴学运动为例［J］.历史教学问题，2008（02）：56—59.

是劝课农桑、化民成俗，而是成为与乡村社会打成一片的教化场所，逐渐成为通过确立具有鲜明组织和训诫规则的空间，通过普适性的读写算等科学知识的传授，来促使社会化中的主体分离于传统社会的“地方性知识”体系之外，与现代社会的“抽象体系”实行整体结合。①现代乡村学校体系的普遍建立，接通了中国传统教育以乡约“社学”为主的社会教化和以私塾——官学为主的人才选拔的两轨。②研究表明，“文字上移”背后有计划生育政策和城镇化的人口因素，也有“优化教育资源配置、改善办学条件”的效益考量，更有“离土中国”、土地财政的整体驱动。③

综上所述，通过梳理中国乡村学校的发展历史，我们可以发现中国古代以来“乡村学校”的发展，从来没有离开也无法离开与社会的合作互动。无论是国家政策的变动，还是乡村文化、建设环境的变动，都会对乡村学校的发展形态和社会作用造成影响。

2. 近代乡村校社合作的历史启迪

20世纪二三十年代，陶行知、晏阳初、卢作孚、梁漱溟等一个个教育思想家分别从不同的角度寻求救国富强之路，将视角放在乡村，进行了乡村教育运动。尽管由于军阀混战、未触及中国本质问题等原因，他们未能从根本上解决乡村教育问题；但是他们的思想继续被人们继承，同时在乡村建设中也丰富了乡村教育家的理论。④

第一，陶行知生活教育理论及晓庄师范学院教育实践。陶行知生活教育理论是从中国的国情出发，以人的需要为出发点，通过人的创造性劳动，将学校教育和社会需要联系在一起的“人民至上”的大教育观。基于生活教育理论，陶行知创办了晓庄师范。

在晓庄师范的成立与发展过程中充斥着与当地社会的互动。晓庄师范并不是一所关起门来办学的学校，而是根植于晓庄及周边村落，与其民众生活密

---

① 熊春文，折曦．乡村学校的演进及其社会文化价值探析［J］．广西民族大学学报（哲学社会科学版），2014（09）：18—24．

② 熊春文．“文字上移”：20世纪90年代末以来中国乡村教育的新趋向［J］．社会学研究，2009（05）：110—140+244—245．

③ 熊春文．再论“文字上移”：对乡村学校布局调整的近期观察［J］．中国农业大学学报（社会科学版），2012（04）：22—36．

④ 周容容．二十世纪二三十年代乡村教育运动研究［D］．昆明：云南大学，2018：2．

切相关的学校。晓庄师范以乡村中心小学为中心，围绕中心小学课程设置师范学校课程，同时，这一所学校还实现了服务乡村的目的。在晓庄师范建设过程中，陶行知相继于1927年6月开工建设了晓庄小学、乡村医院，7月成立了“晓庄信用合作社”，8月创设了晓庄武术会，9月成立了民众教育研究会等，这些举措极大地便利了乡农。1928年，学校又组织成立了木匠店、中心茶园、救火会。陶行知将晓庄师范与乡村打通，成立了民众学校，要求学生每周都要到周边农友中“会朋友”，向农友输入科学与民主的现代启蒙意识。同时，为了帮助农友戒掉赌博等乡村恶习，他还成立了晓庄武术会，劝导青年农友闲时加入武术会练拳。此外，他还指导晓庄师范与中华职业教育社合作开办了中心茶园，茶馆备有乒乓球、围棋、象棋、胡琴、笛子等文体用品及图书等。他将茶社改造为乡村活动中心，不仅帮助乡农戒掉了赌博、抽大烟等不良嗜好，还为他们带来了先进的戏剧、歌曲以及现代的体育运动，丰富了乡农的业余生活。此外，陶行知还在冯玉祥的帮助下建立了晓庄联村自卫队，赶跑了村庄附近的土匪，稳定了一方秩序，让古人守望相助的美德再现于中国乡村。他通过教育对晓庄地区的社会改造已经起到了很明显的效果，现代化的村民自治已经在当时的晓庄初见端倪。①

在晓庄师范发展壮大的过程中，国内各种教育社团也给予了极大的帮助，其中以中华教育改进社和中华教育文化基金董事会的作用最为巨大。成立于1921年12月的中华教育改进社系当时国内最大的教育社团。陶行知在担任主任干事期间，筹划建立了晓庄师范，也就是说，晓庄师范实际上是中华教育改进社的下属试验学校，自然就继承了改进社的各项优势。陶行知借助改进社的力量，发表了《中华教育改进改造全国乡村教育宣言书》。在陶行知的登高一呼下，诸多改进社成员都积极参与了晓庄师范的筹建、教学工作。而改进社对晓庄师范的支持不仅仅局限于经济资本方面，更多的是在象征资本方面。晓庄师范的董事长由改进社的蔡元培担当，这让学校在外出筹资时有了足够的象征资本，也促使更多的社会人士对晓庄师范慷慨解囊。另一个重要的社团是中华教育文化基金董事会。该会由陶行知的老师、哥伦比亚大学师范学院的孟禄教授极力促成，其目的是保管美国第二次庚子赔款，用于中国的教育文化事业。

① 刘大伟.社会资本与学校发展：陶行知的经验[J].教育科学研究，2016(12)：26—30.

1925年6月初，孟禄赴天津参加中华教育文化基金董事会第一次会议，在这次会议上陶行知当选为执行秘书。中华教育文化基金董事会具有保管和使用庚子赔款的权利，所以有着充裕的财政来源，该会在晓庄师范开办之初就予以经济支持。

从扎根晓庄本地服务乡农，到与国内顶级教育社团建立密切联系，再随之辐射至海内外教育网络，陶行知在晓庄师范走出了一条稳健踏实的办学之路。对陶行知办学实践的考察，为我们当代学校建设发展提供了全新的思路。一是，学校要重视与社区的密切联系，充分实现学校的社会服务功能。二是，学校要强调与重要教育社团的互动，以帮助学校获取学术或经济上的支持。三是，学校要加强与国内外同仁的往来，可在扩大知名度和美誉度的同时推行教育思想。①

第二，晏阳初平民教育理论："四大教育"与"三大方式"乡村教育模式。晏阳初认为乡村问题虽然复杂，但归纳起来主要存在四大病症即四大基本问题：愚、穷、弱、私。这四大基本问题分别代表人文素质、经济基础、卫生医疗和德育水平四个方面。晏阳初认为这是造成乡村落后贫困，制约乡村发展的根本因素。随即他提出了相应的四种教育来解决乡村问题，即以文艺教育攻愚来培养知识力，以生计教育攻穷来培养生产力，以卫生教育攻弱来培养强健力，以公民教育攻私来培养团结力。这就是晏阳初的"四大教育"，旨在解决四大病症，达到农民"四大力"（知识力、生产力、强健力、团结力）的发展、解决乡村贫困落后的面貌。为将四大教育贯彻到乡村教育运动中去，晏阳初提出采用三大教育方式来保证其理论的有效实施。三大教育方式分别是：学校式教育、社会式教育、家庭式教育。学校式教育注重面向生活和讲求实际。社会式教育以平民学校的各项活动为中心。晏阳初认为在乡村社会，家庭式教育占有极其重要的地位，对个人的成长和发展起到至关重要的作用。他指出，家庭式教育"在实施方面，多与社会式和学校式联络进行"②。就是要求家庭式教育做到与其他两种教育方式的密切结合。晏阳初的理论和实践"打破了狭隘的教育观念，把乡村教育视为是与乡村经济、文化、卫生、道德等方面同时进行，学校、家庭、社会相互

① 刘大伟.社会资本与学校发展：陶行知的经验[J].教育科学研究，2016(12)：26—30.

② 宋恩荣，熊贤君.晏阳初教育思想研究[M].沈阳：辽宁教育出版社，1994：153.

促进的系统工程，这在中国教育史上是一次创新"。[①]晏阳初在乡村开展的教育实践活动是一场符合时代发展的活动，其乡村教育内容和方法的提出，以及符合实际的实践措施对乡村学校校社合作的开展有一定的借鉴意义。如包括加大财政对乡村教育的投入、改善乡村基本办学条件、提高教师水平并吸引更多教师留在乡村、注重家庭教育、全面推进素质教育等。[②]

第三，梁漱溟乡村建设教育思想及实践。梁漱溟认为："教育之一事应当一面在事实上不离开现社会；而一面在精神上要领导现社会……缺前一条件，其教育必且为社会病；缺后一条件，其教育必无所进益于社会：皆不足以言教育。"而现在的教育就是犯了这个毛病，乡间的孩子在接受教育之后，已经不能再过原来的生活了，对该有的农家知识、应有的乡间劳作的本领全没有学到，反而养成了一种贵族气。[③]梁漱溟建立乡村建设研究部、乡村服务人员训练部和乡村建设试验区，从社区工作介入的层面和方法上看，整体通盘考虑。[④]梁漱溟乡村建设教育思想及实践对认识当代乡村校社合作的意义与途径也提供了重要的参考视角。

（三）来自乡村校社合作实践的经验启迪

1. 校社合作联合办学，整体融通均衡发展

乡村学校作为乡村教育的主力，其发展漫长而艰辛。党的十八届三中全会在《中共中央关于全面深化改革若干重大问题的决定》中指出，"要构建利用信息化手段扩大优质教育资源覆盖面的有效机制，逐步缩小区域、城乡、校际差距。统筹城乡义务教育资源均衡配置"。因此，乡村教育不能仅仅局限于之前的普及教育，而应该向均衡教育、优质教育方向努力，走向合作，就成为乡村学校发展的必由之路。

第一，校社联合办学，以南京行知小学为例。"学会联合"是这所乡村小学

---

① 孙培青.中国教育史[M].上海：华东师范大学出版社，2000：452.

② 杨玉琳.乡村振兴战略实施中农村教育的发展探索——基于晏阳初教育思想的启示[J].社会与公益，2021，12(01)：4—5+8.

③ 王荧.从学校改造到乡村建设——梁漱溟教育及社会实践的四起四落[A].中国地方教育史志研究会，《教育史研究》编辑部.纪念《教育史研究》创刊二十周年论文集(2)——中国教育思想史与人物研究[C].中国地方教育史志研究会，《教育史研究》编辑部：中国地方教育史志研究会，2009：5.

④ 徐新豪.20世纪20—30年代乡村建设运动对中国农村社会工作的启示——以梁漱溟和晏阳初领导的乡村建设运动为例[J].改革与开放，2015(24)：62—63.

的办学理念，并且在合作办学上实现了从“村校联合”到“城乡联合”，再从“城乡联合”到“国际联合”的三次突破。其中最基础、最本质的合作是“村校联合”这也是乡村校舍合作初期最基本的合作之一，即乡村学校要重视和所在的施教区展开全方位的资源整合，共享。[①]

第二，校社合作建设乡村学校少年宫。乡村学校少年宫是指依托乡镇中心学校现有场地、教室和设施，进行修缮并配备必要的设备器材，依靠教师和志愿者进行管理，在课余时间和节假日组织开展普及性课外活动的公益性活动场所。它面向乡镇学生免费开放，学生们可自愿选择参加乡村学校少年宫的各种活动项目。乡村学校少年宫建设能够综合学校、家庭、社会等多方力量，丰富乡村未成年人的课余生活，促进乡村未成年人全面发展。[②]

2. 校社合作扩大乡村学校对村民开放程度

乡村学校成长发展于乡村，应当对乡村开放，使村民与学校学生及教师共同分享学校资源。针对乡村学校的封闭式管理，可有以下举措：一是乡村学校应合理选址。乡村学校的选址应与其社会功能的发挥相结合，在乡村之中合理选择学校位置，使其既有利于学生往返学校与家之间；教师们也更加方便与村民、家长交流。二是乡村学校应设置合理的对村民开放时间。学校不应简单的设立门卫制度，完全隔绝与村民往来，禁止村民进出校园，应当结合学校及乡村具体情况进行科学合理的安排，以此加强乡村学校与村民的联系，扩大学校对村民开放程度。三是学校应打破“围墙”真正为村民所共享。学校应当为村民合理安排课程，让村民有条件地进入学校、进入课堂，提升村民素质。另外，学校教师也可以有意识地为学生布置有意义的家庭作业，要求家长与学生共同完成，以此来提高村民的学习积极性，使学校对村民开放程度也得到真正的提高。[③]

3. 校社合作发展乡村学校教育与教师教学

第一，帮助乡村学校树立科学的教育观。教育的意义应该在于培养“人”，即培养有精神的“人”。乡村学校在发展过程中首先应当树立科学的教育观，

---

① 杨瑞清．学习陶行知，探索乡村小学教育新路［J］．南京晓庄学院学报，2007(02)：1—6.

② 袁博．关于加强乡村学校少年宫建设的几点思考——以长春地区乡村学校少年宫建设为例［J］．长春教育学院学报，2014(09)：115—116.

③ 仲成成．改革开放以来乡村学校社会教化变迁的个案研究［D］．济南：山东师范大学，2012：37.

弘扬乡村优良传统，在学校教育过程中渗透乡村原有的一些善良、朴实、守信、勤劳、节俭等优良传统，结合乡村重大活动、节日等开展学校校本课程。此外，针对部分乡村学校布局不断由原来的“村居学校”而逐步发展成为一镇一所的“离土型”学校，学校应通过一系列的措施，开启民智，激发乡村村民的文化自觉性，将学校建设为乡村文明的指示塔，促进整个乡村文明、文化的进步。我们深信乡村学校定能成为改造乡村生活的中心，乡村学校必定会在其与村民的充分互动中发挥它的教化作用。

第二，教师依托乡村实际开展学校教学。乡村学校应当根植于乡村、存在发展于乡村，培养一批“有知识、有技术、懂经营、会管理的高素质新型农民队伍，推进社会主义新乡村建设”①，使受教育者能够感受到所学知识技术的意义，从而自觉要求接受乡村学校教育。为此，乡村教师应加强与乡村村民的联系，发挥民间艺人、文化人的作用，鼓励师生走出校园，深刻了解乡村，开放学校相关活动场所等资源，将校内资源与村民共享，丰富乡村村民的文化生活。针对乡村学校在其发展过程中，教学内容与乡村联系日渐疏远的问题，学校应当强调教学内容与学生生活以及与乡村现实相联系，要努力建设与开发有活力的课程；教师应当高度注重乡村课程资源的开发与利用，大力发展乡村校本课程，以此来加强学校与乡村联系。

第三，扩大教师来源，加强教师与乡村联系。面对乡村教师逐渐脱离乡村生活的实际，国家应当制定相关政策措施，保证乡村教师来源的广泛性，同时加强乡村教师对乡村的熟悉度，为教师融入乡村生活、热爱乡村生活提供有利条件。政府部门应竭力保证乡村教师中既有“乡村人”——了解乡村，又有“城市人”——为乡村发展注入新活力。这样做，一方面要保证来源于乡村之中的师资力量需要从乡村基层工作中选拔优秀人才，做好相关宣传工作，扩大乡村“能人”“精英”的影响力。另一方面，加大对乡村教育等社会事业的资金投入，提高乡村教师的待遇，吸引更多的优秀人才扎根乡村教育事业。另外，为乡村教师提供更多培训机会，使教师能够了解社会发展的前沿信息、熟悉乡土民情。教师在接受培训的过程中促进自身发展，在从事教育事业的过程中实现自身价值。通过加强对乡村学校的资金投入，为乡村教师提供

① 吴慧青，王丽燕. 新乡村文化建设中乡村学校的使命[J]. 教育发展研究，2011(19): 69—72.

优厚的待遇，必定会吸引更多的人才服务于乡村，促进乡村教育事业的长远发展。

（四）来自国外校社合作的历史与经验启迪

1. 校社合作推动乡村学校对村民开放

“一百多年前，世界著名学府哈佛大学的校园南墙外是一个贫民窟，治安环境十分不好。于是，校方决定在南墙外修一道围墙，将学校与外界隔离开。可事与愿违，治安环境非但没有好转，却变得越来越糟糕。经过如此反复多次，校方发现围墙这种‘封校’的做法根本没有效果。于是他们推倒围墙，长年累月地向社会各界开设免费课程。这种开放的效果出奇地好，赢得了广大市民的赞扬，而且南墙一带很快成为哈佛最活跃和治安最好的地带……”[①]这便是学校的力量，学校对居民开放，其校内资源也必然被居民与学校学生及教师所共享。乡村学校同样如此，它对所在乡村发展也具有强大的影响力，会于无形之中对于周围村民产生影响，提升村民素质，完善乡村社区环境。

2. 注重乡村社区与学校的良性互动与互益

学校作为美国乡村重要的服务机构，与社区联系非常密切，有着多方面的合作。这不仅有利于提高教学质量，也有利于乡村社区经济文化的稳定与发展。其一，乡村社区为学校提供实践基地，使学生可以运用课堂学到的知识解决现实问题。其二，社区参与学校管理。热衷于教育事务的社区居民通过自由竞选组建学校董事会，董事会成员构成的多样化，能保障学校的教学质量，还能维护社区居民的利益。其三，乡村社区为学校提供丰富的课程资源。美国乡村学校充分利用社区的历史、环境、文化、经济、艺术资源实施地方化学习，丰富了学校的课程。其四，学校推动了社区经济发展，强大的教育体系能吸引工业和商业投资，可提供更多的就业机会。其五，乡村学校有利于增强乡村社区的活力，有学校的乡村社区人口更有可能增加、居住条件更好，乡村学校提高了劳动力的质量。其六，乡村学校为社区提供多种服务，乡校设施场馆向社区开放，为居民提供教育服务。[②]同时，学校布局调整应考虑学校与社区的联系。学

---

① 黄建林. 大学的力量[J]. 视野，2010(09): 55.
② 谭春芳. 美国乡村社区与学校的互利关系[J]. 教育探索，2009(12): 155—156.

校（学区）的合并会割裂学校与社区的联系，不但会使农民在情感上产生对社区的遗忘与失落，还可能加剧农民向往城市、鄙视乡村的态度。因此，从可持续发展的角度来看待学校布局调整，我们需要重新思考乡村学校存在的意义与价值。①

日本在提升学校活力、提高复式教学质量以及加强社区合作等方面的经验措施，有助于启发我们找到恰当方法解决小规模学校发展的关键问题和普遍性问题。同时，日本各级政府对乡村小规模学校在经费和师资方面的倾斜力度，学校的课内外活动与乡村社会、经济、文化的契合，对我国学校助力乡村振兴战略也具有现实借鉴意义。②其一，提升学校活力和质量。其二，重视学校和社区的一体化发展。具体来说，一方面，社区为学校提供多种支持和资源，助力学校发展；另一方面，学校围绕社区需求提供教育服务、培养学生。新时代要求我们将小规模学校的发展置于乡村振兴战略以及乡村发展进程来整体设计和考虑。③

3. 重视和创新乡村小规模学校的发展模式

俄罗斯有重视乡村小规模学校发展的传统。④ 联邦政府、各联邦主体、地方自治机构在《俄罗斯乡村学校结构改革构想》的指导下，建立了新的乡村小规模学校发展模式，以保证学生获得完整的高质量的教育。⑤

第一，乡村学校联合体模式。它推行的是一种乡村教育机构之间的横向合作模式，是基础性学校——分校模式的有益补充；是把乡村的学前教育、初等教育、基础教育、中等普通教育机构与职业教育、补充教育机构等按照自愿性、系统性、协调性的原则，以共享物质技术资源、交流借鉴学校发展经验、教师培训与学生培养为共同活动内容，通过确立章程、签订合作协议建立起来的乡村教育机构间彼此独立又互助发展的组织。加入联合体的乡村小规模学校，以保护和创新乡村小规模学校的发展为目标，聚集在一起讨论和解决乡村小规模学校目前面临的各种问题。在协同发展方面，乡村学校联合体以组织教师教学竞

① 张源源，邬志辉．美国乡村学校布局调整的历程及其对我国的启示［J］．外国中小学教育，2010（07）：36—41+35.

②③ 任春荣，左晓梅．日本乡村小规模学校发展经验及对我国的启示［J］．外国中小学教育，2019（04）：38—45.

④⑤ 尹雪娇，秦玉友．俄罗斯乡村小规模学校发展的挑战与模式探索［J］．外国教育研究，2018，45（07）：90—104.

赛、学生奥林匹克竞赛等方式充分挖掘乡村小规模学校自身的教育潜力，分享各自学校的成功经验，提高教师的工作积极性，共享各学校的教学、管理、教师教研等资源。在教师专业发展方面，联合体邀请高等院校加入，为乡村小规模学校的教育工作者提供专业帮助。在积极引入外部支持力量方面，联合体里的乡村小规模学校除了共享各学校间的教育资源外，还通过与政府、企业联合组织活动，向政府和社会表达诉求，吸引社会各方对乡村小规模学校的问题和成就的关注。[①]

第二，乡村社会文化综合体模式。它以实现学校教育、家庭教育与社会教育的一体化发展为指导思想，以协议的形式把乡村学校与濒临消失的俱乐部、地区艺术学校、文化宫、图书馆、诊所、地区言语矫正中心等其他社区机构联合起来，对社区资源进行整合，为学龄儿童提供学校教育及补充教育服务，为儿童的父母及其他社区居民提供社会教育和心理辅导。[②]具体实施方案为：其一，编制教育文化综合体各个部门的教育大纲、活动章程、合作协议，重新核定教育文化综合体里的社会教育者、补充教育教师和其他教师编制，确定每个机构的管理负责人，确定各个机构的职责范围，清理消除重复的工作。其二，学校从大教育观的理念来界定学生的发展，利用村庄及各个机构的资源，拓宽乡村小规模学校的教育空间，增加教学计划的多样性，实现学生的个性化教育，提高学生学习的积极性，增加学生职业选择的多种可能性，保证学生的社会化发展及对乡村社会的适应性、创造性，达到复兴村庄的目的。其三，学校为家长提供以健康教育、职业教育、亲子沟通技巧、家庭教育方法为内容的课程，让农忙后闲暇的家长接受学校提供的教育，达到提高社区居民素质、家校合作形成教育合力的目的。其四，学校和综合体里的其他机构联合制定能让学校工作者、各机构工作人员、学生、家长及村民共同参与的有意义的活动，丰富村庄的精神文化生活，传承和发扬乡村的优良传统，培养学生对自己家乡历史文化传统成就的自豪感，形成青年一代的公民意识。[③]俄罗斯乡村小规模学校发展的成功经验启示我国要借助多维力量保留乡村小规模学校，创新乡村小规模学校的发展模式。

---

①②③ 尹雪娇，秦玉友.俄罗斯乡村小规模学校发展的挑战与模式探索[J].外国教育研究，2018，45(07)：90—104.

三、乡村校社合作的理论视野与实践框架

（一）乡村校社合作的理论视野

1. 我国新时期社会主义教育方针与系列精神的论述

马克思主义关于人的全面发展的思想主要包括以下几个方面：第一，尊重人的主体地位是人的全面发展的价值取向；第二，满足人的需要是实现人的全面发展的内在条件；第三，人的全面发展必须与经济发展和社会进步相结合；第四，解放发展生产力是人的全面发展的社会条件；第五，大力发展教育事业是实现人的全面发展的基础条件。在建设社会主义和谐社会背景下，人的自由全面发展是重要的人文关怀；人的自由全面发展是共产主义为之奋斗的目标，是社会发展的终极目标。①

基于人的全面发展的教育理论，新时期的教育方针为："教育必须为社会主义现代化建设服务、为人民服务，必须与生产劳动和社会实践相结合，培养德、智、体、美、劳全面发展的社会主义建设者和接班人。"②国家的教育方针是国家在一定历史时期内为实现该时期的基本路线和基本任务，对教育工作所提出的总的指导方针。这一指导方针主要有以下几点内容：其一，教育必须为社会主义现代化建设服务，这是我国教育工作的总方向。其二，教育必须与生产劳动相结合。整个教育事业要与国民经济发展的要求相适应，并在教育与生产劳动相结合的内容和方法上有不断的新的发展。这是教育方针中的一项不可忽视的重要内容。其三，在德、智、体、美、劳等方面全面发展，这是教育培养目标的重要标准。德，不仅仅是品德，还包括行为习惯、政治素质、思想素质、法治素养、人生价值、社会理想等；智，不仅仅是掌握科学文化知识和技能，发展智力和促进思维，还包括养成科学态度、探索精神和创新能力等；体，不仅仅是讲体格、体能、体质，还包括掌握运动的基本技能与技巧、养成终身体育的意识和能力，提升心理品质和人格发展，促进身心全面发展等；美，不仅仅是指艺术特长或技能，更重要的是还包括正确的审美观念和发现美、感受美、欣赏美、鉴别美、表现美、创造美的能力；劳，不仅仅是劳动技能和习惯，还包括劳动价值观、劳动精神、劳动精

① 谢芬芳.论新时期教育与人的全面发展的关系[J].法制与社会，2012(22)：210—211.

② http://www.moe.gov.cn/jyb_xxgk/moe_1777/moe_1778/202104/t20210430_529302.html.

神、劳动情感、劳动创造等。其四,培养社会主义事业的建设者和接班人,这是我国社会主义教育的总的培养目标。为实现社会主义现代化、教育现代化,实现人的全面发展,需要将社会教育、学校教育、家庭教育等相结合,提供更全面的社会支持。乡村学校应当自觉提升合作意识与合作能力,促进乡村学生的全面发展。

2. 陶行知乡村教育思想中关于"乡村校社合作"的论述

第一,陶行知先生的学校观中将乡村学校融入广泛的乡村生活。其一,要通过学校与更广泛的乡村生活发生关联,与农民形成共同的生活,来改造农民和乡村生活。其二,要通过学校对乡村生活的主动参与和介入,与乡村社会形成更大的共同体。①

第二,陶行知先生猛烈批评中国乡村教育脱离乡村经济建设的现象。②其一,陶行知认为现今乡村学校教育过于重视知识和技能的获得,其道德教育太过理想化、抽象化,以一种近乎完人的标准来要求学生,根本无法与乡村社会协调一致。要"建设适合乡村实际生活的活教育""叫荒山成木,瘠地长五谷""叫乡村变成西天乐园,村民都变成快乐的活神仙"。他认为,乡村学校理当是乡村的农技推广中心,教师要成为农民的朋友,教育必须与农业联系,为农民服务,帮助农民解除痛苦、增进幸福。其二,陶行知"教育与农业携手"、建设"科学农业"的口号,隐含着他借乡村教育使农民摆脱贫困、建设富裕先进的现代乡村的理想。这些富有创意而可行的方法,与当前倡导的"农科教"统筹结合的乡村办学思路不谋而合,足见其前瞻性和科学性。

第三,陶行知先生提出"生活即教育、社会即学校",与他对改造中国乡村社会的理解相一致。其一,陶行知认为,学校生活应与社会生活联成一体,而不是相互隔离。"生活即教育、社会即学校"并不是将教育与生活、学校与社会直接混同,而是要以教育来改造生活,以学校来改造社会。其二,他还认为"生活"与"教育"具有统一性,生活不仅是教育的内容,而且还是教育的手段。在乡村要建立适合乡村实际生活的活教育,培养学生爱农、务农的思想。

乡村教育是乡村改造的突破口。陶行知提出:"一个小学生(校)之好坏,

① 陈学军.学校、共同体与社会:从晓庄学校看陶行知的学校观[J].南京晓庄学院学报,2012,28(02):11—15+122.

② 蒋纯焦.密切农村教育与农村社会的关系——试析陶行知乡村教育思想的现代价值[J].河北师范大学学报(教育科学版),2003(04):16—21.

关系全村之兴衰。”在乡村学校开展校社合作的教育实践中，需要充分借鉴陶行知教育思想的同时，根据本地、本校的实际情况发展与丰富其教育理论。

3. 叶澜关于“社会教育力”的理论阐述与启发

“社会教育力”是指社会所具有的教育力量。在人类社会发展的不同阶段有不同的构成。当代的社会教育力是由教育系统内正规和非正规开展的教育活动所生成的“教育作用力”，以及教育系统外其他各类社会系统进行的活动所内含的“教育影响力”两大部分构成。“社会教育力”又根据分析单位的区别分为两大层面。在社会系统层面上，以不同系统为分析单位，以及作为社会全系统所具有的社会教育力，统称为“系统社会教育力”；在以个体的人为分析单位的层面上，贯穿每个人一生生命实践之时时、处处、事事所构成的社会教育力可称为“个体社会教育力”。“社会教育力”的存在方式，有潜在和实存两种可双向转换的不同形态。这一概述，如图1-1表述如下：

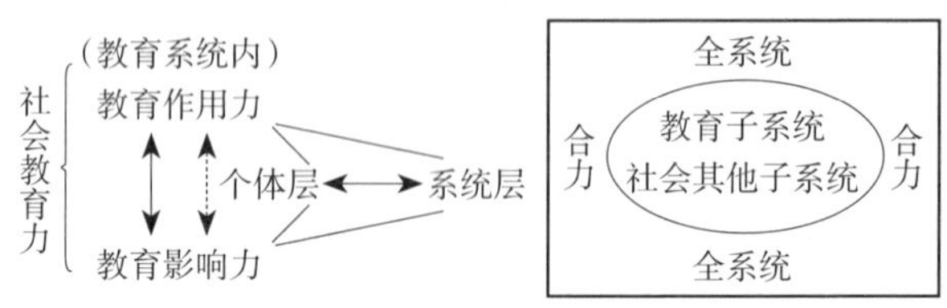

图1-1　社会教育力的内在构成与层次结构

教育、学校系统的正向教育作用力能否发挥，在根本上与国家经济体制、人事制度、就业制度和工资福利待遇政策等一系列宏观层面的改革问题相关，它们构成了学校和每个人的社会生存外环境，而这些环境是教育、学校系统或个体所无力改变的。同样的，造成和改变当前教育中不利于学生身心发展及社会期望的人才培养的应试教育问题，是全社会的责任。只有全社会认清自己在强化应试教育上起了什么实际作用，在哪个关节点上起了别的主体不可能起的作用，由此必须承担起改变的责任；只有教育内外的作用力和影响力不仅各尽其责，而且能在价值取向上形成共识，在教育力上形成相嵌、链接、互补、共生的合力，应试教育的局面才有可能在根本上得到扭转，社会教育力中的教育作用力才会得到正向的高质增强。①

① 叶澜.社会教育力：概念、现状与未来指向[J].课程·教材·教法，2016，36(10)：3—10+57.

社会教育力的当前发展在现代城镇化过程中尤为显著。一方面它发生在解决城镇化过程中产生的新问题，如大量城市新移民、农民工培训及其子女的教育问题；乡村社会传统文化和结构被打破，新的结构和生产方式尚未建立的过渡时期，出现社会失序和农业生产衰落状态。另一方面，新型现代化城镇和乡村建设都需要有新的观念与思路、设计方略、物质设施和结合建设开展的新人员培训与新组织建设，最基层的社区和乡村则成为新型建设的基层组织。他们中的一部分先行者，凡意识到自己教育责任的基层组织和骨干成员、积极分子，都真心用情地投入到社区建设中，包括支持学校的校外活动、组织青少年节假日活动等。他们善于从本地实际生活生产中发现、开发、聚焦、沟通各种教育资源的智慧。① 这些都启示我们乡村学校可以与社区等社会力量进行深度合作，助力应对城乡二元化体制带来的教育问题。乡村学校校长和教师应当自觉发展自己的“社会教育力”意识、提升用“社会教育力”发展乡村学校的意识和能力。

4. 社会文化论视角

20世纪中叶以来，有两大思想范式先后主导了包括乡村教育在内的中国教育事业的发展路径，这两大范式可以分别概括为教育的上层建筑范式和生产力范式，其主导时间大体以1978年为分界点。在社会学的传统中，还有一个源远流长的社会文化论视角，这一视角的补足或许是洞悉中国乡村教育现有困境及其未来出路的重要借鉴。

教育的社会文化论可以追溯到涂尔干在《教育与社会学》中提出的“教育即系统地社会化的过程”这一命题。在涂尔干看来，一个社会之所以为社会，就在于某些基本的价值标准和原则是所有社会成员共同信守的，否则社会就会陷入冲突与失范的状态。而学校教育的职能就在于传播这些基本的价值准则，因此对于社会整合具有不可替代的重要作用。涂尔干的教育思想显然对帕森斯产生了重大影响，在帕森斯的理论体系中，共享的价值规范是社会秩序的基础，而价值规范达成途径之一来自社会化的机制。在帕森斯的社会系统中，这种机制的典型代表就是学校和教会，或者说是教育与宗教。与西方文明相比，由于中国一直没有超越性的宗教——教会传统，学校教育的文化塑造与社会整

① 叶澜.社会教育力：概念、现状与未来指向[J].课程·教材·教法，2016，36(10)：3—10+57.

合的功能显得尤为重要。睽诸中国教育思想发展史，会发现有非常切近社会文化论的传统。中国自古以来就把学校教育看作是传播核心价值准则，形成社会共识，以达国家治理、天下太平的重要机制。这或许是历朝历代的统治者都有兴趣将教育或教化普及到包括乡村社会在内的所有角落的原因所在，反过来，这种教育教化的普及也是解释中国社会整合和中华文明一体化及其绵延不绝的重要因素之一。鉴于与上层建筑范式和生产力范式相比，社会文化论视角在国内学界尚未受到足够的重视，这一忽视可能是导致政策制定和实践走向产生偏差的重要原因。①

5. 国外校社合作的相关理论视野

第一，包容理论与共同责任理论。包容理论强调家庭和学校的联系，认为家长与教师在教育未成年人方面各具优势。加强家校之间的交流，充分调动多方资源，促进未成年人的成长和发展，可以改变家校之间分工不合作的现象。②“分开责任”和“共同责任”理论认为影响儿童发展的三个主要领域是家庭、学校和社区。它们既单独作用又相互影响。“分开责任”指家长、教师和其他成人在儿童发展过程中充当着不同的角色，对儿童成长的不同方面产生着影响。所谓“共同责任”，是指家长、学校和社区在孩子的教育问题上负担共同的责任，期间应保持紧密联系。③

第二，家庭缺失论与教育机构歧视论。这两种理论着眼于分析家庭与学校教育合作困境的原因。前者强调家庭自身条件和意愿，认为家长本身是造成家校合作不力问题的主要原因。后者将家长参与学校教育的差异归结于“制度”因素，该理论认为教育存在普遍的不平等和歧视现象。④

第三，尤·布朗芬布伦纳发展生态学理论。⑤美国心理学家尤·布朗芬布伦纳的生态学模型（四系统观）中提出，人类发展所涉及的几个关键性环境因素即学校、家庭和社会等因素，并指出它们之间的关系是相互联系相互作用的，个

---

① 熊春文，折曦．乡村学校的演进及其社会文化价值探析［J］．广西民族大学学报（哲学社会科学版），2014，36（05）：18—24.

② 黄河清．家校合作导论［M］．上海：华东师范大学出版社，2008：50—53.

③ 黄河清．家校合作导论［M］．上海：华东师范大学出版社，2008：53—54.

④ 何瑞珠．家长参与子女的教育：文化资本与社会资本的阐释［J］．教育学报（香港中文大学），1998：12.

⑤ 车广吉，丁艳辉，徐明．论构建学校、家庭、社会教育一体化的德育体系——尤·布朗芬布伦纳发展生态学理论的启示［J］．东北师范大学学报（哲学社会科学版），2007（04）：155—160.

体从中得到发展。总之，教育生态系统理论注重整体关联和动态平衡，启发我们重点关注如何通过学校、家庭、社会各系统之间的协同效应提高整个乡村教育系统的质量。

第四，全景教育理念。[①]全景教育理念强调为了使各种教育活动方式之间与教育过程的各个步骤之间相互协调、相互促进、相互补充、相互强化，从而全面、可持续地实现个体素质发展以至取得全景发展的结果。它启发乡村学校教育需要围绕人的全景发展这一宗旨，需针对不同的个体和群体的具体情况，具体的教育形式和教育内容及其与教育全景的逻辑关系与价值关系，充分考虑教育活动方式和过程的适合性、多样性和完整性、相互融通性与各自的特异性、连续性等。

第五，弗莱雷“对话”教育理论。弗莱雷在论述对话在教育中的意义时指出：“只有通过学生的思考真实性才能证明教师思考的真实性。教师不能为他的学生思考，也不能将他的思考强加于他们。真正的思考，即关于现实的思考，只能通过交流，不可能发生于孤立的象牙塔之中。”“只有要求批判性思考的对话，才能导致批判性思考。没有对话就没有交流，而没有交流就不会有真正的教育。”在弗莱雷构建的师生观中，教师已不是传统意义上的教师，他把他们称为“协调员”，这种协调员是学员与教员对话中的教员兼学员。[②]

第六，舒尔茨的乡村人力资本理论。舒尔茨将人力资本理论与农业经济增长和乡村发展问题结合起来，提出了以科学技术、人力资本为核心内容的农业教育经济思想。舒尔茨的人力资本理论对发展中国家农业经济增长和乡村教育的发展，极具现实意义。其一，人力资本是指个人具备的知识、才能、技能或资历，即体现在人身上能带来收入的资本。人力资本一部分是先天带来的，而大量的则是后天通过受教育获得的。其二，在教育投资方面，舒尔茨认为各类教育中，学校教育是人力资本投资的最主要、最大的组成部分，是向人力投资的“合适代表”。但是不同级别的教育又有不同的收益，初等教育和中等教育的收益率要高于高等教育。其三，农民教育是一种长期的持续的行

---

① 丁念金.论全景教育的理念[J].河北师范大学学报(教育科学版),2008(05): 16—20.
② 郝振君.当代国外农村教育理论的国际比较与启示[D].西安: 陕西师范大学,2001: 17—18.

为,他提出教育、科研、推广一体化的建议。只有各方齐用力,乡村的整体发展方有望实现,并使乡村教育在内外条件得到优化的基础上实现良性循环和发展。①

第七,舒马赫的乡村发展与教育理论。舒马赫认为乡村贫困的原因在于乡村的教育、组织和纪律方面存在缺陷。如果没有这三个方面,一切资源将始终是隐藏的、未开发的、潜在的。其一,对于发展中国家来说,当务之急是加强对乡村的智力援助,赠与有用的知识,也即加强发展乡村的教育。智力援助比物质援助更重要。"最好的援助是知识上的援助,是赠与有用的知识。赠与知识比赠与物质不知好多少倍。不是在真正努力或者牺牲的基础上获得的任何东西都不会真正变成自己的东西。赠与精神财富、赠与知识则完全是另一回事,接受者一方如果不付出必要的努力,就等于没有赠与。"其二,舒马赫认为教育要促进乡村的发展,首先要对教育在乡村发展中的地位和作用有充分的认识,同时要有明确的教育指导思想和正确的教育观,即乡村教育要培养"完整的人",使受教育者形成正确的价值观和信仰,承担为人民服务的义务。"完整的人"是指具有正确而坚定的价值观和信念的人。教育要培养"完整的人",就必须传授正确的价值观念。②

第八,苏霍姆林斯基的乡村"和谐教育"理论。其一,苏霍姆林斯基认为乡村学校跟城市学校有很大的区别。乡村学校与乡村社会关系更为密切,乡村学校的好坏直接影响乡村社会文化生活的兴衰。其二,对乡村学校来说,劳动教育不能仅仅满足和停留在简单劳动知识的授受层面,与实际劳动生活的接触以及让学生亲自去探索都是必不可少的。而且在这一过程中,揭示农业劳动的智育性因素,引起学生对现有劳动方式、手段和过程的思索,并激发他们改造现实的激情和兴趣才是至关重要的。其三,重视乡村学校教师在丰富学生智力生活和精神世界中的特殊作用。"乡村要依赖学校,乡村的文化水平有赖于乡村教师的文化水平。乡村学校的主要力量是教师,是他的精神丰富性、知识、多艺和宽阔的眼界。"其四,乡村学校发展和乡村社会生活休戚相关。乡村学校应把知识的发展和加深过程纳入乡村社会生活之中。只有提高了乡村的文化生活水

---

① 郝振君.当代国外农村教育理论的国际比较与启示[D].西安:陕西师范大学,2001:21—27.
② 郝振君.当代国外农村教育理论的国际比较与启示[D].西安:陕西师范大学,2001:27—33.

平，促进了其社会经济的发展，才能对学生产生吸引力和激励效应，激发他们对知识的追求和对农业劳动及劳动者的热爱之情。此外，要提高家长的文化水平和精神生活层次，从而对乡村学校教育、教学质量和效率的提高发挥一种合力作用。

以上这些理论为乡村学校和社会的相互合作提供了坚实的理论基础。任何一种或几种教育学习形式的简单叠加都难以完成庞大又复杂的教育学习任务，尤其是对未成年人而言更是如此。为了实现乡村学校教育的最优化发展，寻求多种教育形式的交流合作与有机联系是唯一出路。

（二）乡村校社合作的实践框架

表1–2分别以合作主体、合作内容为坐标轴，表示乡村学校与不同的合作主体在不同的合作维度所能取得的帮助。在表1–2中以“√”“√√”代表帮助程度，其中“√”表示乡村学校与该主体的合作可以在该领域获得帮助，“√√”表示该主体在该领域对乡村学校的帮助程度相对更高，“√”越多表明该项合作程度越高。从表中可以看出，不同的主体在合作中承担的角色有所不同，都有自身的合作优势，而将几个主体或一些主体的作用叠加融合，对于乡村学校整体的发展大有裨益。这启示我们乡村校社合作应当根据乡村学校自身的实际情况和需求，选择不同主体进行合作，联合更多具有不同优势的主体形成紧密的合作网络。

表1–2　乡村校社合作分析框架表

合作主体 合作内容	家庭	社区	各级政府（机构）与管理部门	其他中小学校	大学与科研机构等	企业	NGO[①]、公益组织等	网络与媒体平台等	其他主体
资金			√√			√√	√		
物资资源与实体建设		√	√√	√	√	√√	√√		
信息交流与平台建设		√	√	√√	√√	√	√√	√√	

① NGO是非政府组织的英文缩写，英文全称为Non-government Organization。

（续表）

合作主体 / 合作内容	家庭	社区	各级政府（机构）与管理部门	其他中小学校	大学与科研机构等	企业	NGO、公益组织等	网络与媒体平台等	其他主体
专业技术、技能等	√	√		√√	√√	√√	√	√	
人力、人才等	√	√	√	√√	√√	√√	√√		
情感能量与道德（伦理）支持	√√	√√	√	√	√	√	√	√	
思想、观念、创意等	√	√	√√	√√	√√	√	√√		
政策、制度、法律支持等		√	√√	√	√	√	√	√	
学习与教育、培训等	√	√	√√	√√	√√	√	√√	√√	
宣传、传播等	√	√	√	√	√	√	√√	√√	
其他内容									

（三）乡村校社合作的基本原则

1. 主体性原则

学校与社会建立合作关系的前提是对主体的确认，要尊重合作双方的主体性需求，在过程中倾听双方的建议。同时，更重要的是要确立学生的主体性地位。以乡村学校与社区的合作为例，一方面要以学生为本，基于学生的立场和视角、基于学生所处的现实环境去设计和实践教育活动，在实践中倾听学生的观点或意见，为学生的学校教育提供更多的社区资源。另一方面要与学生一起发现问题，一起探讨和寻找社区问题的解决办法，要让学生意识到自己是社区的主人，一起加入到社区发展活动中来。①

2. 本土性原则

乡村教育现代化的实现路径是多元的，其中乡村教育“在地化”（place-based

① https://mp.weixin.qq.com/s/9bgwGVXpb32zdbWR0UHsPg.

rural education)是选择之一。所谓在地化教育就是以学生的生活圈或所处的政治、经济、社会、文化、精神、自然、生态等环境为基础,以培养学生的探究精神、合作意识、创新能力、责任品质和身份观念等核心素养为目的,以建构自我与他人、人类与环境的有机联系并过上和谐美好新生活为宗旨,在全部课程中探索教育教学内容同地方教育资源和学生社会经验的连接、课堂教学与当地社区的联结,通过学生在真实情境中的亲身体验和创造探究,达到教育教学现代化的过程。①

校社合作要充分开发和利用当地实际生产生活中的教育资源,乡村学校的教育内容要与乡村学生的生活经验、与本地的自然、生态、社区、文化等相结合,建立学校课堂与乡村社区之间的联系。其一,要培养和发挥乡村学校校长的在地化教育领导力,即校长动员和引领学校师生、社区成员创造性地运用一方水土的教育资源培育乡村学生现代性品质的能力。校长要学习和修炼在地化教育哲学信念,要有高站位、宽视野、大格局。其二,要提升教职员工和社区成员在地化教育的理念认同,鼓励他们积极参与,组成教师小组,开发和设计本土化、在地化的课程框架。②

3. 开放性原则

第一,乡村学校必须开放自己,包括地理空间的校园开放、办学理念开放等。其一,学校要将学校发展中遇到的困境向学生家庭、向社区、向社会组织和力量开放,通过校园开放日、社会媒体报道等多种渠道,向外界求助合作解决方案。其二,教师要将在管理或课程中遇到的问题、教师自身的文化品质等向学生家庭、向社区、向社会开放,通过听评课、研讨等形式增加学校教师之间的交流,通过家访、家长会等形式增加家校之间的沟通,通过参与社区活动等形式增加校社之间的合作,在互动中形成学习共同体。

第二,社区、社会组织及力量更多地向乡村学校开放。即社区、社会组织及力量通过组织支教、线上赋能等形式提供一定的资金支持、物质援助、理念援助等,尤其是线上平台可向乡村学校开放更多高质量的课程和教学资源。

4. 平等性原则

乡村学校与任何社会主体之间开展的合作是平等、民主的关系。以乡

---

①② 邬志辉,张培.农村学校校长在地化教育领导力的逻辑旨归[J].教育研究,2020,41(11):126—134.

村学校与NGO的合作为例，一方面如果乡村学校参与不够，只要求NGO单方面的付出，而没有积极合理响应对方，那么二者之间的合作是不平等的，终将会以失败告终。合作是双方民主协商开展的工作，一方的情绪状态会影响另外一方的状态，这就是情感能量的传递。乡村学校的消极参与会使得合作沟通不畅，破坏NGO开展合作的积极情感。另一方面，如果NGO带有过分功利性目的，因为给乡村学校提供资金支持而提出不合理要求的话，乡村学校的发展会陷入被动，两者的合作会由于不合理的利益诉求而失去教育价值。同样地，乡村中小学校际联合互动，也要遵循平等性原则，无论是学校之间的合作还是教师之间的互动，都要在双方自愿的基础上进行平等对话。

5. 互益性原则

互益性是建立在主体性之上，并且强调合作双方要在合作中实现互益，在寻求对方帮助的时候也要主动地帮助对方。例如在乡村学校与企业合作的过程中，乡村学校的资金困难可以得到缓解，而企业家对文化价值的追求也能得到实现。当然，如果在开展合作教育的过程中，企业一味地希望给自己带来经济效益，满足自身需求而忽视学生的教育需求，那么学生也无法获得真正的发展。如果在人才培养上没有实现目标的话，乡村学校对企业的评价会降低，校企合作在很大程度上也就无法实现互益。

6. 发展性原则

发展性原则意味着校社合作双方都要具有共同的明确目标——共育目标，即为了促进学生的全面和谐发展。建立在这个共同目标之上，双方要主动、积极地承担责任，明确自己在过程中承担的角色，并且互帮互助。在一定程度上，乡村校社合作的目的具有公益性、教育性，参与其中的社区成员、公益组织人员、志愿者等都要有价值观共识，即为了促进乡村教育的发展，为了乡村学生能接受到更均衡与更公平的教育、能得到更全面与更和谐的发展。

7. 生态性原则

校社合作从系统上来讲要注重可持续性、生态性。一方面，乡村学校的发展和改革必须得到政府的大力支持，政府的大力支持也为校社合作的长期稳定提供条件。尤其是NGO对学校的援助经常是短期的，需要政府承担长期牵线搭桥的角色。企业与学校的合作实现互益也需要政府承担监督、督促的第三方角色。总之,政府能够有效促进校社合作的进程,促成持续性。另一方面,校社合作要有利于乡村建设、乡村文化发展,拥有全局观。尤其是乡村学校与乡村社区的合作,要助力解决根本性存在的乡村学校“孤岛”困境、解决乡村教育的文化困境。乡村学校与企业的合作,更要助力解决根本性存在的乡村经济建设、生态建设的现实困境。只有立足于乡村振兴战略,使得乡村学校具有内生的发展能力,校社合作才具有可持续性、生态性。

拓展阅读材料

1. 中华人民共和国教育部网:http://www.moe.gov.cn/scrcsite.

2. 陶行知.陶行知全集[M].成都:四川教育出版社,1991.

3. 晏阳初纪念文集编辑委员会.晏阳初纪念文集[M].重庆:重庆出版社,1996.

4. 宋恩荣,熊贤君.晏阳初教育思想研究[M].沈阳:辽宁教育出版社,1994.

5. 孙培青.中国教育史[M].上海:华东师范大学出版社,2000.

6. 郝振君.当代国外农村教育理论的国际比较与启示[D].西安:陕西师范大学,2001.

7. 叶澜.社会教育力:概念、现状与未来指向[J].课程·教材·教法,2016,36(10):3—10+57.

后续学习活动

与社会开展多维度合作之前,学校需要做好哪些前期准备?请参照以下方案,结合本校实际情况,设计出学校与社区的初步合作方案。

卧龙里小学与社区共建方案

为了深入贯彻落实《中共中央国务院关于进一步加强和改进未成年人思想道德建设的若干意见》精神,探索学校教育、社区教育有机结合的途径和方法,切实加强未成年人思想道德建设,全面提高教育教学质量,努力实现“办人民满意教育”的目标,为顺利推进共建共育建设,特制定本方案。

一、指导思想

为进一步维护社会稳定、提高我校学生、社区居民的文化素质,增强安全意识,加强文明学校建设,倡导“文明在校园,文明在社区,文明在家庭”,增强师生的组织性、纪律性、推动教育的改革和发展。围绕爱国主义、基础道德建设、法制安全、创建学习型家庭等方面开展工作。增强社区和全体师生的参与意识、公共服务意识,形成共建社区、共享社区资源的良好态势，最大限度地实施人力、物力、财力和其他社会资源的优化整合利用，不断推进同洲模范学校与共和社区共建工作。

二、基本任务

建立有关组织，制定相关制度，切实有效地开展工作。全体师生、社区居民的参与是共建工作的核心，是管理、学习的前提。要把全体师生、社区居民的主动参与作为第一动力，遵循以人为本的原则。提高全体师生、社区居民的思想道德和科学文化素质，培养有理想、有道德、有文化、有纪律的社会主义新人，促进共建工作健康的发展。

三、组织保障

建立和健全学校社区共建工作的管理机构，成立学校社区共建工作领导小组。领导小组是统筹社区教育资源，沟通教育与社会的联系，促进教育与社会一体化的教育管理组织。

组　长：××（校长）

副组长：××（副校长）

组　员：××（德育主任），××（大队辅导员）

四、工作措施

1. 纳入规划，重点推进

将我校与社区共建工作纳入教育教学工作之中。充分利用学校内外一切有利于学校社区共建工作的资源，开拓性、创造性地开展实践工作，真正地实现学校社区共建共育结硕果。学校社区共建工作要与社区的政治思想工作相结合，同时要与加强青少年学生的思想品德教育相结合。通过学校社区教育，宣传科普知识、法律知识、开展小交警训练等活动。

2. 建立有效的保障机制

建立起对社区教育工作有明确的规范性与导向性的运作机制，可使学校社区教育的发展走上依法、有序、健康的轨道。做到任务分工明确，学校教育与社区教育、家庭教育密切配合，不留教育空白点。定期召开优秀家庭建设的表彰大会，对在开展的各项活动中涌现出的优秀家庭、好家长、好孩子给予表彰奖励。

3. 加强学习，广泛宣传

利用板报、广播、报纸、电视、学习资料、电脑等信息传播媒体有计划、有目的地向全体学生及社区居民宣传优秀家庭教育的方式方法；宣传推进文明学校、文明社区建设的重大战略意义；宣传学校的教育政策，争取社会对学校教育的舆论、财力和物力支持，为学校办学创造一个良好的社会环境。让家庭教育和社区教育的思想深入人心。树立起在家做一个好孩子、好父母，在校做一名好学生、好家长，在社会做一名好公民的责任意识，把全校、全社区的学生和家长逐步引向讲文明、讲公德、讲学习的自觉、有序的学习生活状态。

4. 建设学校社区的教育网络

建立学校社区的各司其职的教育管理网络。建立以家长学校为龙头的社区教育网络,使全体学生在校教师管、在家家长管,上学学校管、放学(放假)社区管的教育网络。学生在校可以利用一切的现代化教学手段进行学习,在家期间也能进入社区的图书馆、未成年人电子阅览室等场所进行学习。建立开放的教育空间,严密的教育监督网络,为社区内工作繁忙的家长解决后顾之忧。暑假通过开展读书活动,组织孩子读书,带动家长读书、全社区读书,逐渐形成社区居民、学生、家长共同进行自我学习的氛围。达到结合学校教育,覆盖社区全体成员,渗透于各种社会组织和社会活动场所的全社会教育网络。

5. 共同参与,开展丰富多彩共建活动

学校的大型活动,如:艺术节、文艺汇演、开学典礼等都要邀请家长和社区代表参加。要充分利用社区教育资源,邀请社区的老干部、法制工作者、教育方面的行家或知名人士到学校或社区对学生进行思想、道德和人生观教育。学校重大事项的决策和安排要通过座谈、致家长一封信、家长学校、家长会等形式广泛征求家长的意见和建议,让家长了解学校情况和孩子在校情况,让教师也掌握学生在家庭和社区的表现,共同对学生进行行为习惯教育,养成教育。学校、社区共同参与,构建家校共育的社会化教育。

专题二

乡村学校课程开发与共建

——换一种课程资源的眼光

盖课程为学校教育之中心，假使课程得有圆满解决，则其他问题即可迎刃而解。

——陶行知

课程是学校教育事业最基本、最微观、最关键、最专业的内核部分之一。作为乡村学校的教育领导者，校长与教师考虑与谋划乡村学校和社会合作，也必须要具备一种更大格局、更富有专业性的课程视野，由此拓展乡村学校与社会合作的范围和内涵。教育包括乡村学校教育在内是全社会的公共事业和共同的使命，乡村学校、家庭、社区、社会等必须通力合作，不断开发和创新适宜的课程资源，使学生的成长更加丰富多彩、更加充满可能性。

案例2-1

“小先生”的大课程①

一般乡村小学要和学生家庭联络，存在很多困难，如教师感觉孤立，学生感觉单调。利用小先生就好了，小先生是一根根流动的电线，这一根根电线四方八面伸展到社会底层构成一张生活教育网、文化网，把学校与家庭构成一体，使它们彼此可以来往，可以交通。它把社会所发生的问题，所遇到的困难，带回学校，再把学校里的知识技能带回到社会去。这样一来，如有一位教师，三十位学生，而这三十位小学生便是三十位小同志，教师不再孤立，学校也不再和社会有隔膜，而能真实地通出教育的电流，碰出教育的火花，发出教育的力量。

这是陶行知先生1934年在当时的宝山县民众教育馆主办的民众教育服务人员训练班开学典礼上的一段演讲。陶行知先生曾言：“要从整个生活出发，过整个的生活，受整个的教育。”这种基于整个生活的大课程观特别适合乡村学校，它提示学校领导者要突破狭隘的课程视野，从乡村教育生活的不同方面、不同角度、不同层次开发出深具教育意义的课程资源，从而变不利为有利、变被动为主动，发挥出独特的课程潜力与优势。作为一位教育实践家和教育领导者，陶行知先生从来都是从现实出发，在现实可行的基础上开创可行的教育活动与课程资源。通过“小先生”们的流动，不仅为社会带来了福利，更重要的是培养了“小先生”们对学习的热爱、对人民的关心、对社会的责任感。这些不是通过

① 胡晓风，等.陶行知教育文集［M］.成都：四川教育出版社，2007：356.

单纯的说教可以达到的效果。因此，同样作为教育实践家和教育领导者的乡村校长与教师，完全可以通过对当地环境和社区资源、对当今社会生活和资源的观察和捕捉，开发出属于乡村学校的大课程。

此外，有研究者认为课程因素才是导致乡村义务教育学生辍学的根本原因。[①]具体来说，有以下几点：第一，课程门类多。目前我国初中课程中的考试必修课就已达七、八门，课程学习时间延伸到课外，给学生带来的学习压力倍增。第二，课程难度大。调查显示，有66%的学生认为现在学习的课程内容太深，上课听不懂；学习的内容偏重公式定理，对于基础薄弱的学生来说难度较大，不易接受。这是因为各学科课程标准主要是由大学教师和专家主导制定的，制定者对乡村中小学教育缺乏足够的了解，更多地强调学科知识的系统性和逻辑的严密性，导致难度上升。有心继续学习的学生和家庭会选择补习，家境困难或学习无望的学生则可能因此而辍学。第三，课程交叉重。有校长统计了义务教育开设的学科，发现学科之间重复度较高，一些学科之间的重复度高达55%。如思想品德、科学、语文等学科，科学、物理等学科交叉重复现象尤为严重。无谓的学习会慢慢消磨学生的学习兴趣，并有可能引发辍学现象的产生。因课程原因而直接导致学生产生厌学情绪，是乡村义务教育学生辍学的主要原因，也是根本原因。有数据表明，近72%的辍学行为是由于厌学导致的。总之，我国经济社会和政治形势以及基础教育都已经发生了深刻变化，原有的课程设置已经不能适应新形势的发展。唯有大力改革现行课程设置，乡村义务教育学生的辍学现象才能得到有效缓解。[②]

一、基于乡村社区资源的乡村学校课程开发

在20世纪50年代，美国学者奥森提出，学校不应是游离于社区的文化孤岛，它应主动与社区架设各种桥梁，致力于解决社区问题。[③]20世纪60年代以来，增进学校与社区的合作交流已成为世界性的潮流。20世纪80年代末，在北京召开的“面向21世纪教育国际研讨会”所提出的报告《学会关心：21世纪的教育》进一步提出：“要想形成21世纪要求的学习，教育体制应不同于目前的模式，可能其最重要的方面将是社会更多地参与学校和学校更多地参与社会。”[④]

①② 本刊编辑部.农村义务教育学生辍学的课程因素[J].新课程研究(上旬),2017(03): 1.

③④ 叶忠海.学校和社区沟通——上海城市社区教育研究[J].教育发展研究,1999(03): 55—58.

社区是聚居在一定地域范围内的人们所组成的社会生活共同体。乡村地理学研究认为，乡村社区是指一定乡村地域上具有相对稳定和完整地结构、功能、动态演化特征以及一定认同感的社会空间，[①]更是当地经济政治状况、文化历史环境、社会组织和设施、关系网络体系的指涉。[②]乡村社区是相对于城市社区的概念，二者之间既有着天然的普遍联系，又在人口密度、生产力水平、政治经济活动、社会结构、人际关系等各个方面存在着许多差异。学校与社区的合作与交流成为课程建设与开发的一个重要方面。在乡村社区，其文化历史、风土人情等必然有许多可供乡村学校学习与借鉴之处，因此，社区课程资源开发成为当代校社合作需要努力的又一个方向。

（一）反思乡村社区课程资源开发与共建的现状

1. 学校与乡村社区缺乏有效的沟通合作

目前，学校和社区缺乏有效的沟通合作成为社区课程资源开发利用最大的困难之一。当今社会，学校与社区的关系日益密切，社区对合作中学校承担的角色和责任的要求也逐步提高。如此一来，学校不仅要扮演好社区文化和教育服务中心的角色，更需要获得社区各种文化环境的滋养支持。当代教育改革要求学校课程必须与社区环境因素和具体的教育情境结合起来，但在社区课程资源开发利用过程中，乡村学校和社区之间的关系还不是很密切，两者之间的联系缺乏有力的政策支持；两者之间还未形成相互沟通的氛围与习惯，缺乏有效的沟通机制。

2. 乡村社区课程资源开发利用的意识薄弱，技能有限

受传统教育思想的影响，教师往往只注重传授知识，备课、上课几乎占据了教师所有的时间，教师花费了大部分精力来提高学生的应试能力，因而认为自己没有多余的时间进行社区课程资源的开发。更有少数教师根本不关心课程资源的开发，甚至认为开发社区课程资源就是在浪费时间，将其视为学科专家、教育行政部门和学校的事情。具体来说，教师往往习惯于把教材作为唯一的课程资源，教学也往往停留在“教教材”的层面，不会把丰富的社区课程资源运用

---

① 参考百度百科词条：社区、乡村社区、城市社区。

② 黄颖，叶敬忠.农村基础教育中村级社区的作用发挥——基于留守儿童支持活动的调查和思考[J].江西教育科研，2007(09)：101—103.

到教学中来。再者，由于教师在师范教育阶段学习的教育学内容往往比较“空洞”，并且在课程开发技能和素质的培养方面不被充分重视，使得教师自身课程资源开发的专业能力不高。这样一来，教师就很难养成开发社区课程资源的意识，更不用说去熟练而专业地整合利用社区课程资源了。

3. 乡村社区课程资源开发利用的方式方法比较单调

由于开发利用课程资源的思维较为僵化，有些教师总是用传统的、习惯的、固定的方式来“套”新的资源和新的利用方式。例如：教师习惯于通过讲授教材或者教辅的方式让学生在应试中取得好成绩，带有功利主义色彩。于是，当遇到其他类型的资源时，在习惯的支配下，教师还是采取单一讲授的方式来进行资源利用。其结果是，一方面把生动、复杂的教学活动局限于固定的、狭隘的认知主义的框架之下，局限了学生的思维和智力，制约了学生综合素质的发展；另一方面也制约了教师自身课程资源开发和利用的积极性。[①]

众所周知，社区课程资源的种类很多，并且内容丰富、形式各异。“不同的教学内容需要不同的课程资源，各种课程资源之间的特性、作用以及开发利用的方法也有一定的差异。”[②]教师在教学过程中，应该根据教学内容实际，对不同的社区课程资源采取合理的开发利用方法，这不仅有利于全面高效地开发和利用社区课程资源，而且有利于丰富教学内容。

（二）认识乡村社区课程资源开发与共建的意义

1. 促进乡村学校教育走向民主化和科学化

学校与社区的合作有利于促进学校教育走向民主化和科学化。当前学校教育中存在的隐性不民主问题在我国学校教育中表现得较为突出，解决该问题的一个重要途径，便是积极地组织社区人士参与学校的教育教学与决策。

学校与社区人士共同开发和组织利用社区课程资源，一方面能通过社区课程资源与学校课程的有机结合，促进学校课程的发展完善。“学校积极地组织开发社区课程资源，必将在课程内容上更多地关注学校及其所在社区的一些具体特点，有效地将社区文化、物质环境等方面的特点组织进课程教学，从而扩展

---

① 范兆雄. 课程资源概论［M］. 北京：中国社会科学出版社，2002：3.

② 丁胜男. 初中思想品德课社区课程资源的开发利用——以“让爱驻我家”单元为例［D］. 济南：山东师范大学，2013：16.

课程内容”;[①]在课程实施上有利于改变传统的“教师教书,学生背书”的教育方式,并以此带动教育方法、教育手段、教育组织形式等方面的变革,从而提高学生的主体性,发展学生的实践能力、学习兴趣和创新能力。另一方面,这种方式能更好地保存和发展社区文化,让更多学生有机会了解社区文化。

2. 培养学生对乡村社区的认同感和归属感

通过学校和社区的合作,可以增强学生对社区的认同感和归属感,加速学生个体社会化的进程。“个体社会化是个体与社会的相互作用中,将社会所期望的价值观行为规范内化,获得社会所期望的知识和技能,以适应社会变迁的过程。”[②]通过学校与社区的合作,也有利于学生很好地认识社区、参与社区、融入社区。

长期以来,学生仅是在封闭的课堂和书本中获得了一些抽象、笼统、一般的社会经验,而对其生存的社区状况知之甚少。其结果是学生缺少对真实的社区事务基本的评价和参与能力。通过因地制宜的开发和利用社区的物质环境和文化环境,并将其纳入学校的教育教学中,可使学生更好地认识社区,更深入地了解生活环境,理解社会,增强对纷繁复杂的社会的接纳与判断,培养对社区的认同感和归属感。

3. 促进乡村学习化社区的形成和发展

“学习化社区是以终身教育体系和学习型组织为基础,能保障和满足社区成员学习基本权力和终身学习需要,从而促进社区成员素质和生活质量提高,以实现社区的可持续性发展而创建的新型社区。”[③]学校凭借它的办学优势、文化优势、文明辐射优势和空间优势,承担着对社区建设的大教育功能,影响和创设着社区成员关心教育、关注学校发展的心理氛围,而这正是学习化社区形成的内在动力和基础。

学习化社区是乡村社区发展的方向。以学校为中心的社区教育组织的建立,以及其对社区内人力、文化及物质资源的积极组织则构成了乡村社区形成和发展的基本条件和组织保障。学校还可以帮助乡村社区培育社区自发组织,尤其在帮助解决留守儿童的问题上大有裨益。如,成立留守儿童互助小组或帮扶小组,相互关爱、建立自信;在学习上相互帮助和交流,举行知识竞赛并奖励

---

① 李燕.试论社区课程资源的开发和利用[J].西南民族大学学报(人文社科版),2003(12):175—177.

② 王聿泼.社区课程资源的开发及其价值——基于基础教育课程改革的思考[J].教育发展研究,2004(11):24—27.

③ 叶忠海.试论学习化社会的基础——学习化社区[J].教育发展研究,2000(05):38—41.

共同进步的学习对子；组织娱乐活动，创造展示才能的舞台。[①]学校还可以与社区签订协议，在社区建立青少年校外活动基地，由学校和社区共同开展青少年教育活动。[②]因此，在当前乡村社区的设计与建构中，我们应将学校对社区课程资源的组织开发和利用视为重要的动力。

（三）基于乡村社区资源的学校课程开发路径

1. 社区历史文化课程资源的开发

长期以来，乡村中小学统一使用国家课程，单一的“升学—离农”培养目标严重影响了课程内容的设置，使课程内容与现有的乡村实际生活严重脱离。所学内容与实践所体验发生冲突将不利于学生理解与掌握知识，而且也会对当地乡土文化产生质疑与忽略。[③]

每一个乡村社区都有其特有的文化特点，如民俗习惯、民间故事、地方方言、特有戏曲文化等，都可以作为我们开发课程资源的一个方向或主题。它们既可以丰富学生的课程类型和内容，也能对地区文化的继承与发扬产生巨大的作用。因此，学校可以根据社区所特有的文化来开设一定的选修课程。我们要紧紧依托统编教材，并进行深入挖掘，对当地乡土文化资源进行系统、全面地调查，利用时时刻刻存在学生身边的乡村社区历史文化资源进行课程开发，将其巧妙创新地引入学生的学习生活中。[④]

案例2-2

稻米，全球性的作物

——“稻米”综合课程设计[⑤]

（一）课堂导入

让学生讨论为什么稻米是一种世界性农作物和每天有24亿人要吃

① 黄颖，叶敬忠. 农村基础教育中村级社区的作用发挥——基于留守儿童支持活动的调查和思考［J］. 江西教育科研，2007(09): 101—103.

② 刘剑虹. 习近平以人民为中心教育发展观的生成逻辑、基本内涵和时代意蕴［J］. 高等教育研究，2020(4): 1—8.

③④ 田宝军，朱曼丽. 农村中小学乡土文化教育的缺失与改善［J］. 教学与管理，2016(11): 83—85.

⑤ https://www.xzbu.com/1/view-7533348.htm.

稻米？让学生在一张世界地图上找出主要的产米地区，并说明稻米能在这些地方生产的主要原因。

（二）课前小测试

关于稻米话题的判断题，了解学生对稻米的了解情况。

（1）全世界生产了足够多的食物来满足所有人的需求。

（2）世界的一些地区遭受食物短缺是因为那些地区的人口密度太高。

（3）现代西方农场每公顷生产的稻米的产量要比东南亚传统方法生产的稻米的产量高。

（4）谷类作物是非常重要的食物来源，世界上还有50%的谷类产品最后成了动物的食物。

（5）许多国家不能为他们的人民提供大米，而出口几十万吨的商品作物，如茶、梨、菠萝、花生、香蕉、棉花等。

（三）主要内容

老师给每一个学生提供了一张大卡纸，上面有关于印度尼西亚稻米生产过程的描述：稻米的生产过程：潮湿的稻田——耕作稻田——打稻穗——晒干稻穗——稻子生长和成熟——插秧——稻田为插秧做好准备——打米谷——收获稻穗——销售。

要在这些标题下面有很详细的描述，这对有农村生活经历的孩子们来说并不困难。但是，学生做到如此细致、有条理的描述，还是需要一定的素养的。因此，通过把学生的生活引入课堂，然后有条理地表述出来，这是对学生的一个锻炼。学生们仔细阅读每一个部分，并把它们剪下来重新排序，并贴在卡纸上。

（四）课堂深入

在刚才的世界地图上，大家找到了几个产米的国家，有中国、日本、韩国、印尼、越南、马来西亚、菲律宾等，也有的可能找错。这时，老师开始布置研究任务，要求学生选择一个产米的国家，并研究这个国家的稻米。研究小组组成之后，老师指导学生运用学校的图书馆和计算机网络系统去迅速地找到自己研究的那个国家的资料。

（五）研究内容提示

所研究国家的地理位置、首都、特征、地图，写一些关键词和句子；所研究国家的语言；所研究国家的文化事件和风俗；所研究国家的食物；所研究有关稻米的信息等。

（六）作业展示

在一定的时间段里，每个小组进行课堂展示，大家进行讨论。

这个主题是关于稻米的专题，这对于本身处在稻米种植地区或者拥有稻米种植农事资源的乡村学校来说是一个很好的课程专题；对于没有稻米种植的地区，可以改变成其他的话题，比如小麦、蔬菜等。如果能够进行实践活动，则会提高学生的动手能力。通过这类专题的学习，既可以激励学生了解自己家乡的地理、农事情况，又可以培养学生的公民意识。在学习过程中，学生的主动发现和探索，使得学习效果远远高于教师的单一说教。我们的课程设计就是需要充分考虑如何让学生拥有世界的眼光，了解世界各国的特色文化，进行国际理解教育。即使是乡村学校的课程主题，仍然可以通过这样的形式来开阔学生的国际视野。这也要求教师要多学习、多思考，丰富自己的文化底蕴。以下两个案例是针对社区文化而设计的两个课程。

案例2–3

请搜集中外历史上自己感兴趣的一个历史人物的资料，写一篇人物小传。

表2–1　社区历史人物资源①

社　区	历史人物	主　要　事　迹
溪美社区	李　贽	明代杰出思想家、文学家、史学家
	林　路	著名建筑家，在省新故乡建造一座民宅大厝，开南邑现代建筑风气之先，民谣“有林路富，无林路厝”

① 潘荣阳．论社区课程资源［D］．福州：福建师范大学，2006：13.

（续表）

社　区	历史人物	主　要　事　迹
英都仓苍社区	洪承畴	在清初先后推行一系列积极的主张和政策
	洪承畯	洪承畴之弟，自称“紫农山人”，辞却清朝两次征召
梅罗九社区	李引桐	中马建交和平使者，中国“橡胶之父”
	李光前	新马社会的领袖人物之一，被称为“橡胶大王”
洪濑康美社区	义　存	真觉大师，南禅六祖，又是云门宗、法眼宗祖师
	苏　颂	著名的政治家、科学家，幼年居住在康美外祖家
丰州霞美社区	傅应嘉	明代抗倭名将，世称“俞（大猷）龙、戚（继光）虎、傅（应嘉）蛟龙”

案例2-4

对居住地区的人文环境和自然环境进行考察调研，从文化与自然的和谐统一出发，提出保护环境和保护文物的建议和措施。

表2-2　社区环境资源①

社　区	人文环境和自然环境	基本情况	研讨内容
英都仓苍社区	黄巢山风景区	因唐末农民起义军领袖黄巢在此屯兵扎营而得名，有“闽南张家界”之美誉	进行考察调研，提出保护环境和保护文物的建议和措施
诗淘码社区	高盖山	因欧阳詹在高盖山读书，故被称为“八闽破荒地”	
梅罗九社区	山美水库	集雨面积1 023平方公里，是灌溉、发电、防洪的综合利用枢纽工程，对晋江下游及泉州市区起着重要防洪安全作用	

① 潘荣阳．论社区课程资源［D］．福州：福建师范大学，2006：15.

（续表）

社　区	人文环境和自然环境	基本情况	研讨内容
洪濑康美社区	雪峰植物园	雪峰寺始建于唐穆宗二年，雪峰植物园也因其得名	进行考察调研，提出保护环境和保护文物的建议和措施
	灵应寺省级树林公园	地处玳瑁山，公园内有千年古刹灵应寺	
丰州霞美社区	九日山风景区	风景优美，文物荟萃，为泉州著名游览区之一	
官水石社区	蔡氏古民居	作为清代古建筑被国务院批准为国家级重点文物保护单位	
	安平桥	世界上中古时代最长的梁式石桥，享有“天下无桥长此桥”之誉	

乡村文化资源开发利用的过程是对乡村历史文化的总结与探索。随着社会经济的发展，乡村历史文化愈来愈被忽视，因此通过这种方式来重拾学校教育对于乡村文化的重视，能够为乡村历史文化的继承和保存作出一定的贡献。文化有价值引领和精神聚合的作用，通过对乡村文化地甄别筛选，开发具有本土文化韵味的特色课程，可以培养社区居民的家园感和归属感。[1]这不仅是对乡村优秀传统文化的继承和发展，也是对中国特色社会主义核心价值观的践行，可促进乡村的精神文明建设。

乡村地区生活化历史课程资源开发利用的原则应该包括以下几点：第一，乡土性与教育性相结合原则；第二，开放性与针对性相结合原则；第三，教育开发与经济开发相结合原则；第四，学生自主探究开发与教师价值导向相结合原则；第五，乡与国、近与远对立统一原则；第六，循序渐进原则。[2]

再看一个开发乡土文化课程并开发乡土教材的案例：

---

① 丁红玲，张境芳.农村社区教育融入社区治理：价值逻辑与策略构建［J］.河北大学成人教育学院学报，2020，22（04）：10—17.

② 廖寿传.农村地区生活化历史课程资源的开发与利用［D］.桂林：广西师范大学，2004：29—33.

案例2-5

乡土文化课程，让教师和学生一起成长[3]

2009年，汶川地震过后，为了文化重建，北京天下溪教育咨询中心（简称天下溪）来到茂县，与阿坝州教育局及茂县教育局一起合作开发了用于阿坝州羌区的乡土教材《沃布基的故事》。此后，天下溪和阿坝州教育局一直密切合作，到2015年，又陆续出版了羌族中学教材《云上的家园》，嘉绒藏族小学教材《夏嘉莫察瓦绒的小洛让的故事》和安多藏族小学教材《我的草原我的家》，支持理县教育局编写了小学教材《杂谷脑河流过的地方》，至此阿坝州三个文化区域的小学都有了自己的乡土教材。每周，孩子们会有一节乡土教材课，学校里有固定的教学团队带领学生学习乡土文化，教师们在乡土文化课上的成绩也成为评定职称和评选先进的依据，教材和制度使阿坝州的乡土文化课有了切实的保证。

为了进一步推动乡土教材的使用，从2016年开始，天下溪与阿坝州教育局、阿坝州教科所继续合作乡土文化教学设计项目，在2017—2019年三年间，通过编写课程设计教参、组建专家指导队伍一对一指导、集中培训和课程展示交流等方式，引导老师们深化对乡土文化课程的理解，拓展教学思路，提升乡土文化课程的教学水平。在这个过程中，一大批乡土文化教学一线的老师们呈现出了丰富多彩的课程设计。在这个基础上，天下溪和阿坝州教科所共同组织编写了这部乡土文化课程设计案例集，收录了50篇具有创新思维及实用性的课程设计，希望为从事乡土文化教学的老师们带来一些启发和参考。

我们欣喜地看到很多老师领悟到了这些原则，并且有了自己的创造，很多课程设计都跳出了教材文本的具体内容，比如"羊毛牛毛用处大"这一课，把"手艺"这个主题做了深入且生活化的探究，从藏区生活中随处可见的羊毛牛毛入手，丝丝入扣，引导学生逐步思考：羊毛牛毛怎么变成羊毛牛毛制品，为什么家乡会有这样的手工艺和手工艺品，这和我们的生态环境有什么关系，制作和使用过程中又蕴含了什么生活智慧等问题。

---

① https://mp.weixin.qq.com/s/56xrIMWEHQmiRoWLRbif7w.

这堂课的设计，既在手艺这个文化主题之内，又突破了教材文本的内容，做到了以小见大、在生活中学习，使课堂实践丰富和具有创造性，让学生学得有兴趣、有收获，让观摩者有启发、有新思路。

老师们在和历史、风俗、变迁有关的主题把握上，不只是学习这是什么，更多关注这些体现了什么精神、我们能从中获得什么启迪。比如“汶川三宝”这个课程设计，老师在对“生计方式变迁”的解读过程中，通过四个课时的不同主题活动，层层递进，实现不同层面的教学目标，先对家乡特产进行了解，感受其给家乡带来的巨变，进而激发对家乡的热爱之情和自豪感，最后自然地想要为振兴家乡而努力学习。老师在课堂上设计的基于真实生活场景的学习，给学生提了很多问题让其思考，学生的生活能力因为解决这些问题得到了实际的提升。

2. 社区品德课程资源的开发

社区生活是学生每天的生活之一，在耳濡目染中，学生的品行也就慢慢形成了。因此，开发和利用社区的品德课程资源，可以为学生的品德养成提供一个良好的环境。

案例2–6

“让爱驻我家”单元社区课程资源的实践举措[①]

本单元以爱小家（家庭）和爱大家（国家）为教育主题。以一个“爱”字为情感主线，从爱家庭上升到爱国家，从与父母平等沟通到维护民族的大团结。把爱国和爱家统整到一个单元中，有利于学生情感的自然升华，拉近个人与国家情感的距离，避免爱国主义教育中的空洞说教。引导学生感受家庭生活的温暖，体会父母对自己的关爱，能够孝敬父母长辈，学生克服“逆反心理”，学会主动与父母沟通，与家庭成员共建和谐幸福的

① 丁胜男.初中思想品德课社区课程资源的开发利用——以“让爱驻我家”单元为例[D].济南：山东师范大学，2013：19—21.

家庭生活；教育学生认同祖国文化，珍惜民族大家庭的团结，继承伟大的民族精神，树立民族自尊心和自豪感，增强报效祖国的使命感和责任感。

第一框题教学内容：“家，温馨的港湾”

本节课要集中解决的问题是引导学生体会父母养育之情，明确如何报答父母的养育之恩，以实际行动孝敬父母和长辈。

第二框题教学内容：“学会与父母沟通”

和谐幸福的家庭生活是青少年健康成长的重要条件。但随着青春期生理和心理的发育，许多未成年子女同父母间出现了沟通障碍，导致“亲子矛盾”日益突出。在这种情况下，引导和教育青少年正确认识青春期心理发育的特点，了解影响子女同父母沟通的原因，克服“逆反心理”，进而学会平等地同父母沟通，具有极强的现实意义。

这是一个相对完整的社区课程设计，它对乡村社区来说具有一定的挑战性，需要乡村学校的支持和辅助。此外，也可以通过邀请社区里优秀品德的代表与学生们分享优秀品德的故事。

通过将知识付诸实践，将学生平时面临的问题“拿到桌面上”由教师、家长和学生来共同面对，这对学生的成长是一个非常大的鼓励，对于学校德育教师而言，也大大减轻了教学的压力。通过学校和社区的合作来共同探讨学生品德素质的培养，把抽象化的说教变成实践来实施教育，这是学校教育的极大进步。

另外，在新型冠状病毒肺炎的疫情防控与应对中，社区作为基本治理单元的天然合理性和防控有效性也得到了充分彰显。[①]社区通过组织志愿者队伍，为居民配送防疫物资和基本生活物资。志愿者团队中有很多是大学生，以人为核心的社区治理“邻里共同体”意识逐步强化。中小学生在经历了社区抗疫，作为社区志愿者队伍的受益者或者亲见他们的父母加入了志愿者队伍，相信他们对社区的归属感、对国家的认同感会得到很大增强，这些社区观察与体验都能促进他们未来成为更有责任感的公民。

---

① 杨龙.从社区抗疫看社区治理现代化之路[J].国家治理，2020(11)：44—48.

3. 社区科学课程资源的开发

案例2–7

硫 的 转 化

（一）课程标准在线

主题3：常见无机物及其应用。

（二）社区课程资源

相关的工厂；医疗、教育、环保单位；含硫食物、日用品，如：洋葱、干酪、硫磺皂等；图书馆资源等。

（三）课程资源使用方法

收集、整理；成果展现；参观；探究试验；实验报告。

（四）设计意图

拓宽学生的眼界，体验化学在生产生活中的重要作用，培养搜集整理资料的能力，培养学生的文字处理能力和表达交流能力，增强环保意识和安全意识，激发学习兴趣。

镁与海水提镁

（一）课程标准在线

课程标准中没有对“镁及其化合物”知识的明确要求。在海水中，镁是储量除钠外最多的金属元素。在研究海水中的元素时，镁可以成为我们了解性学习的内容，完成“认识并欣赏化学科学对提高人类生活的重要作用”的要求。

（二）社区课程资源

图书馆资源；工农、医疗；含镁的食物、药物，如：青豆、绿豆、水杨酸镁（消炎镇痛）等。

（三）课程资源使用方法

调查；参观；成果展示：小论文、专题报告会。

（四）设计意图

根据新课标的要求，不再设计探究实验等深层次的内容。以上资源的整理是为了使知识更贴近生活，使学生了解一些医疗卫生方面的内容。

在乡村社区中进行寻找和调查，利用社区拥有的基本设施、合作企业等方面的相关资源，可以给乡村学校科学课程资源开发带来更好的支持。

4. 社区音乐课程资源的开发

对于学校教育课程改革，《基础教育课程改革纲要（试行）》也曾提出："积极开发并合理利用校内外各种课程资源。学校应充分发挥图书馆、实验室、专用教室及各类教学设施和实践基地的作用；广泛利用校外的图书馆、博物馆、展览馆、科技馆、工厂、农村、部队和科研院所等各种社会资源以及丰富的自然资源；积极利用并开发信息化课程资源。"[①]因此，社区音乐课程资源开发，也是服务于学校音乐课程改革需要的。

社区音乐教育作为社区教育的一个重要组成部分，对社区的建设与发展起着至关重要的作用。当代社区通过举办音乐文化节、专场音乐会、组织音乐社团（合唱队、戏迷社与艺术团等组织形式）的日常性演练、音乐舞会等社区音乐教育活动，既可以丰富社区居民的生活，为人们提供休闲娱乐的机会，又能陶冶人们的情操，培养他们的音乐审美情趣，提高音乐文化素质和道德修养，还能帮助和引导社区居民养成文明的生活方式，促进社区居民的身心健康发展，加强并协调社区成员之间的联系，促使社区成员产生社区归属感，使社区成员感觉到生活在一个温暖的大家庭中。

下面这个故事来自教育家陶行知先生，我们来看看他对音乐舞蹈的看法：

案例2-8

音乐的感受力和发展舞蹈[②]

有一次从欧洲返国途中，船过红海，旅客们在甲板上散步，播音机中正播放快乐的唱片，我看见一个四岁的小女孩在甲板上跳舞。我细细地观察，这小姑娘的舞蹈很合音乐的拍子，而其表演出来的快乐情绪也是与音乐相合的。

---

① 钟启泉，等.为了中华民族的复兴 为了每位学生的发展：基础教育课程改革纲要（试行）解读[M].上海：华东师范大学出版社，2001：11.

② 陶行知.陶行知教育文集[M].成都：四川教育出版社，2013：352（原载1944年11月5日《新华日报》，摘自记者关于1944年11月3日育才音乐舞蹈会的报导）

这引起了我的惊奇，立即商请船上的人换一张悲哀的片子，要试试这孩子对音乐的感受力。果然当悲哀的乐声一起，那小姑娘的舞式不仅整个改变，脸上的快乐情绪也突然改换成了一种严肃深沉的忧郁。我愈看愈奇，又商请换了一张革命的片子——《马赛曲》。当《马赛曲》的乐声一起，只见小姑娘拿出了拳头，向甲板上的旅客挥动……

这一幕给我一个很大的启示，就是音乐的天才在一个人四岁的时候就能发现。因此，我现在招收音乐组的学生，也采取了这一办法，来测验对音乐的感受力。音乐和舞蹈，在中国并不是像今天这样贫弱，唐代的舞蹈就很流行，如今日本反而流传过去不少，所以，我们在这个意义上应该发展音乐和舞蹈。

乡村学校也需要音乐和舞蹈。即使在资源有限的情况下，乡村学校也可以通过各种方式来展现音乐和舞蹈的魅力。乡村学校需要体现独特的价值所在，开发具有乡土文化的音乐课程，这既有利于丰富课程资源，又能使学生的生活变得更加精彩。同理，乡村社区美术资源的开发与利用同样具有可行性和价值性。

5. 社区图书课程资源的开发

随着中国社会经济的发展，许多乡村社区已经建设并配备有阅览室、图书室，能够提供一些新闻报纸、历史书籍供村民们阅读。尽管如此，乡村阅览室的使用率并不高，久而久之，许多阅览室最终只是摆个样子。之所以会出现这样的现象，一方面是由于图书资源不够丰富；另一方面是因为村民还缺乏自觉的阅读文化和习惯。

针对这种情况，乡村学校该如何开发乡村社区的图书资源呢？我们认为，可以通过以下几个方面进行：第一，订购图书。作为学校的领导者，首先可以帮助乡村社区在书店里或者网络上订购一定数量的图书。第二，征集赠送。征集赠送是一种比较经济的方法。学校可以向上一级的领导征集，也可以向村民们征集。同时，每个村已经读大学的学生，也是很好的征集对象，他们有哪些读过的书或者推荐的书，都可以向社区做一份小小的贡献。第三，互相交换。这是针对相邻社区来说的。两个社区之间可以互相交换不同的书籍，这样既经济又可以丰富阅读量。第四，网上征集。学校可以通过网络来寻求社会人士的帮助。

丰富图书资源之后，学校可以组织义务人员进行社区阅读课程的开发。在最初阶段，可以派遣学校教师进入社区组织阅读课程。这个阅读课程可以设在每天学生放学后、每个周末的上午或者下午。在最初阶段，引导学生一起静静阅读一本自己喜欢的书，之后一段时间可以进行相互交流等，形式可以多样。社区作为学生们生活的地方，如果有这样一个定期定点的阅读习惯，那么这对乡村学校来说是一个很好的课外补充和辅助。因此，乡村学校教育者帮助乡村社区成立一个完善的社区阅览室是非常重要的。苏霍姆林斯基曾经说过，一所学校“可能缺少很多东西，可能在许多方面都很简陋贫乏，但只要有书，有能为我们经常敞开世界之窗的书，那么，这就足以称得上是学校了”。图书馆是学校必不可少的办学条件，它是师生开展教育教学这个第一课堂的书刊资料信息中心，是向师生提供精神食粮、开展第二课堂教学的主要场所。[①]社区如果能拥有丰富的图书资源，就将为所有居民提供便利的知识宝库。

6. 社区民间体育课程资源的开发

调研发现，乡村体育教师对体育教学热情不高，知识陈旧，缺少有开发体育资源的意识。究其原因：其一，体育教师对体育课程资源的认识比较贫乏，课堂教学内容选择随意性较大，致使学生抵触体育课学习。其二，乡村学校一部分体育教师家住城区，他们有课才到学校，没有太多心思放在体育教学工作上。其三，由于学科的偏差，使体育教师在学校成为弱势群体，即使他们认真工作，但是福利、职称评定、荣誉等都得不到公平对待，造成体育教师的心理产生严重落差，直接影响体育教学质量。要改变这样的现状，需要吸收民间体育资源的特点，开发与利用社区民间体育课程资源。

以福鼎市中小学为例，[②]福鼎市坐落在福建省东北部，全市有17个乡镇，其中佳阳乡和硖门乡是畲族的聚居地，其他都是散居。由于畲汉两族杂居，畲族人吸收了当地汉语方言，因此语言交流便利了，畲族的体育内容也逐步被开发。福鼎市民族民间体育文化底蕴深厚，民族项目有蹴球、木屐、高翘、陀螺、武术、操石磉、骑海马、爬竹竿、射箭、打尺寸、竹竿舞、打枪担、棍术等；民间项目有龙

---

① 陈瑞昌.学校社区共享图书资源[N].中国教育报，2010-03-04(005).

② 陈月玲.农村高中学校民族民间体育课程资源的开发与对策[J].课程教育研究，2016(05):223—224.

灯、马灯、瓮江鱼灯、铁枝、舞狮、线狮、象山腰鼓、提线木偶、威风锣鼓、跑旱船、划龙舟等；民间游戏有踢毽子、滑板车、弹球、飞盘、纸飞机、跳房子、捉迷藏、跳皮筋、丢手帕、扔沙包、斗鸡、千秋、跳绳、呼啦圈、拔河、放风筝、滑轮、溜旱冰、蹦蹦球、滚铁环等。其中蹴球和陀螺两个项目，福鼎市民族中学已组建了对应的运动队并参加全国各级比赛，获得了优异成绩，学校还成为国家少数民族传统体育示范基地。

开发社区民间体育课程资源的原则包括以下几点：第一，主导性原则。教育行政部门要重视体育的功能性，以倡导性文件的形式鼓励各个学校将现有条件进行挖掘，并改造民族民间体育资源，弥补体育场地器材欠缺、体育经费不足而影响体育教学的问题，体育教师要积极与学校领导进行沟通，让领导认可和支持民族体育资源的开发利用。同时，体育教师要端正工作态度，利用自学、培训、观摩等渠道提升自身专业素养，使民族民间体育资源真正走进课堂，丰富课堂教学内容，让学生真正体验体育课带来的快乐。第二，适时取材原则。教师可根据本地的民族民间体育特色，在一定的认知基础上就地取材，丰富课程内容资源，弘扬本地项目的发展。例如：福鼎市11所高中学校所处的地域不同，学校利用资源的实际情况也不同：二中和四中分别邻近两个畲族乡，畲族当地的民族文化可以就地入取；沙程的铁枝、跑旱船、线狮等都极具特色，五中可以就地沿袭；点头（九中）的马灯、龙灯；白琳（三中）的提线木偶、杖头木偶、瓮江鱼灯；店下（七中）威风锣鼓、象山腰鼓；管阳（八中）的舞狮、舞龙、线狮；桐山城区（一中、六中、金桥和茂华）的花样腰鼓、回族提灯、划龙舟等资源。第三，自主改造原则。民族民间体育资源的选择，必须根据学生的身心特点和不同需求，在保留原有民族民间体育特色的前提下，改造、完善和规范体育内容资源，使其更符合体育课程目标的要求。简化比赛规则，降低动作难度；强调去陈求新，在保障安全的情况下调整和选择场地器材，丰富学生的体育学习兴趣。例如：蹴球、打尺寸、打陀螺等，可以根据不同场地、人数制定不同的规则；竹竿舞可以改成长绳舞，舞龙可以改舞拔河绳；高跷可以引导学生参与制作不同高度和材质器材。这样既解决了农村学校场地器材不足的问题，又丰富了体育教学内容，让学生充分体验民族民俗风情，一举多得。第四，针对性引进原则。对学生喜欢的简单易行的民间流传游戏进行整理规范，并融合到体育课堂教学中，使学生在玩乐中感受和体验运动带来的乐趣，促进学生的身心健康。例如：踢毽子、滑板车、弹球、飞盘、纸飞机、跳房子、捉迷藏、跳皮筋、丢手帕、扔沙包、斗鸡、千秋、跳绳、呼啦圈、拔河、放风筝、滑轮、溜旱冰、蹦蹦球、滚铁环等民间体育内容资源,激发了学生的体育学习兴趣。

开发社区民间体育课程资源应注意以下事项:第一,安全性。消除活动内容的不安全及不健康的因素,防止意外伤害的发生。有些动作技巧性高且危险性大,教师要改造整合,保证其符合安全第一的体育资源开发基本要求。第二,操作性。根据不同学生的年龄特点,选择易于操作的民族民间体育内容资源,让学生易学易掌握、兴趣越浓,才能感受民族体育带给的乐趣和成就感,增强学生的学习自信心。第三,适宜性。由于民族民间体育具有地域性和季节性,在选择时要考虑自身学校的实际条件,因时、因地、因人而异地择优取材,才能既体现本土性和多样性,又突出地域的民族特色。第四,目的性。有目的性地选择开发民族民间体育资源,既要符合体育课程的基本理念及对象,又要考虑学习内容所产生的成效和学校开发民族民间体育资源的长效宗旨。总之,开发利用民族民间体育资源,首先要根据学生的身心特点、学校的实际环境及内容的区域性等因素,在保留原有民族民间的风格下,选择并改进教学内容,充实乡村学校的体育课程内容,使之成为有特色的体育课程资源。

7. 社区田野课程资源的开发

部分乡村学校地处偏僻乡镇,地区经济相对落后,和发达地区相比,科学技术的开发和利用基础贫乏,可直接为乡村学生提供的材料有限,但是立足本土,可以开发与利用社区田野课程资源来弥补,具体有以下对策:①

第一,充分利用自然资源,创设自主学习的环境。善于发现本地区的自然资源,意识到蕴藏在大自然中的丰富多彩的教育资源的价值,坚持“变废为宝”“贴近生活”“因地制宜”的原则,创设有利于引发、支持学生与环境之间积极的相互作用的乡村学校教育环境。为了激发学生探索自然的积极性、主动性,凡是学生力所能及的,应引导他们共同做好材料的选择和收集工作。总之,利用社区自然资源,创设良好的教育环境,对学生的成长具有很好的良性作用,它不仅培养了学生自发的探索精神、创新的初步意识和动手能力,而且还增强了学生的自我意识,陶冶了学生热爱大自然的情操,萌发了学生爱家乡、爱祖国的情感。

---

① 刘莉.农村幼儿园利用本土田野课程优化课程结构的几点思考[J].课程教育研究,2019(42):2.

第二，利用家乡本土文化，丰富教育活动内容。善于发展本地区蕴含的文化教育资源，比如：艺术方面的地方戏、挑幅、担花篮、民歌、童谣等；饮食方面的风味小吃等；节日方面的元宵节、端午节、中秋节、春节等；家乡特产方面等。总之，这些资源既蕴含着许多文化艺术知识，又有着浓厚的民俗风情，可以把它们编成许多主题网络，如有关节日的主题可以按日期、风俗、活动线索等展开；有关艺术的主题可以按起源、分布、种类等线索展开；有关饮食的主题可以按制作材料、制作方法等线索展开。

第三，关注学生活动过程，促进学生主动探索。鼓励学生自由表达，共同分享，要从注重学习的结果转向关注学生学习过程和学习兴趣、情感与体验。在活动中，教师提供大量的材料让学生自己去尝，用不同的方式解决问题，学会了解事物之间的关系，学会学习，从而培养学生对学习的兴趣及认真的学习态度。学生通过自己的探索，发现了疑问，而有了疑问，就能促进他们去追求新知。尊重学生的不同表达方式，教师要有意识地引导学生在主题活动中把自己获得的经验通过图表、图画、故事、制作等多种形式表达出来，并与同伴共同分享。在整个活动中，教师还要注意记录学生在探索中的表现，组织学生在小组、在班上开展自我评价和互相评价，保存、整理学生的作品，记载活动的全过程，及时进行反思，为下一个活动做好准备。

8. 乡村语文课程资源的开发

语文来自生活，语文课程资源也应当用敏锐的眼光察看身边的生活素材。课堂只是小天地，天地乃为大课堂。自然的一花一草都可成为课程资源。大自然中有蓝天白云、青山绿水，有日月星辰、风霜雨雪，有高原山岭、江河湖海，有鸟兽虫鱼，有农田果园等。大自然是瑰丽无比的、多姿多彩的，教师应用敏锐的眼光察看这一切，使这些动人的诗、迷人的画，成为良好的语文课程资源。具体有以下对策：①

第一，把自然引进课堂。乡村地貌特征鲜明，花木繁多，自然风光绮丽秀美，所有这一切无不为学生的语文学习活动提供了极佳的素材。但是这一切又不容易引起学生的关注，造成丰富的资源无法有效地利用。为此，教师可根据课堂教学的需要，把大自然的一枝一叶、一花一草带进课堂，丰富学生的写作素材，拓宽学生的作文思路；在语文实践活动课堂上，可放开学生的手脚，引导学

---

① 陈妍.找准切入点，挖掘农村小学语文课程资源[J].课程教学研究，2015(11)：83—85.

生勇于创新，动手实践做学具。比如：用小竹枝制作小摆棒，用木板做底座，在底座上插上竹子，串上用大豆等；学生用家里收获的农产品或用木片制成的算珠，标上数位制作算盘，再把制作的过程以文字的形式记录下来。这样不仅培养了学生的动手实践能力，活跃了乡村课堂教学，还培养了学生良好的语言组织和动手能力，使学生学习语文的兴趣得到增强，学习效果得到有效的提高。

第二，让学生走进大自然，接受人文熏陶。"语文课程应该是开放而富有创新活力的。要尽可能满足不同地区、不同学校、不同学生的需求，确立适应时代需要的课程目标，开发与之相适应的课程资源"，①而且使学生能"在教师指导下组织有趣味的语文活动，在活动中学习语文"②。在语文教学中，教师不妨引导学生领略家乡的灵山秀水、名胜古迹，走进丰收的田野，体验劳动的热闹场面；引导学生用童真的视野欣赏万物，思索新鲜灵动的世界：一朵花因为什么婀娜而多姿？一棵小草为什么"春风吹又生"？一尾鱼因为什么而欢腾跳跃？一只鸟为什么在树上欢乐地鸣叫？体验花草树木、鸟兽虫鱼的情和意，认识人与大自然和谐相处的真理。

第三，用机灵的耳朵聆听，生活的一人一事可成为课程资源。在教学中，教师要注意把课文学习与现实生活结合起来，引导学生关注现实生产生活中的一人一事，引领学生去观察、感悟，发现平凡而又伟大的人和事。如上学路上见到田间的农民伯伯，在似火的骄阳下翻地、播种、除草，忍受了怎样的艰辛，是为了什么？收割稻谷时见到农民伯伯热得满头汗水，却能笑意盈盈，那是为什么？通向水井的路坏了，邻居满头银发的老奶奶艰辛地挑石、铺路，那是为什么？校园里的纸屑让班上的同学收拾干净了，他们付出了什么，又收获了什么？透过这些生活中的一人一事，引导学生从平凡的小事中了解平凡人背后的故事，认识到平凡中有不平凡。

生活中可谓"留心处处皆语文"。"天机云锦用于我，裁剪妙处非刀尺。"语文课程资源的开发与利用是没有地域界线的，我们用资源的眼光审视，乡村小学的语文课程资源是丰富多彩的。只要我们善于观察、善于思考，以智慧的眼光看待，用资源的双手挖掘，乡村小学的语文课堂，也一定能异彩纷呈，耀眼夺目。

---

① 中华人民共和国教育部．全日制义务教育语文课程标准（2011年版）[M]．北京：北京师范大学出版社，2012：4.

② 中华人民共和国教育部．全日制义务教育语文课程标准（2011年版）[M]．北京：北京师范大学出版社，2012：12.

二、基于家庭资源的乡村学校课程开发

“一切教育都是通过个人参与人类的社会意识而进行的。这个过程几乎是在出生时就在无意识中开始了。它不断地发展个人的能力，熏染他的意识，形成他的习惯，锻炼他的思想，并激发他的感情和情绪。通过这种不知不觉的教育，个人便渐渐分享人类曾经积累下来的智慧和道德的财富，成为一个固有文化资本的继承者。世界上最形式的、最专门的教育确是不能离开这个普遍的过程。教育只能按照某种特定的方向，把这个过程组织起来或者区分出来。”[①]婴儿自呱呱坠地就生长在一个家庭之中，因此家庭环境以及家长对孩子的影响是重大的。苏霍姆林斯基也曾说：“教育的效果取决于学校和家庭的教育影响的一致性。如果没有这种一致性，那么学校的教学和教育过程就会像纸做的房子一样倒塌下来。”

案例2-9

错过的一次机会[②]

在一次期末考试中，学生小明的成绩进步非常明显，同时，小明平日在学校的行为表现也非常优秀。于是班主任就通知小明的妈妈，说：“你看你家孩子最近一段时间进步特别快，今天下午开班会的时候，你上台讲一下你是怎么教育你的孩子的。”这位来自乡村的妈妈非常紧张，虽然在平日里和邻里百姓相处得特别融洽，交谈也非常顺利流畅。但是当小明的妈妈收到了班主任这样的信息，是既开心又紧张，因为她不敢上台发言。有人就劝说她：“这是好事啊，既能够把你的教育经验分享给其他的妈妈们，同时又可以给自己的孩子树立一种榜样，增加他的信心，是一举几得的事情，肯定要上去讲几句。”大家还一直帮小明的妈妈出主意，包括到台上怎么讲、讲什么等。小明的妈妈一直推脱，最后还是没有上台发言。后来她说：“一是自己普通话说得不好；二是因为不知道该怎么说。所以最后就选择放弃了。”结果，在那次班会中，小明的受教育经历和学习经历并没有被其他学生家长所了解，他们也更不清楚小明的妈妈是采取何种教育方式了。

---

① 约翰·杜威.我的教育信条：杜威论教育[M].彭正梅，译.上海：上海人民出版社，2013：1.

② 本书研究团队访谈资料：一位乡村学校学生家长的故事。

在上述这位乡村母亲关于“放弃”的小故事中，既有让人欣喜的一面，也有令人遗憾和忧虑的一面。欣喜在于，乡村教育者意识到了家庭教育对孩子在校学习的积极影响，并努力地将这种积极影响进一步开发为班级学生成长的共同课程资源。遗憾和忧虑的一面在于，不少乡村学生父母文化程度偏低，沟通和表达能力较弱，与学校教育的进一步沟通、合作存在一定困难，使优秀的乡村家庭教育经验和资源难以更好地分享和传播。因此，我们有必要更加系统、深入地反思乡村家庭课程资源开发与共建的问题，认识乡村家庭课程资源开发与共建的价值与意义，从而探索与建构乡村家庭课程资源开发与共建的实践策略。

（一）反思乡村学校家庭课程资源开发与共建的问题

1. 乡村家长与乡村学校相互了解不深

在乡村学校教育实践中，“家长缺少教育担当，教师发挥作用不足”的现象很常见。①许多乡村家长对乡村学校的认知还停留在比较传统、陈旧的教育观念上，认为乡村学校就是教育孩子的地方，应该全权负责孩子的教育和成长。与此同时，许多学校对乡村家长的现有文化水平、心理特点、教育理念和教育行为等也缺乏足够的了解。由此带来的影响是，一方面乡村家长缺乏参与学校教育的意识，难以主动地关注家庭教育对学生的影响；另一方面学校也不了解乡村家长，因此也很难把握乡村家庭课程资源开发的程度与实施效果。

2. 乡村家校合作内容与形式单一

家校合作是家长与学校组织之间的交往互动。目前我国的家校合作可分为制度化方式与非制度化方式两大类，“前者包括定期组织家长会、设立家长联系簿、组织公开课、教师家访、学校的家长接待日以及其他由学校组织的活动；后者主要包括在学校规定之外的交往，主要表现为家长与教师之间的私人联系等，具有较大的随机性和随意性”②。而大多数学校的家校合作，基本上简化为每学期开家长会这一单一形式。同时，家长和教师共同关注的主要问题几乎都是学生成绩好坏，而很少关注学生的真实成长。

---

① 孙冬槐.小学家校合作现状及改进策略研究[D].大连：辽宁师范大学，2015：16.
② 林玲.家校合作关系的检视——一种批判的视角[J].教育科学研究，2013(06)：44—49.

3. 家校合作参与较为被动

目前，家校合作在我国中小学已是常见之事，并且一直在进行中。但是，大多数乡村家校合作仍然是家长被动参与的局面。家长在与学校沟通时的普遍情况是学校说什么就是什么，万事以学校、教师的建议为先，而把自己当成了学生教育的局外人。此外，教师和家长都有各自的工作任务需要完成，精力有限，很难投入更多的时间在家校合作上，双方被动参与的局面也就由此产生。

乡村家长和学校在家庭课程资源的开发与共建中的问题确实客观存在，但这并不能成为学校放弃家庭课程资源开发与共建的借口，反而提醒我们回到原点，再次认识家庭课程资源开发与共建的价值与意义。

（二）认识家庭课程资源开发与共建的价值与意义

1. 提升学校课程设计的适切性

直接经验和间接经验都是学生获得知识的来源之一。从直接经验中获取的知识更加容易理解和掌握，但是不够系统和深入。以直接经验为引发点，引出对间接经验的关注，能够使得学生更容易地掌握和理解间接经验中蕴含的课程知识。家庭生活是学生直接经验的第一来源，教师若能从家庭生活中提取学生课程素材和课程设计的出发点，对学生直接经验进行调动和生发，就可以更好地把学生引入对间接经验的学习，从而有利于学生对间接经验的理解和掌握。

2. 有利于学生内在学习动机的激发

从生活中汲取的问题和素材更容易激发学生学习的内在动机。比如：纸张是用什么做成的、电视中为什么会有人、小鸡为什么从鸡蛋里面出来等，如果教师能够挖掘像这样的有趣的问题来激发学生学习和探究的热情，那么就更能够提高学生的内在学习动机。内在学习动机又被称为求知型学习动机，是指学生参与学习的动力来源于学习活动或学生自身，“是由内部需要形成的学习动机，不需要外在的力量。学生学习的动力是对学习互动本身感兴趣，不是因为学习之外的其他东西”①。当学生的内在学习动机提高了，教师和家长就不必整日用说教的方式去压迫学生学习了。

① 刘文革.内在学习动机与思想政治理论课教学实效性[J].思想教育研究，2011(09)：56—59.

3. 充分利用家庭教育对学校教学的支持

家庭教育在很大程度上与学校教育保持较为一致的教育观念，即家长将孩子在学习、运动等多方面的优秀成绩和能力视作荣誉。在一份田野调查中，研究者对农民工子女进行了家访，发现所有学生的家里无论住房多么简陋、凌乱，都可以看到墙壁上张贴着孩子在学校获得的奖状，奖状上写着“奖励××同学在××学期考试中成绩优秀”“授予××同学优秀学生干部”“奖励××同学运动会表现突出”等。张贴奖状的行为可以理解为是家长对学校教育活动及其标准的认可，并将其纳入家庭环境的一部分，对孩子起到潜移默化的影响。或者家长通过惩戒，追寻着学校教育的规范与要求，如有这样的记录：

> 一年级，我那次……把拼音作业本弄湿了还是撕坏了，我忘了。然后我一边写作业一边哭，我爸就生气了，拿皮带抽我，那次特别狠。后来，我再也不敢了。①

田野观察中发现，不仅在学习问题上，而且在道德品质问题上，学校教育和家庭教育也遵循着一致性的原则。如某学校学生的家长大多数从事废品回收工作，班主任会在带领学生处理班级废品攒班费的过程中，特意教育学生“咱们卖就卖咱们自己的，不能拿别人的（废品）卖”。回到家里，尽管零花钱很少，学生总是告诉教师“爸妈不让他要别人的钱”。

这位班主任基于自己对学生的理解，从学生的家庭生活中汲取课程元素——处理班级废品攒班费，这可以被认为是一项综合实践课程。在这个课程中，学生不仅仅学会了基本的“谋生”技能，同时还学会了对资源的合理利用，最重要的是在道德上有更深刻的感知，不仅知道自己不能随意拿别人的东西，还能够将这种原则有意识地传达给自己的父母。这种原则，是乡村学生乃至所有学生成长、成人的基本素质。

---

① 刘谦，冯跃，生龙曲珍．家庭教育与学校教育互动的文化机理初探——基于对北京市农民工随迁子女教育活动的田野观察[J].教育研究，2012，33(07)：22—28.

（三）共建家校合作的新型课程资源

1. 开发家庭教育校本课程——家长教育指导课

在乡村地区，大多数家长缺乏文化知识，对于家庭教育的观念、知识更是知之甚少，多数情况下，他们认为教育是学校的事情，自己可以对孩子撒手不管。这种想法和做法在乡村地区普遍存在，这也就是为什么乡村地区的学生辍学率比较高，因为很多家长自己本身的知识水平比较低，大多数家长的目标都是着眼于眼前的利益，而不是着眼于孩子的长远发展。因此作为乡村地区的教育中心的学校而言，有义务为乡村地区的家长们提供一定的家庭教育指导服务，这可以作为校本课程的开发目标之一。具体的家庭教育指导服务，一方面是在文字资料方面针对性地给家长提供相关手册或指南，另一方面是请家长们参加家庭教育的指导课，进行面对面指导。

案例2–10

家 长 手 册[①]

（1）校长给家长的信。表达欢迎家长把孩子送到这所学校的心情，表述学校最主要的教育理念，谈家庭与学校合作的重要性。

（2）学校介绍。简要介绍学校的历史和现在发展的状况，特别是教师素质的整体情况。

（3）学校总目标。提供什么样的学习环境（安全、可选择、获得成功），发展学生哪方面的能力（思考、合作、有效交流、礼貌等），通过评价鼓励个人和团队获得哪些方面的成功（适应性、尊重、信任、安全、信心、创造力、责任、自尊、分享、多样性等）。

（4）学校的学期安排和每天作息时间。特别提醒家长，如果到了上学时间孩子还不到学校，必须与学校老师联系，并说明原因。

（5）行为概要。对行为的期望，特别强调对自己的行为负责任。

① 许新海.澳洲课程故事——一位中国著名校长的域外教育体验[M].福州：福建教育出版社，2014：286—289.

（6）学校的纪律政策。教职工、家长和学生共同创建一个安全的、有序的、整洁的和成功的学习环境。学校将培养学生负责任地对待他们的行为。老师和家长将在一个相互尊重和没有冲突的环境中学习。

（7）家长与学校合作。要求家长到学校教室提供活动支持，特别是把自己的兴趣和杰出的地方贡献给班级，使之成为帮助学生发展的资源等。

除此之外，还有如学校的社团组织、管理委员会、书杂费标准、健康和安全、家庭作业政策、学校通讯、学校的活动安排等，都可以通过家长手册来呈现。

以上“家长手册”只是一些提纲，更具体细致的内容需要学校根据实际情况进行补充和设计。当家长拿到这份资料时，不但对这所学校教育的基本特点、日常管理政策等都一目了然，而且也知道了如何做一个合格的家长、怎样与学校保持良好的合作关系。

家长手册既是家长与学校合作的行为指南，也是指导家长如何教育孩子的一门重要课程。开展其他一切与家长合作的校本课程，都需要从编制一个好的家长手册开始。这是引导家长清晰地了解学校和教育途径的开始，更是指导家长履行好自己教育责任的好助手。有些老师可能会担心乡村的家长们不愿意看这些内容，那我们可以在家长会的时候读给他们听或者让孩子读给家长听，总之采用各种适宜的方式都可以。

下面再来看这样一个家庭教育的探究案例：

案例2-11

让孩子来监督父母[①]

——角色互换的家庭教育案例探究

湖北省某乡村教师描述他做这个家庭教育案例探究，从以下这几个方

① 张跃进.让孩子来监督父母——角色互换的家庭教育案例探究[J].高中生学习(师者)，2012(07)：12—13.

面着手：

一、分析自己的家庭教育现状

(1) 女儿进入心理叛逆生长期，采用简单说教方法效果不佳。女儿常常抱怨她妈妈"太啰嗦"，常跟我顶牛："我非要，怎么样？"

(2) 作为父母，我们自己的日常言行习惯未能给女儿树立表率，家庭场景氛围未能给女儿以正确引导。责备女儿挑食，女儿顶嘴说"妈妈也挑食"；督促女儿注意个人卫生时，女儿说"爸爸也这样"；不让女儿上网时，她说"为什么你们可以玩"……有时我们无奈地对女儿说："你怎么有这么多不好的习惯？"她冒一句："还不是你们遗传的！"让我们哭笑不得。

(3) 女儿在学校是文明督察员，督促管理别人让她很有自信和成就感，她很乐于扮演"小老师"的角色。

二、设想拟达成的目标

(1) 在女儿的督促下，父母改正自身的不良言行习惯，为女儿树立一个健康卫生上进的父母形象，构建积极健康的家庭场景。

(2) 让女儿在角色扮演的实践体验中，认可道德常识，体悟道德情感，增强道德意志，并自觉规范道德行为。这是整个活动思考和实践的主要目的。

(3) 让女儿和父母在角色互换中，体验换位思考，认识平等沟通，意识合作共赢，让女儿在督促的管理实践中，学会承担责任，加深成功体验，提高自信力；也让父母和女儿之间增进沟通和理解，共建和谐家庭。

三、设想初步实施方略

(1) 精选督促项目。① 列出日常言行内容，挑选出督促项目；② 细化并明确指向，分为必做项目、禁止项目和提倡项目；③ 结合女儿和父母双方的言行表现，共同商议决定督促项目。

(2) 星级量化管理。① 明确管理关系和责任：方案制定为共同制定，具体由爸爸制定，管理执行人为女儿，父母必须接受女儿的记录管理；② 每天由管理执行人（女儿）负责记录父母的项目表现；③ 表格上墙，每日睡觉前完成星级记载；④ 具体策略为：赋予管理者绝对管理权威。

(3) 定期分析小结。① 设厨房沙龙，每周一次小结会，由管理者进行情况统计和通报；② 设立每月100元的管理基金，用于管理者对表现进步者进行实物奖励。③ 具体策略为：保持管理者的决策独立性，父母亲不宜过多干预管理者的奖励决策，培养孩子的自主独立决断能力。

上述这个家庭教育的探究案例是一个相对完整的教育模式。它既有对现状的分析把握，又有对目标的设想，同时还有具体的实施方案。这是比较专业的教师所采取的方式和方法，是值得在家庭教育方面不擅长的教师和家长去学习借鉴的。

对于一些文化程度不高的家长，如何有效地实施家庭教育，就需要乡村教育者的指导和帮助。比如开发一些家庭教育的校本课程，把教师的教学计划和建议提供给家长，逐步转变家长的教育观念，提高家长对教育的认识水平和教育能力，使得学校和家庭处于和谐的沟通状态。

2. 家长与学生共读课程

父母是孩子的第一任老师。在南澳玛丽威亚尔（Marryatville Primary School），有一套专门给家长的资料，其中一份是帮助家长指导孩子阅读的折页。这份资料设计得很精致，封面是一个校徽，一对母子正在一起看书，资料里面有一个大标题和一段引言：

案例2-12

请您和您的孩子一起阅读

亲爱的××家长：

您好！

我是××的阅读老师。我们在10月份有一个课程互动，即请您和孩子一起阅读一篇小故事。在阅读之前和阅读之后，我们希望您能做到以下几点最基本的要求：

（1）选取一个您和孩子感兴趣的故事。

（2）提供给孩子一个适合的阅读场所。

(3) 接纳孩子在阅读中出现的错误,并做相应的指导和记录。

(4) 倾听孩子对故事的理解,分享自己的感受。

此次阅读活动并没有具体的时间限定,可以根据您和孩子都方便的时间,选择一个安静的环境阅读即可。希望阅读活动结束后,我们能够得到您的相应反馈,可以是书面的,也可以是和我们直接交流其中的感受。

感谢您对孩子阅读的支持!

2016年7月9日

关于阅读的指导材料[①]

您是知道的:

"当年幼的孩子们开始阅读的时候,他们可以引用我们的方式。大声地给孩子们讲自己从书本的图片创造出来的故事。可以从刚2岁或2岁多的孩子开始,听这些故事。起先,他们不完全能读正确,只知道一个字、一个词的,但是他们能说出故事大概和产生的道理。"

在指导家长如何科学、细致地教育孩子方面,我们还有大量的工作要做。如,为家长编制一些简单易懂的操作指南,给家长提供一些可以依照的教育策略,这对提高家长的教育素养、帮助孩子的健康成长有重要意义。

通过上面的阅读指导,我们可以引导学生、家长包括教师自己来阅读一本书,这是提高阅读效率的很好的方式。"书只是一种工具,和锯子、锄头一样,都是给人用的。我们与其说'读书',不如说'用书'。书里有真知识和假知识。读它一辈子不能分辨它的真假;可是用它一下,书的本来面目便显了出来,真的便用得出去,假的便用不出去。"[②]这是读书的关键和最终的目的。

---

① 许新海.澳洲课程故事——一位中国著名校长的域外教育体验[M].福州:福建教育出版社,2014:266.

② 胡晓凤,等.陶行知教育文集[M].成都:四川教育出版社,2007:352.

案例2-13

活动设计：阅读挑战赛

主办方：××小学。

参与人员：一到六年级的学生(包括家长)、老师。(学生与家长一起报名，且以家庭为单位)

比赛时间：×年×月—×月。(时间可根据学校具体情况来确定)

挑战赛规则：

(1) 阅读的书目由个人自己决定，但是其中必须有4本是学校推荐书目之中的。

(2) 学生能够阅读的书来自他们年级水平的书目和高于他们年级水平的书目。父母、老师应该指导学生从更高年级学生的书目中选择图书。

(3) 学生和家长将在“挑战赛阅读记录”上正确地记录所有阅读的书的书名和作者。班主任需要在家长和学生已经阅读过的书目上签字，并检查书名和作者正确与否。

(4) 成立一个专门的评阅组和考察组，确认学生、家长和老师是积极地参与并完成了自己选择的书目。

(5) 参赛人员针对自己阅读的每一本书，写自己的阅读感悟，字数不限。待比赛结束时，统一交给评委会评审。

(6) 注重过程性评价。家长参与过程性评价，并占重要比重，同时加入学生的自评。

(7) 举行表彰及分享大会。学校根据比赛完成情况，组织对阅读书目较多或有更深感悟的阅读者进行表彰和分享。表彰的方式可以有多种，不一定是物质的奖励，可以是校长的一个拥抱、老师的一句鼓励、同学们的小礼物等。

这样的活动设计虽然是来自国外的案例，但是对于我们乡村学校来说是一个非常好的借鉴。首先，阅读活动不需要大量的资金支持。其次，这不仅是对前期工作的一个检验，更是对学生的一个激励，还可以丰富他们的学校生活，拓展学生的经验。

阅读完上面的活动设计，相信这对乡村学校的校长和老师来说既是一个惊喜又是一个挑战。一方面有来自资源的问题，我们知道乡村学校的资源问题是最紧急的问题之一，但是建立小小图书库是应该能够解决的问题，也是需要首先解决的问题。培养学生良好的阅读习惯就是在培养其良好的学习习惯，这是学习的基础。另一方面有来自家长的支持问题，可能有些学生的家长本身文化程度就不高，同时对阅读也没有兴趣。这时候就需要发挥老师的鼓舞作用，去鼓励和支持这些家长。从一次班会上的简单的故事阅读到阅读能力的慢慢提升，这是每个班的老师需要做的，相信也可以收到良好的效果。

通过举办阅读挑战赛这样的活动，不仅可以提高学生阅读的兴趣，而且能够提升学生的阅读能力。同时，在活动中，家长参与的热情能够很好地鼓舞学生，并激发学生的内在学习动机。

3. 家庭科学课程资源的开发

家庭日常生活中隐含着许多科学学习的资源，很多不经意的小事蕴含着科学的道理。在生活中，让学生结合课堂所学去解释这些现象，一方面可以检验学生所学知识的掌握情况，另一方面还可以利用所学知识去指导生活实践，学以致用。比如植物种植和动物养殖，在家里可以让学生来参与，鼓励学生在与植物和动物的直接接触中做全过程的仔细观察。尤其对于乡村学校的学生来说，虽然每天可以接触很多植物和动物，但是很少进行细致的观察。城市中的学生很少有和动物、植物直接接触的机会，而乡村学生有大量的机会去直接观察和接触动物与植物，这是乡村学生的一项优势，教师若能够合理应用，便能更好地培养学生的科学素养。比如在家中开辟出一小块地给学生种花或者蔬菜，从一粒种子开始培育，学生在家长的指导下，负责照料这些花草，通过整理土地、播种、浇水、施肥等一系列过程，直到花草开花、结果，亲身经历植物的生长发育过程。在这个过程中，家长和教师要引导学生做好观察记录，这实际上就是引导他们用科学的方法来做事情。学生可能没有意识到这其中蕴含的科学方法，但家长和教师一定要有这个意识，才不会让好的科学教育资源流失。在这个过程中，学生肯定会遇到很多问题，比如可能会认为施肥越多、浇水越多，花就会长得越好。如果家长和教师指导适当的话，可以让学生做一些实验，验证自己的想法是否正确。通过实验结果的对比，学生就会明白自己原来的想法可能不正确，然后就会继续问“为什么”，这时候家长和教师继续给学生适当的指导。这样进行下去，学生的探究兴趣会越来越浓，而且通过亲自参与获得的知识与经验比从书本上看到的或是家长、教师直接告知得到的要深刻和生动得多。但同时，在这背后也要有教师和家长的通力合作，才能够达到更好的效果。

案例2-14

腌制咸鸡蛋

在《科学》（青岛版）教材“物质的变化”单元的学习之后，教师布置学生在家里腌制咸鸡蛋的家庭小实验，并对学生提出了如下要求：

（1）将几个鸡蛋放入白醋或白酒中泡一会儿，观察鸡蛋在白醋或白酒中有哪些变化，并记录下来。

（2）从白醋或白酒中取出鸡蛋放入白色的塑料袋中，在鸡蛋上面撒上一定量的食盐之后密封塑料袋口，放置在阴凉的环境中。

（3）一周后，打开塑料袋，观察鸡蛋的外观变化。

（4）洗净鸡蛋并放入盛有水的锅中煮熟。

（5）取出并打碎鸡蛋，尝尝鸡蛋有什么味道。

（6）思考鸡蛋在整个变化过程中产生了什么变化？

（7）写出腌制咸鸡蛋的方法及注意事项，并告诉你周围的朋友。

（8）整个过程由家长协助完成，但家长只是负责保护学生的安全和做必要的引导，不能主导整个过程。

在“腌制咸鸡蛋”的实验中，一是，该实验所需的材料简单，学生在家里比较容易找到。二是，该实验贴近学生生活，也与家长的日常生活相关。当然，最重要的是，该实验可以很好地锻炼学生的动手能力、培养学生的观察能力。

案例2-15

有趣的泥塑指导课

在泥塑课上，老师发给每个学生一张卡片，一面是六张彩色的图片，清楚地呈现了泥塑的制作过程；另一面分成三个部分，第一部分是目标，第二部分是老师的问题,第三部分是让学生用彩色笔画出要做的泥塑图。

这节泥塑课的目标有:发展泥塑技能;学习怎样揉搓泥土;学习用泥土制作模型,注意光滑;知道看到的事物怎样是用什么做成的;知道泥土是一种物质,能做很多东西;知道古代人们是怎样用泥土建筑的;在做泥塑中学习一些名词;明白泥塑从湿到干的过程;学习在泥塑的外面涂油漆;发现泥土还能做什么。

问题有以下几个:

(1) 形状:什么是泥塑?

(2) 功能:你能告诉我什么东西是用泥做成的?

(3) 变化:泥塑从湿到干有没有什么改变?

(4) 联系:还可以用其他什么材料给泥塑加上色彩吗?

(5) 原因:有没有其他文化的泥塑方式?

(6) 观点:你喜欢泥塑吗?

(7) 反省:当你看到泥塑会不会想起制作过程?

(8) 责任:制作泥塑的过程中需要注意一些什么问题?

要求学生学习的技能:

(1) 思想者:学生将学习、应用严谨和创造性的思考技能。

(2) 交流者:学生将学习接受意见和自信地与人交流。

(3) 冒险精神:学生将学习面对新的环境、事物,不着急、不焦虑,有信心、独立地探索和研究,寻找解决问题的方法。

(4) 平衡:学生应懂得身心平衡的重要性。

(5) 反省:学生将有能力正视自己的优缺点,发展自己的长处。

(6) 同情心:学生要对别人的感觉和需要有敏感性。

(7) 原则性:学生要学习正直、公正、诚实、公平的品性。

(8) 思想开放:学生将学习尊重别人的价值观、传统性的和个人的文化。

(9) 探究调查:学生应该主动地、有兴趣地学习。

在“有趣的泥塑指导课”中，关于泥土的话题是乡村学生接触最多的，选择这个主题更贴合乡村学校学生的生存环境。同时，泥土的话题还可以作为培养学生综合素养的契机。这个课程计划把目标与过程统一起来，是对教育的一种完整的认识，有利于全面体现教育的价值和功能。同时，它提供给教师较为具体的策略和方法，让教师操作方便、易于实施。另外，该课程计划还列出了对学生素质发展的要求，这是十分重要的。

以上案例只是一个简单的示范和呈现，更多的内容还需要学校领导和教师共同的努力。学校可以建立一个科学课程开发的小团队，在校长的领导下，教师们共同探究与合作，制定出切实可行的方案和开发丰富的配套课程资源，这样的乡村学校教育才会有实效性和针对性，才能提高教育效率和质量，使之成为一个扎实的实践过程。这对乡村学校来说非常必要，乡村学校可能有很多外在条件上的困难，但这些困难可以通过教师们的共同努力来尽力解决，可以在现有的条件下开创新的可能。

4. 家庭与家族历史的课程资源开发

家族文化是指在自然村落范围内以血缘和婚姻关系结成的人类生活的组织形式，以及由此产生的种种体制、行为、观念和心态等。家族价值观、伦理观、本位观往往会通过族谱、祠堂、口碑、家居模式、习俗行为表现出来。教师要开发家族文化历史课程资源，从家族出发，实行由近及远的空间扩展策略，有利于以小见大，克服历史与切身生活隔阂的弊端，使历史变得具体生动、富有魅力。通过开发家族文化历史课程资源，可使学生体会家族先辈的艰辛，感知家族历史之悠久，培养不忘祖先、爱家爱乡的伦理道德，进而激励学生的爱国主义情感，逐渐树立家族、民族不断融合，共同缔造中华文明的历史观。①

在具体的实施过程中，教师可以血缘为纽带，开展拜访老人、查阅家谱等活动，从家族的发展史看社会的发展与风土人情的变迁。另外，教师可调动家长的积极性，使得家长成为支持并参与的重要力量。在此过程中，教师在价值观等层面进行指导。

借用一节课堂活动探究课“姓氏、籍贯、移民”，为开发家族文化历史课程资源提供借鉴与启发。②

---

① 廖寿传.农村地区生活化历史课程资源的开发与利用[D].桂林：广西师范大学，2004：16.
② 廖寿传.农村地区生活化历史课程资源的开发与利用[D].桂林：广西师范大学，2004：17—19.

案例2-16

姓氏、籍贯、移民[①]

基本做法：

（在课前调查整理姓氏等历史资源基础上，进行探究性学习展示课）

第一步：从一个家族标志的物品引出话题，姓氏承载了什么样的文化信息？

第二步：由各姓氏同学代表介绍或展示有关本姓氏的知识。师生互相质询、补充，纠正错误，归纳出姓氏的规律性知识。

第三步：引导学生弄清人们家族与血缘的不可改变的关系，培养学生家庭家族的认同感与敬祖崇德的精神，加强爱父母、爱家庭的思想教育。

第四步：引导学生抢答有关本姓氏的成语或文化现象，从中演绎出对自己激励的含义。加强对家庭家族祖先业绩的赞美，强化家庭家族的自豪感，以及爱国爱家的精神。

第五步：引导学生列举姓氏在日常生活中的积极与消极影响，实现姓氏文化在现实中的功用；批判狭隘的宗族观念，弘扬睦邻亲情。

第六步：引导学生将姓氏扩展到籍贯与移民问题，进行展示与探讨。

第七步：探讨当地姓氏结构与社会原因，形成各族与全国历史共进退的历史意识。

第八步：在总结前段探究活动经验教训基础上，根据课堂活动的兴趣点与热点，布置课后进一步探究的新课题。

思考：

家族文化在农村的影响甚大，如何避免它与民族、国家主流思想背离？

① 胡江平.姓氏、籍贯、移民——初中探究性学习辅导课设计方案[J].中学历史教学，2003(06)：8—13.

分析：

家族文化的积极意义与消极影响混杂在一起，使学生难以整理并挖掘出其积极意义，所以教师的导向作用就显得尤其必要了。本案例中，教师根据家族文化存在与作用方式的特点，除了课前指导分工收集资料之外，课堂上主要做了以下的指导：

一是及时引领学生的思维上升到价值观的高度。教师参与活动时，及时对学生零碎的知识进行归纳修正，形成规范的姓氏家族知识，导向与姓氏有关的文化与精神。教师还引导学生从身边生活事例谈论姓氏家族文化对生活的影响，既弘扬其积极意义，批判其封建性的糟粕，进行去粗取精的传统文化教育工作。

二是家族是地方与国家历史发展的缩影，形成对立统一矛盾，处理好家与乡、乡与国的关系至关重要。本案例中，教师引导学生从探究展示本家族文化发展到探究本地各家族的构成与联系，形成当地各家族共同创造历史的认识，还进一步把姓氏家族变迁与全国乃至世界历史大势结合起来，引导学生分析原因，形成各姓氏各家族共同缔造中华文明的历史观，由爱家、爱乡升华为爱国主义思想，从本质上实现历史课程资源开发由家族向国家向世界的历史视野扩展和思想深化，使整个开发探究过程显得既流畅自如，又有广度。

美中不足的是，教师在学生以切身事例谈了姓氏的影响后，仅轻描淡写地指出了大姓歧视小姓的现象应该摒弃，而没有引向各姓氏的共性都是爱乡爱国的中华民族传统美德。在讨论了移民问题及原因后，教师很快引向潮汕人在深圳，给人特别是给潮汕籍的学生一种深圳是潮汕人创造出来的感觉。教师没有自然而然地从移民及深圳发展引出各家族交往、各民族融合共同缔造中华文明的历史观，进而造成姓氏家族文化历史课程资源开发缺乏应有的高度。

本案例给我们一个重要的启示：家族文化历史课程资源开发，要抓住血缘这一纽带作用，以家族特有的历史文化资源透视历史，使学生有机会从家族的角度来看国家的历史，并理解国家的历史。

三、基于网络平台的乡村学校课程开发

信息技术对教育发展具有革命性的影响，可以说，没有教育信息化就没有教育现代化。"十三五"以来，教育信息化工作得到党中央、国务院的高度重视，教育部加强统筹部署，呈现出应用深化不断加速、创新案例竞相涌现、治理能力显著提升的良好局面。面向未来，继续推进相关工作，具体将在六个方面展开：一是大力推广新型教育教学模式和方法，坚持"以学生为中心"的理念，推进个性化的学习。二是将提升师生信息素养放在优先位置，让混合教学、在线教学成为教师教学自觉应用的策略和方法。三是利用信息技术驱动教育评价创新，尝试智能技术支撑的考试招生制度改革。四是改善提升教育信息基础设施条件，不断完善泛在交互的智能化教与学的环境。五是坚持重视教育科学研究，促进产学研用深度融合。六是坚持政府引导，多方参与，构建适应未来教育的体制机制。①

案例2–17

教育部新闻发布会介绍"十三五"期间国家教育信息化建设情况②

第一，学校网络基础环境基本实现全覆盖。教育部与工信部联合实施学校联网攻坚行动，大力推进学校联网和提速降费工作。目前，全国95.2%的中小学拥有多媒体教室，学校统一配备的教师和学生终端数量分别为1 060万台和1 703万台。52个贫困县已实现了学校网络全覆盖，99.7%的学校实现了百兆带宽。

第二，优质资源供给和教学应用水平大幅提升。实施农村教学点数字教育资源全覆盖项目，整合开发英语、音乐、美术等学科数字资源6 948学时，与基础教育阶段所有学科教材配套的资源达5 000万条。建成203个国家级职业教育资源库，认定1 291门国家精品在线开放课程和401个国家虚拟仿真实验教学项目。慕课学习人次达到3.1亿人次，获得在线课程学分的高校学生突破8 200万人次。深入推进"三个课堂"应用，连续6年开展"一

①② http://www.gov.cn/xinwen/2020-12/01/content_5566284.htm.

师一优课、一课一名师”活动，利用信息化手段扩大优质教育资源覆盖面的有效机制基本形成，成为促进教育公平、提升教育质量的有效途径。

第三，数字教育资源公共服务体系基本建成。国家数字教育资源公共服务体系已接入各级平台184个，为师生提供教育教学和教学管理服务，应用访问总数累计超3亿人次，资源共享总数超过3.2亿次，月活跃用户达6 000多万人，全国各级各类学校、师生网络学习空间开通数量超过1亿个，将近半数的教师应用网络学习空间开展教学和科研。教育资源公共服务均等化、普惠化、便捷化水平不断提升。

……

第五，教师信息素养和应用能力得到全面提升。完成全国中小学教师信息技术应用能力提升工程1.0，启动提升工程2.0，累计培训1 000多万名教师。持续举办教育厅局长和中小学校长教育信息化培训班、“网络学习空间人人通”培训班，“十三五”期间累计培训3万人。全国有超过80%的中小学学科教师利用信息技术开展教学活动，教师的信息素养和学科教学能力全面提升。

（一）反思网络课程资源开发与共建的现状

1. 社会网络媒体提供的远程资源质量不高，针对性强

一些远程教育资源仅仅是将资料挂在网站上，没有及时更新的机制，部分资源没有得到专业性审核，其质量也难以保障。此外，远程教育网站的资源缺乏针对性，尤其是没有针对不同民族和地区提供相应的学习内容和学习风格。比如藏族地区需要学习藏语和汉语两门语言，但是远程教育资源中基本上只有汉语教学。这种教育资源的质量问题和针对性问题，使得乡村学校在应用网络媒体时遇到很多困难。

2. 乡村学校现代技术人才缺乏，难以有效运用社会网络媒体

社会网络媒体在乡村地区快速发展，而乡村学校却面临着应用技术人才短缺的问题。虽然网络媒体已经进入学校，但是设备的维护和管理却是一个很难完成的问题。乡村学校教师在技术上存在很多空白，如不会使用打印机、不会

更新计算机系统、不会使用数据库等。这些问题对乡村学校长期的教育信息化建设与网络媒体的运行产生了很大的困扰。

3. 网络媒体的公信力不足

网络媒体就像是一把双刃剑，也存在着各种弊端，它最大的问题之一是公信力不足。在大量的信息传播过程中，存在着很多虚假新闻、不实言论等，使得网络媒体的公信力受到极大的挑战，这也使得网络媒体能否引领乡村教育的发展引起了人们的质疑。因此，有效地使用网络媒体来开发具体可行的网络课程显得尤为重要。

（二）认识网络课程资源开发与共建的意义

1. 网络媒体技术促进教学活动的进展

从17世纪开始，在班级授课制的模式下逐渐形成了自然媒体教室系统，以黑板、粉笔、书本、粉笔、黑板、挂图、模型为中介来传递、展示教学信息，是一种直观媒体技术。从20世纪初开始，视听媒体技术的出现促使了电化媒体教室系统的形成，在教室中安装了幻灯机、光学投影机、电影放映机、电视机、碟机、录音机、音响等模拟电子设备中的一种或者几种，使教师在教学过程中能够通过视听双重刺激的渠道向学习者呈现多样化的教学材料。20世纪80年代开始，由于计算机多媒体技术的出现，使得课堂教学中出现了多媒体展示教室系统，以计算机和液晶投影为核心，扩展音频系统，利用数字化的教学素材配合，以满足课堂教学中教师信息展示的需要。

在教育技术学中，通常将支持教学活动的媒体技术系统称为教学授递系统。在教学活动中，班级授课、课堂教学是知识信息传递的最主要的方式，其教学过程的产生则主要是通过教室中的教学授递系统来支持的。因此，教学授递系统在教学活动中的作用就显得非常重要。而网络媒体技术正是对教学授递系统的一种促进和改善，其对教学活动整个过程的推进意义就显得非常重要。

2. 网络媒体促进乡村学校获得丰富课程教学与培训资源

农村基础教育的普遍现状是教师素质偏低、教学设施不完善、教育信息获取渠道少。而乡村学校相对闭塞，这就需要教师和学生及时与外界沟通，以随时调整自己的教学节奏、丰富教学内容。社会网络的介入可以使乡村小学和城市学校实现资源共享。一方面，通过网络课堂，乡村学校的学生可以接触到优质的教师和教学资源。比如一些优质学校录制的网络在线课堂，就可以通过网络媒体分享给乡村学校。乡村学生可以通过网络课堂的学习，改善自己的学习方法和丰富自己的学习内容。另一方面，乡村学校的教师可以通过网络媒体进行学习和自我培训。教育是教师的教和学生的学共同进行的活动，教师的教学方法和知识内容也要随着时代的变迁而不断地改善和提高。现代的网络媒体不仅可以通过在线课堂带给乡村学生新的学习内容，而且也能通过网络培训课程和网络沟通来提升乡村教师的专业素养。总之，网络媒体与乡村学校的合作将会促进乡村学校教学质量的提高和改善。

（三）开发创新型的网络课程资源

1. 基于互联网课程资源的教学应用

以"互+美丽乡村网络在线直播美术课程教学模式"为例，[①]基于互联网课程资源的教学应用可以帮助乡村学校解决师资匮乏、教学资源陈旧短缺的现实困境。乡村学校有一个很大的弊端就是师资力量的匮乏。首先，在应试教育的影响下，学校对于文化课很重视，过于关注成绩，可是对于音乐、美术等能培养学生情操的、具有艺术性的课程缺少重视，对于教师的配置就比较随性。其次，有些乡村教师观念陈旧，即便在美术课堂上，教学方法陈旧、死板，影响学生艺术细胞的成长或者对美术的学习兴趣。最后，由于师资力量的短缺，美术课的教师都没有专业的艺术水平和美术知识，不要说完成教学任务，连基本的美术理论常识都不能准确地传递给学生，使学生对美术产生错误的认识等。

而现在有了网络在线直播课，将助力乡村学校的发展。第一，乡村学校既可以把自己优质的课程放在网络上传递到祖国的四面八方，给更加需要的学校和学生，也可以把全国各地的直播课引进课堂，给学生丰富的学习资源，创设应有的学习情景，激发学生的学习兴趣。第二，"互+美丽乡村网络在线直播美术课程教学模式"的针对性、特殊性，能让学生按照教师设计的教学计划学习他们应学的知识。第三，学生在网络直播课文字、图形、动画、声音于一体的呈现方式中，在灵活的伸、缩、旋、移、切、补、拼等变换中进行学习，可以增强学生的感

---

① 李旭文，闫中霞．互+美丽乡村网络在线直播美术课程教学模式初谈［J］．课程教育研究，2019（34）：219.

知能力和学习兴趣，而且这种教学内容直观形象的动态呈现便于学生理解和调动其学习动机。第四，有了“互+美丽乡村网络在线直播美术课程“教学模式”这样的教学实践活动，不但彻底改变了教师讲学生听的单一教学模式，而且课堂主体也发生了变化，使学生的主体性充分地体现出来，学生可以全方位、全过程地参与到生动有趣的课堂教学中进行快乐学习。这不但大大增加了课堂教学的趣味性，也实现了教学相长的目的，推动了乡村美术教学的发展。

随着社会的发展，基于移动互动网的微信App的使用越来越受到大家的青睐。教师如果借助微信公众平台来进行家校合作的有效互动，能够激发家长的互动热情。

案例2–18

基于微信公众平台的中小学家校合作[①]

基于微信公众平台的中小学家校合作的研究构想：以传统的中小学家校合作过程中存在的问题为着眼点，以微信公众平台为主要支撑平台，以终身学习观、交往理论为理论依据，开展教师与家长以及家长与家长之间的充分交流合作，从而实现促进学生全面发展的目的。由此，构建并利用了本研究中搭建的家校合作平台开展中小学家校合作活动的模式，如图2–1所示。

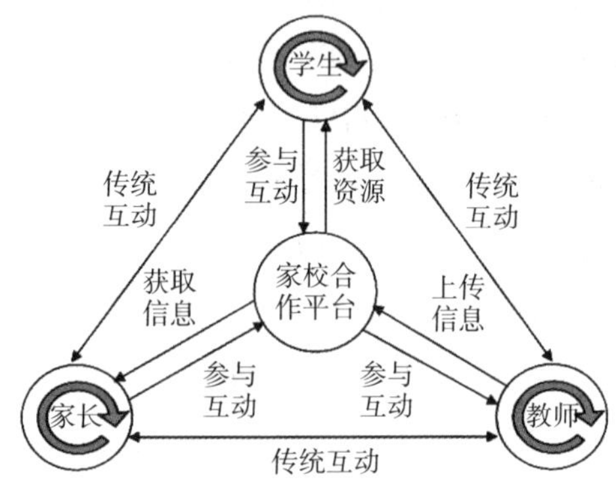

图2–1　基于微信公众平台的家校合作模式

① 任雪梅.基于微信公众平台的中小学家校合作的研究[D].成都：四川师范大学，2015：32—33.

由图2-1可以看到，该模式图中包含了学生、家长和教师三个家校合作的主体，以及三个主体之间的九种沟通互动关系。处于中心位置的三种互动关系分别是：其一，家长和教师利用家校合作平台交流互动，互通有关学生的信息等；其二，教师通过家校合作平台对学生进行课外辅导，对家长进行家教指导；其三，家长利用此平台与学生交流，加深对学生的了解。该模式图中三个主体内的灰色环型箭头也表示了三种互动关系：一是教师在自我能力提升过程中，可以通过家校合作平台与其他教师交流教学经验；二是家长在遇到家庭教育难题时，可以利用家校合作平台与其他家长相互学习教育子女的经验，向同为家长的人学习；三是该模式图学生与学生之间利用家校合作平台互帮互助，相互促进，共同完成学习任务。当然，该模式图中兼容了三种传统的互动关系：第一，教师与家长通过电话联系、家长会等传统的家校合作方式进行交流；第二，教师对学生进行常规的学校课堂教学；第三，家长对学生进行一贯的家庭教育活动（如辅导学生做作业）等。

基于微信公众平台的家校合作平台如果能够得到充分利用，就可以成为一个多方位的大舞台。首先，家校合作平台可以作为“数字化校园”的切入口，让教师进一步去接触和感受数字化教学，对数字化教学产生兴趣，进而学习并使用。其次，学校可以利用家校合作平台来对教师进行相应的培训，在家校合作平台上开辟教师培训阵营，从而使家校合作平台成为教师专业水平提升的有力助手。再次，家校合作平台可以让社会更全面、更深入地了解学校，传递学校“好声音”。最后，家校合作平台能让家校之间实现不受时间和空间限制的沟通交流，既可以使家长更方便地获得孩子在校的学习情况，也方便学校将各种信息第一时间传达给家长。所以，乡村中小学也可创造条件积极行动，把这一个全方位的大舞台建立和应用起来。

2. 在线教学的新模式

慕课，即MOOC（massive open online courses），是在线开放课程模式的一种独特类型，这一术语出现于2008年，并迅速普及与推广。2012年，美国的顶尖大学陆续设立网络学习平台，在网上提供免费课程，Coursera、Udacity、edX三大课程提供商的兴起，给更多学生提供了系统学习的可能。随后，慕课在世界各国广泛流传开来。

翻转课堂，又称为“颠倒课堂”，是一种将“课堂上教师讲授知识，课外学生完成作业”这一传统教学模式进行翻转的新型教学模式，即学习者课前通过视频等学习材料完成对教学内容的学习，课堂上教师主要组织学生进行讨论、问题解答以及作业。这种教学模式的特点有以下几点：一是需要先进的信息技术作为支持（其出现得益于个人计算机和互联网的普及）；二是体现以学生为中心的教育理念（学生在课前自主安排学习进度，课堂讨论以为学生答疑解惑为目的）；三是强调多元互动（师生、生生以及学生与学习资源之间的互动大大加强）。①

许多课堂教学实践者尝试着将慕课与翻转课堂两种形式进行融合，然后带领学生共同学习，这种方式产生了一定的积极效果。以下是研究者对学生学习后的感受调查：

案例2-19

慕课与翻转课堂学习的感受分享②

通过这门课，我知道了很多关于远程教育前沿的东西，也体验了国外的一些课程。这几周下来，不仅学习了关于远程教育部分的知识，也使自己的思想有所改观。（S5，1月7日）

我们好像真的改变许多，我们的资源充实了，思维丰富了，世面更广了，学习方式和习惯好像被潜移默化地影响了。（S6，1月7日）

在这门远程教育课上，我的最大收获并不只是课程知识上的，对个人影响最大的是远程教育这种思想的根植。（S8，12月31日）

经过这8个星期的学习，大家渐渐从依赖他人的学习者转变为独立的学习者，开始可以自主探究一些问题了。在这个过程中，自己也慢慢有了成长。（S13，12月31日）

①② 李艳，张慕华.高校学生慕课和翻转课堂体验实证研究——基于231条在线学习日志分析[J].现代远程教育研究，2015(05)：73—84+93.

网络平台的学习随着经济发展具有越来越兴盛的趋势，如何更好地利用好网络平台的优势，是乡村学校课程发展的又一突破点。慕课与翻转课堂的使用，一方面可以丰富乡村学校的课程内容，创新教学模式，激发学生的学习兴趣；另一方面，通过网络课程，可以丰富教师的专业知识，促进乡村教师的专业发展。因此，对于乡村学校来说，这是一个非常好的发展方向。

3. 信息技术应用与学科教学的整合课程

随着信息技术的发展，学科教学中用到越来越多的信息媒体技术，比如PPT的使用、视频的播放等，这些方式可以有效地增加教学的趣味性。在学校教学中，乡村学校还可以开发更多的信息技术应用与学科教学的综合课程。请看案例2-20：

案例2-20

数学与信息技术课程整合

教学目标：培养学生的几何立体感，计算机作图能力。

教学内容：学习画立体图形。

教学过程：教师首先通过大屏幕指导学生如何获取配套资源。教师打开一个画几何图形的软件，在这个软件中向学生说明画图的步骤，并进行演示。诸如怎么连线才能获得立体的效果、如何涂上不同的颜色才能使立体感更加明显。接着，请学生进行操练，教师进行指导。

以上案例来自一套数学教材，有配套的电子软件，可通过电子软件来强化学习某些章节的内容。这是比较先进的一种教学方式，当然，也可以通过在黑板上作图来培养学生的几何立体感。现代社会是处于一个信息化的社会，为了培养能够适应当前社会发展的人才，乡村学校必须为学生提供接触计算机网络的机会。

案例2-21

写作与信息技术的整合

教学目标：培养学生的写作能力，利用信息技术解决问题的能力。

教学内容：写作课上编写故事。

教学过程：教师一上课就把学生们在写作课上编写的故事发给了他们，让他们自己录入电脑。学生拿到自己的故事以后，在电脑里打开软件，开始录入。学生可以有很多不同的录入方式，可以在周围先画上甲壳虫的装饰、苹果的装饰等，还可以对字体进行调试，加上色彩等。

这是针对低年级的学生的课程，优点在于其整合性，即在语文课上的写作课可以与信息技术课有所连接，这样可以减少分科课程所带来的知识之间分裂的弊端。在低年级学生中，可以先进行基础录入的教学，比如打字及艺术处理、上网、有创意的主题设计等；对于中、高年级的学生就可以学习制作图像、动画、电影等技术。目前乡村学校的设施已经得到很大的改善，可以在计算机应用技术上有所突破，继续进行探索，这也将给学科教学带来诸多益处。

4. 网络技能学习与专题研究的整合课程

网络技能的学习是为具体的内容服务的，因此，在技能教学的过程中，可以适当加入专题的研究。下面请看一个技能学习与专题研究相结合的教学观察记录。

案例2-22

技能学习与专题研究相结合的教学观察记录

这节课是以水为专题的内容，计算机老师首先教学生如何使用Swish这个软件。它是一个与Flash差不多的软件，只是更简单一些，比较适合小学生使用。学生们利用这个软件来制作一个作品，说明人类是怎么利用水资源的。作品制作的要求是：主题的字体要做成移动的动画效果，里面的内容要做成小动画，再配上说话的声音和音乐等。这个技术不是一节课就能掌握的，看得出这些小学生已经有了一定的基础。他们首先把水做成艺术字体，使其移动起来。然后他们各自按照自己的想法，做起了关于水的专题，有乌云、下雨、雷电、植物生长、房子、汽车、船、太阳、大海、河流、树、庄稼等，真是丰富多彩。

从这节课的教学观察记录，我们可以看到网络不再是一个可怕的存在，而是一个富有创意的存在。我们不仅让学生去“看网”，还应该让学生学会“用网”，这样才能留给学生更多自由学习和创造的新空间，同时也能够发挥网络在促进学生个性化学习上的突出功能。

拓展阅读材料

1. 范兆雄.课程资源概论[M].北京：中国社会科学出版社，2002.

2. 钟启泉，等.为了中华民族的复兴　为了每位学生的发展：基础教育课程改革纲要（试行）解读[M].上海：华东师范大学出版社，2001.

3. 许新海.澳洲课程故事——一位中国著名校长的域外教育体验[M].福州：福建教育出版社，2014.

4. 廖寿传.农村地区生活化历史课程资源的开发与利用[D].桂林：广西师范大学，2004.

5. 李旭文，闫中霞.互+美丽乡村网络在线直播美术课程教学模式初谈[J].课程教育研究，2019（34）：219.

后续学习活动

请参照一下本章提供的案例，结合本校实际情况，在社区资源、家庭资源、网络资源三者中选择一个，设计出乡村学校与其合作开发课程的初步方案。可以先针对某一领域的资源情况进行调研，形成调研报告后再利用合适的资源结合教学内容来进行课程与开发。

专题三

乡村学校教师专业成长与共生

——换一种专业成长的眼光

教育——就其最广义来说——这是既包括受教育者也包括教育者在精神上不断充实和更新的一个多方面的过程。

——瓦·亚·苏霍姆林斯基

乡村教师，也称农村教师，泛指在农村地区从事教育事业的各类教师。本书所指的乡村教师通常是指工作在乡镇及以下农村学校（包括乡镇中心学校、村小和教学点）、受教育行政部门或集体聘用的教师。中国乡村教师是全世界人数最多、身份和精神特质最为独特的群体。中华人民共和国成立以来，乡村教师发展至第五代（2006—2016年）（如表3-1所示），以农一代大学生为主，教师流动性增加。

表3-1　共和国乡村教师的代际特征（1949—2016年）①

代际划分 \ 分析维度		国家现代化主题	农村生产和社会组织	公共教育内涵	家庭背景和身份	教师招聘与培养
第一代	1949—1957年	土地改革、抗美援朝、清匪反霸等	农村新型合作组织雏形阶段	巩固新生政权；动员社会参与；儿童识字和成人扫盲教育并重	富裕农家，男性绝大多数；旧社会教师与新社会教师	原有私塾教师以及乡村读书识字青年人；女教师极少
第二代	1958—1966年	“大跃进”、三年调整、社会主义教育运动	人民公社组建，集体生产，集体食堂	教育与生产劳动结合；教育普及；农村集体办教育	公办教师与民办教师；教师中贫下中农出身的增加；城市下放教师	正规师范教育毕业生；城市下放的人员；大量女教师进入
第三代	1966—1976年	“文化大革命”，教育革命、备战备荒	各级革命委员会	学校军队化建制；开门办学；阶级路线；大队办初中，生产队办小学	下放的大学生和知识分子、知识青年；民办教师与公办教师	教师高低学历差异大；分配制；“文革”末期中等师范学校恢复招生；女教师数量增加
第四代	1980—2000年	以经济建设为中心、土地承包责任制	人民公社制度开始解体、劳动力流通	恢复17年秩序；80年代教育调整；义务教育逐渐普及；90年代后期学校拆并	民办教师、代课教师与公办教师；资优农家子弟为主	中等师范为主渠道；女教师持续增加，主要在县镇工作

① 郑新蓉，姚岩，武晓伟. 重塑社会活力：性别图景中的乡村教师和学校[J]. 妇女研究论丛，2017(01)：5—20.

（续表）

分析维度 / 代际划分		国家现代化主题	农村生产和社会组织	公共教育内涵	家庭背景和身份	教师招聘与培养
第五代	2006—2016年	土地财政、房地产经济，互联网，城镇化	乡村凋敝，青壮年持续外流	教育均衡、公平、质量、教育扶贫；教师专业化，学校管理绩效化	农一代大学生为主；代课教师，临时教师、特岗教师、免费师范生等；教师流动性增加	出现省级招考，市场招聘新机制；部分定向培养；教师资格证书；大量女教师在乡镇及以下学校

目前，20世纪80、90年代之后出生的乡村教师已成为中国农村中小学教师的主力军，他们是在中国快速转型、高速崛起过程中成长起来的新一代青年，也是中国教育百年现代化历程中最特别的乡村教师。在国家为强力补充乡村师资、解决城乡教育均衡出台的一系列政策中，规模最大的便是“特岗计划”。[①]2006年，教育部、财政部、人事部、中央编办联合制定《农村义务教育阶段学校教师特设岗位计划实施方案》，此后每年都会发布新的实施工作通知文件。“十三五”期间，“特岗计划”累计招聘42万名特岗教师，覆盖中西部省份1 000多个县，3万多所农村学校。通过出台新时代乡村教师队伍建设文件，激发教师奉献乡村教育的内生动力，“下不去、留不住、教不好”的问题得到显著缓解。[②]

案例3-1

教育部办公厅　财政部办公厅关于做好2020年农村义务教育阶段学校教师特设岗位计划实施工作的通知[③]

有关省、自治区、直辖市教育厅（教委）、财政厅（局），新疆生产建设兵团教育局、财政局：

为深入贯彻落实全国教育大会精神和《中共中央国务院关于全面深

① 郑新蓉，姚岩，武晓伟.重塑社会活力：性别图景中的乡村教师和学校[J].妇女研究论丛，2017(01)：5—20.

② http://www.gov.cn/xinwen/2020-12/01/content_5566284.htm.

③ http://www.moe.gov.cn/srcsite/A10/s7151/202005/t20200511_452739.html.

化新时代教师队伍建设改革的意见》，吸引优秀高校毕业生到农村学校任教，推动城乡义务教育一体化发展，更好地服务乡村振兴战略和教育脱贫攻坚工作，现就做好2020年农村义务教育阶段学校教师特设岗位计划（以下简称“特岗计划”）实施工作通知如下。

一、政策要点

……

（二）招聘数量。2020年全国计划招聘特岗教师10.5万名……

……

（五）工作重点。切实加强乡村学校教师补充，优先满足“三区三州”等深度贫困地区县，特别是52个脱贫攻坚挂牌督战县，以及新冠肺炎疫情严重地区县村小、教学点的教师补充需求，县城学校不再补充新的特岗教师；持续优化教师队伍结构，加强体音美、外语、信息技术等紧缺薄弱学科教师的补充；向湖北籍和湖北省高校毕业生倾斜。

二、工作要求

……

（三）确保特岗教师待遇保障。各地要强化主体责任，确保特岗教师工资按时足额发放，按规定参加社会保险，同等条件下在职称评聘、评先评优、年度考核等方面享受与当地公办学校在编教师同等待遇。特岗教师在聘任期间，执行国家统一的工资制度和标准；其他津贴补贴由各地根据当地同等条件公办教师年收入水平和中央补助水平综合确定。要落实好周转宿舍等安排，帮助解决工作生活中的实际困难。

（四）开展特岗教师针对性培训。利用“国培计划”、结对子帮扶等有效措施对特岗教师开展具有针对性的系统培训和指导。尤其是针对非师范专业毕业生，要认真做好入职前的培训工作，帮助其提升师德修养，提高教育教学能力和水平。

……

2020年7月，教育部等六部门联合颁发的《关于加强新时代乡村教师队伍建设的意见》中指出：“注重发挥乡村教师新乡贤示范引领作用，塑造新时代文明乡风，促进乡村文化振兴。”这意味着乡村振兴战略赋予乡村教师角色以崭新的含义和鲜明的时代特征，教师成为具有专业性和公共性的双重角色，在完成乡村学校教育教学工作任务之余，还要承担国家使命和公共教育服务的职责，是新乡贤的重要代表。①

然而，乡村教师不仅工资收入有限、职业声望较低，而且还因乡村环境的复杂性需要付出比城市中小学教师更多的时间与精力，工作投入与工作收益明显不成比例。此外，乡村中小学教师在职业培训、晋升与发展前景等方面均面临更多困境，一定程度上导致了乡村教师队伍女性化。②总之，新生代乡村教师既面临新的教育教学困境，也面临新的发展机遇。新时代要促进乡村教师的专业成长，要培养新型乡村教师。

一、基于中小学校际联合互动的乡村教师专业成长

案例3–2

大榭中学的一个班连学生带老师“搬”到了镇海中学③

原本是大榭中学高一的一个班级，这学期开始整个儿“搬”到了镇海中学来上课，同时“搬”来的还有该班所有的任课老师。这些教师在一学年的时间内，和学生们一起同堂听课。

9月1日，“大榭班”正式入读镇海中学，所有学生的起居、学习都和镇海中学的住校生一样。一个多月下来，这些学生的感受如何呢？“紧张，有压力。”昨天下午，“大榭班”的女生何云凤说：“现在晚上上自修，大家到了教室都静悄悄的，怕弄出声音影响旁边的班级。那种自觉的学习氛围深深地感染了我们。”

随同学生一起听课的大榭中学的化学老师陈旭东笑着告诉记者：“我也在学习，主要听镇海中学老师的课堂演绎过程，有时候充当一下助教。这边的老师讲课很生动，知识面很广，也很负责，让我学到很多东西。”

---

① 肖正德.论乡村振兴战略中乡村教师的新乡贤角色[J].教育研究，2020，41(11)：135—144.

② 姚岩.乡村教师队伍女性化及其社会地位再生产——以“农村义务教育阶段学校教师特设岗位计划”为例[J].当代教育科学，2018(05)：51—56.

③ http://news.cnnb.com.cn/system/2007/10/18/005375568.shtml.

据两校负责人介绍，根据协议，今后连续3年，大榭中学每年都送高中一个班及其任课老师到镇海中学读书、听课。从某种意义上来说，大榭中学的这次“借读名校”，实际上就是希望通过师生们连续3年的耳濡目染，把名校的教学意识和教学氛围带回大榭中学。

像大榭中学和镇海中学这种以强弱合作的方式来提升学校教育质量的案例有很多。两校的合作方式改变了传统的教学指导和观摩学习，使其变为深入学校内部、学习学校文化。文化是一个隐形的东西，只有深入其中才能够体会到，并且文化对学校发展具有持久性影响，需要花费很多时间和精力建构文化。大榭中学和镇海中学之间的这种合作模式，使得大榭中学大大缩短了吸收镇海中学好的学习文化的时间。虽然将整个班级“搬”来不易，但如果能够在短时间内改变学生的学习习惯与教师的教学态度，就是值得的。

除了强弱合作的方式，中小学校际合作还有很多模式。例如：以课题为中介开展的合作；联合开展教研活动等。[1]我们按照合作的对象，对中小学校际合作进行分类，可分为：乡村学校与同区域内乡村学校的合作、乡村学校与城镇学校的合作等。

（一）反思中小学校际联合互动的现状

1. 相似的困境和便利的环境便于乡村学校之间开展合作

首先，由于同区域或者同乡镇的乡村在经济情况和文化习俗等方面基本相同，甚至存在的学校困境也极其相似。为集中力量解决相似的问题，这成为乡村学校之间开展合作的动力和目标。其次，学校规模、教师素质、教学水平的不相上下，为乡村学校围绕存在的共性问题进行具体校际合作的规划与实施、确立可操作性的合作目标打下了基础。最后，当前现行的乡镇教育管理体制有利于校际合作。现阶段，同一乡镇区域内的学校都隶属于同一乡镇教育管理部门管辖，在同一乡镇范围内教师之间交往频繁、了解甚多，学校间距离也不太远。可见，实现同一辖区内乡村中小学校合作具有天然的环境优势。

① 谢宁.城乡统筹背景下教师专业发展的校际合作机制研究[D].重庆：西南大学，2013：6.

因此，同一乡镇范围内，可按校区相邻、舍远就近的原则，将多所中小学整合为一个个校本教研片组，联校成片、以片组为单位开展合作，达到资源共享、校校互动、共同进步的目标。[①]

2. 城乡二元结构带来的教育资源差距需要乡村学校与城镇学校之间开展合作

在我国许多地方，城乡二元结构矛盾仍然突出，在教育系统中的体现尤为明显。在我国学校构成中，城镇学校数量少，但城镇学校却占据了丰富而优质的教育资源；乡村学校虽然数量多，但相应的优质教育资源很少。城乡学校不仅在教育资源上分配不均，而且在办学规模、生源质量等方面也存在很大的差距，尤其是乡村学校优质教育资源紧缺、教育质量亟待提高的问题较为突出。要想解决这些问题，就要实施城乡学校之间的伙伴式合作，使城镇学校带动乡村学校发展，为乡村学生的发展提供更多可能。

同时，县域城乡二元发展格局引发了城镇教师充足而乡村教师短缺的现实矛盾，也促使了区域教师流动机制的产生。但由于受到交通、岗位等多因素的影响，出现了乡村教师向城镇流动频繁而城镇教师向乡村流动遇冷等“流上不流下”的现实困境，使得近些年来城乡教师轮岗政策远未达到效益最大化。[②]2016年印发的《国务院关于统筹推进县域内城乡义务教育一体化改革发展的若干意见》中明确提出统筹城乡师资配置的要求。

案例3-3

《国务院关于统筹推进县域内城乡义务教育一体化改革发展的若干意见》中有关统筹城乡师资配置的要求[③]

一是努力办好乡村教育……着力提升乡村教育质量，按照国家课程方案开设国家课程，通过开展城乡对口帮扶和一体化办学、加强校长教师轮岗交流和乡村校长教师培训、利用信息技术共享优质资源、将优质高中招生分配指标向乡村初中倾斜等方式，补齐乡村教育短板。推动城乡教

---

① 杨元生，李世淼．校际合作，农村中小学校本教研新策略——以车溪中学为例［J］．教师，2008（9）：13—14+46．

② 欧阳修俊．中国乡村教师研究回顾与新时代发展取向［J］．教师教育学报，2021，8（01）：46—57．

③ http://www.gov.cn/zhengce/content/2016-07/11/content_5090298.htm．

师交流，城镇学校和优质学校教师每学年到乡村学校交流轮岗的比例不低于符合交流条件教师总数的10%，其中骨干教师不低于交流轮岗教师总数的20%。结合乡村教育实际，定向培养能够承担多门学科教学任务的教师，提高教师思想政治素质和师德水平，加强对学生的思想品德教育和爱国主义教育，在音乐和美术（或艺术）、体育与健康等学科中融入优秀传统艺术和体育项目，在学科教学特别是品德、科学教学中突出实践环节，确保综合实践和校外教育活动常态化。开展专题教育、地方课程和学校课程等课程整合试点，进一步增强课程的基础性、适宜性和教学吸引力。

二是统筹城乡师资配置。各地要依据义务教育学校教职工编制标准、学生规模和教育教学需要，按照中央严格控制机构编制有关要求，合理核定义务教育学校教职工编制。建立城乡义务教育学校教职工编制统筹配置机制和跨区域调整机制，实行教职工编制城乡、区域统筹和动态管理，盘活编制存量，提高使用效益。国务院人力资源社会保障部门和教育部门要研究确定县域统一的义务教育学校岗位结构比例，完善职称评聘政策，逐步推动县域内同学段学校岗位结构协调并向乡村适当倾斜，实现职称评审与岗位聘用制度的有效衔接，吸引优秀教师向农村流动。县级教育行政部门在核定的教职工编制总额和岗位总量内，要按照班额、生源等情况，充分考虑乡村小规模学校、寄宿制学校和城镇学校的实际需要，统筹分配各校教职工编制和岗位数量，并向同级机构编制部门、人力资源社会保障部门和财政部门备案。全面推进教师“县管校聘”改革，按照教师职业特点和岗位要求，完善教师招聘机制，统筹调配编内教师资源，着力解决乡村教师结构性缺员和城镇师资不足问题。严禁在有合格教师来源的情况下“有编不补”、长期聘用编外教师，严禁挤占挪用义务教育学校教职工编制和各种形式“吃空饷”。积极鼓励和引导乡村志愿支教活动。

（二）认识中小学校际联动促进乡村教师专业成长的意义

1. 促进城乡教育资源均衡配置

《中共中央国务院关于全面推进乡村振兴加快农业农村现代化的意见》在第十七条提出：提升农村基本公共服务水平，[①]其中实现教育公共资源的均衡配置，需要用全局的眼光，率先在中小学校际之间开展合作。乡村学校之间的合作紧抓共性目标、集中力量解决共性问题，乡村学校与城镇学校之间的合作凸显城镇学校的帮扶作用，合力建设城乡学校共同体，有利于提高农村教育质量。在学校建设和管理方面由强带弱、一对一帮扶，在教师互助和交流方面推进县域内义务教育学校校长教师交流轮岗。

2. 加快县域内城乡融合发展

《中共中央国务院关于全面推进乡村振兴加快农业农村现代化的意见》在第十九条提出：加快县域内城乡融合发展，[②]其中推进以人为核心的新型城镇化，可以通过以教师为核心与以学校文化为核心的中小学校际联合互动来实现。增强教师在乡村学校与城镇学校之间的流动，开展学校文化之间的深度交流，有利于推动乡村学校学习城镇学校的先进理念，有利于学生之间的互相学习。

3. 为乡村教师专业成长搭建桥梁

教师是一个需要终身学习的职业，如果乡村教师被有限的学习环境和资源所拘束，将不利于接触最新的教育教学观念和方法，也不利于探索适合学生全面发展的教育方式。通过中小学校际联合互动，为更多有专业成长需求的教师搭建桥梁，使其能分享经验、共享资源，在互帮互助中反思、提高。以城乡教研活动一体化为例，一方面，它可以加强和改进新时代教研工作，推动国家有关区域教研、校本教研、网络教研、综合教研制度的落实；还可以逐步实现教学理念、教学管理、教学模式和教师培训培养的一体化，形成城乡教师“优势互补、共同发展”的良好态势。另一方面，专业引领、听课议课、课题实践交流等形式，能让城乡教师的沟通常态化，促进教师在专业思想、专业知识、专业能力等方面不断

---

①② http://www.moj.gov.cn/news/content/2021-02/22/1688_3266677.html.

发展和完善自己。[①]

同时,乡村教师的新乡贤角色要求他们不仅要有学科专业知识和教育教学知识,而且还要有关注农业、关心农村、关爱农民的炽情以及改造乡土社会的赤心。[②]校际联合互动为乡村教师服务乡里、承担国家使命提供了有效途径。

(三)基于中小学校际联合互动的乡村教师专业成长的路径

1. 乡村学校之间开展校际合作的方式

第一,联片协作,设立教研中心,进行集体教研。与同镇或者同县的相邻的乡村学校确定合作关系,联片协作,建立一个教研中心,进行集体教研。教研中心要设在合作学校中相对实力较好的学校,这个中心的主要作用:一是定时考核,督促教师参与教研活动;二是协调时间,保证教师能够参与教研活动;三是确定教研活动的地点,可以选择合作学校中的其中一所,如有多所意向学校也可以轮流。教研中心的成员由各个学校的领导层组成,这样可以保证教师参与的积极性。另外,教研活动的开展可以采用多种方式,例如:骨干教师教学展示,不同学校的教师上同一堂课,围绕同一个内容进行研讨、说课比赛、讲课比赛等,但其内容应主要围绕主学科教学、学校建设和发展遇到的问题进行。集体教研的内容围绕主学科教学进行的原因有两方面:一方面是由于在乡村学校中主学科教师队伍相对是完善的,而音乐、美术甚至体育教师岗位设置很多都存在缺失;另一方面是由于在当下的升学体制中需要率先保证主学科教学质量的提高,才能使乡村学生的学习进度和质量不落后。集体教研的内容围绕学校建设和发展问题的原因,是基于同镇或者同县的乡村学校面对的建设和发展问题有很多共性;集体教研的目的是为了使乡村学校一起研讨学校建设和发展过程中遇到的问题和经验,以寻求更好的解决方法。例如:在研讨时,可针对当前乡村面临的留守儿童的教育问题以及学生管理等各个方面进行。

---

① 吴志书.城郊教研一体化模式下乡村教师专业成长的实践与思考——以绥阳县洋川街道所辖城乡小学数学教师专业成长为例[J].贵州教育,2020(21): 13—16.

② 任仕君.论乡村教师与乡土伦理传承[J].教育研究与实践,2016(2): 22—27.

案例3-4

昌平推动校际联盟　在合作和竞争中实现共同发展[①]

南口片小学教研协作组是昌平区7个小学片教研协作组之一，由8所学校组成。这8所学校全都是山区学校，其中有2所还处在深山区。南口镇小学作为协作组的组长校，全校共有661名学生与62名教师，是片组中办学规模最大的学校。

南口镇小学副校长王文刚说，以前南口片各学校师资均衡和教师的专业发展遇到了很多困难。第一，离昌平城区路途远，参加区级教研活动不方便。第二，师资紧张，没人代课，参加教研活动没保障。第三，专家难请，教师间水平接近，教研效果差。第四，教师缺少锻炼的舞台。“联片协作教研不仅解决了困难，更重要的是打破了过去各学校单兵作战的模式，消除了各校之间互不兼容甚至是互相防范的壁垒，形成了一个以片组为家的新的成长基地。”王文刚说，联片协作制度的实施给南口片各学校，包括南口镇小学和教师带来很多的好处，不仅有效地促进了南口片学校的均衡发展，同时也拉近了其与城区学校的差距。

由于乡村学校的教师数量较少，很多教师一人担任多科教学、工作量大，所以一些学校的教师在平时的教学过程中无暇进行教学改进和反思，多年来他们往往使用同样的教案，逐渐跟不上学生的学习要求。另外，大多数乡村学校一个年级只有一个班，教师教授的学科或者年级之间有差异，一个学校要想开展集体备课活动会十分困难。因此，乡村学校要进行联片协作，设立教研中心，开展集体教研，督促教师进行教学反思，从而改进教学方式，促进教师专业发展。“众人拾柴火焰高”，通过合作，乡村教师可以针对共同遇到的教学困境进行研讨，从而得到有效的改进措施。

第二，教师在合作学校间巡回教学，通过流动解决师资短缺问题。巡回教学是指一些教师在合作学校之间轮流进行教学。乡村学校教师队伍中尤其是

① http://edu.people.com.cn/n/2015/0417/c367001-26864064.html.

综合课程的教师的缺乏，导致一些教师担任多个学科的教学，例如体育教师担任体育和地理两个学科的教学，使得教师的学科素养和学科教学能力堪忧。师资的短缺还导致一些学校不开设综合课程，例如很多乡村学校都没有开设信息技术、音乐、美术等课程。以上这些问题的存在，既不利于乡村学生的全面发展，也不利于乡村教师的专业发展。乡村学校如果要解决师资短缺带来的课程教学问题，就要开展合作，实施教师巡回教学，均衡师资配置。

通过与同镇或者同县的乡村学校确定合作关系，先了解其师资情况，再通过研讨确定一些学科开展巡回教学。巡回教学只是教师流动在合作学校之间进行教学，而学生还是在自己的原学校、原教室上课，这样既可以使一些有专业特长的教师发挥自己的优势，深入钻研一门学科的教学，提高教学效果；也可以解决一些学校由于缺乏某个学科的教师而使其他学科教师顶替或者不开这门课程的情况。

实施教师巡回教学有诸多细节需要落实，例如合理编排课表，一个教师所要流动的学校数目不宜过多，课程数量要合理。实施教师巡回教学的课目不能是语文、数学这类主学科，因为主学科的教学课时相对较多，如果一些教师担任多个学校的主学科教师，那么个人的工作负荷可能会过高。

走教制、巡回教学可以在一定程度上缓解乡村学校师资短缺的问题，但是它的实施需要具备一定的条件。交通方便就是其中之一，像案例3–5中的学校位于哈尔滨，交通比较便利，便于教师在几个学校之间“巡回”。

第三，联合开展特色学科活动，共享学科教学资源。学科活动是与学科

案例3–5

黑龙江省哈尔滨市“城乡教师对口支援”制度[①]

——“走教制”和“巡回教学”

“走教制”和“巡回教学”，即教师不是固定在一所学校执教，而是流动起来，在农村中小学中开展巡回教学。哈尔滨市教育局规定，城镇中小学校必须对应农村一所乡（镇）中学和小学结成“一帮一”对子。积极组织特级教师、骨干教师定期到帮扶学校围绕课程改革开展校本教研活动，为帮扶学校上课程改革示范课，开展以问题为核心的研讨交流。受援学

校也要积极组织教师到对口学校跟岗学习，进修提高。根据各县（市）的实际情况，确定需要实行走教、巡教的学校，以乡镇为单位，组建走教、巡教教育机构，选拔教师。开展巡回教学的教师，在乡镇中心校集体办公，有计划地到有关村小开展巡回教学；走教的教师在原学校办公，定期到指定的对口村小实施教学。

这样，从根本上解决了农村小学部分学科教师缺编问题，保证村级小学能够开全学科、上满学时。挑选的这部分教师也都是所教学科的专业骨干，完全能够承担起本学科的教学任务，还能集体备课、集体教研，统一教学进度与教学要求。走教制和巡回教学的试行，便于中心校指导和对教师的量化考核，提高村级小学的管理水平，确保教学质量的提高。

学习紧密相关的且有利于提高学科素养的学生活动，它对提高学生的学习兴趣有重要的作用。然而，在乡村学校中，有很多学校学生人数较少、教师动力不足，致使此类活动很少开展。乡村学校如果能与同镇或同县的学校一起开展学科活动，通过重点开发特色学科活动，就可以推进同镇或同县区域内学校素质教育的深入发展，并对提高学生的学习兴趣、学习动机有很大的帮助。

联合开展特色学科活动，首先要确定学科，即确定开展哪个学科的活动，可以是针对语文学科的诗文朗诵活动，也可以是针对体育的篮球比赛活动。其次，制定活动方案，活动方案要切合实际，既能够利用学生的知识，又可以增加学生的实践能力，看到学习效果。最后，通过对学生活动中的表现进行评价，给予学生反馈，增强学生学习的动力。联合开展特色学科活动的意义在于：一方面，学生参与较多，可使活动影响力较大，便于连续性地开展活动；另一方面，教师参与较多，可以有效地进行管理，并在活动中为学生提供更多的帮助。

---

① https://learning.sohu.com/20080922/n259684282.shtml.

同一区域内的乡村学校之间往往存在很多相似的地方，当面对同样的问题时，不同的学校、不同的教师会提供不同的解决方法，所以，区域内学校的合作是乡村学校摆脱困境的重要之路。乡村学校通过联合教研、开展学生活动和平衡师资等方式的合作，可以使同区域内的学校形成互帮互助、共同发展的氛围，有利于乡村学校更长远的发展。

2. 乡村学校与城镇学校之间开展校际合作的策略

第一，城乡教师开展协作教学，提升教师教学能力。协作教学是指教师之间合作开展教学。在此，我们是指城镇教师与乡村教师之间形成团队或搭档来协同教学。由于城镇教师普遍教学理念和技能相对较强，所以在协作过程要充当领军人的角色，但是在合作过程中城乡教师之间应是平等互助的。

协作教学的主要方式有以下几种：第一，城乡教师之间相互观摩课堂。观摩的过程既是了解对方的过程，也是发现对方长处、反思自己短处的过程。第二，城镇教师指导乡村教师进行教学改革。乡村教师教学理念普遍较落后，在接触和解读最新版素材方面欠缺，城镇教师可以针对其缺点进行指导，促进乡村教师的专业发展。第三，城镇学校中的骨干教师或者高级教师进行教学演示。这将给乡村教师的教学观念带来冲击，为其进行教学改革和专业发展提供动力。以上仅仅列举了一些城乡教师协作的方式，其实还有很多种，例如一对一帮扶。但是，需要注意的是，所有协作教学的开展都应该是双向的，是互相启发的。例如，城镇骨干教师的教学演示虽然会对乡村教师的教学理念产生冲击、为乡村教师的教学改进提供一些策略，但是乡村教师可以抛出自己在课堂中进行相似的教学时遇到的问题。这些问题是否只有在乡村学校环境下才会产生，将会引发城镇教师新的思考。

城乡校际教学交流是比较普遍存在的一种合作方式。这种交流方式有利于城镇学校和乡村学校的教师发展，同时也可以改善乡村学校发展中存在的问题。

第二，互助建设校园文化。校园文化和管理方式对一个学校的发展是很重要的，而一般的乡村学校在这些方面是欠缺的。硬件的缺乏可以通过政府财务支持实现，而软件的不足就需要学校自己探索。城乡校际合作对于学校建设校园文化、完善管理体系也会有很大的帮助。例如，通过集体开展学科活动和文

案例3-6

靖州开展“城乡校际”教学交流[①]

12月4日，靖州县开展“城乡校际”教学交流活动。该县城区学校——乐群小学的8名骨干教师，来到农村学校——藕团小学开展课改学习交流活动，加强城乡学校之间教学交流，优化全县整体教学资源。

藕团小学是一所少数民族乡中心小学，现有农村学生近四百余人。学校数十名教师年龄较大，平均年龄50岁，亟须补充培养年轻、有激情的教师来推动学校的课改工作。在听取了藕团小学年轻特岗教师刘颖执教的三年级语文“‘神童’的秘诀”一课后，乐群小学的老师们提出了一些建议，特别提出应强化小组建设。随后，乐群小学语文教师邓美玉带来了三年级“七颗钻石”一课、数学老师唐正清展示了五年级数学“平行四边形的面积”一课。这两位老师年富力强、教学经验丰富、教态自然，按照乐群小学课改模式进行教学，把乐群小学的课改经验带入藕团小学，为藕团小学的课改提供了示范和借鉴作用，博得了藕团小学听课教师的好评。课后，两校教师进行了热烈的教学研讨与交流。

本次教学交流活动的开展，促进了该县城乡学校课改工作的均衡发展，达到了“优势互补、信息共享、共同发展、全面提高”的目的，同时增进了城乡校际教师之间的友谊。

艺活动来加强乡村学校的素质教育，提高学生对学校的认识和喜爱；也可以使乡村学生定期来合作的城镇学校参观学习，来体验城镇学校的学习氛围而改变自身的学习习惯等。

第三，开展生生互动，开阔学生眼界。学生终究是教育活动的主体，我们教育工作者所做的所有努力都是为了学生的发展，所以城乡学校校际合作不能仅仅停留于学校领导层和教师之间的合作，还要进行学生与学生之间的合作，即

① https://hn.rednet.cn/c/2014/12/05/3541858.htm.

案例3-7

西宁玉井巷小学和阳光小学举行校园文化建设观摩活动[①]

为了积极推进西宁市城中区义务教育均衡发展，充分发挥优质资源学校的示范和辐射作用，实现资源互补，进一步推动校区间的互助发展，促进教育公平，建设和谐城中区教育优势环境，9月23日，西宁市城中区阳光小学部分教师在学校负责人的带领下，分两批前往西宁城中区玉井巷小学参观校园文化建设。

当天，阳光小学一行人在玉井巷小学班级文化小解说员的解说下，被玉井巷小学多元的校园文化建设所感染，并与玉井巷小学教师就“加强校园文化建设，凸显文化育人功能”的专题进行了座谈，积极交流了经验。

据悉，2012年玉井巷小学的教学楼被定为危房，为了平稳过渡，学校新建了板房教室。为了打造“书香校园”，凸显育人功能，全校师生积极挖掘板房文化，加强校园文化建设。为了让孩子们能在浓郁的文化氛围中健康成长，该校做了大量的校园文化教育工作，并取得了良好的成效。

在研讨会上，玉井巷小学负责人向阳光小学一行人介绍了基本情况，并在上级教育部门的牵头下，与阳光小学建立了良好的帮扶关系。在捆绑式发展活动中，两所小学积极开展校际的教育教学管理经验交流、推行教师交流服务制度、加强教科研成果的交流等一系列互帮互学活动，建立了和谐的互动发展机制，推动了两校间的深度融合，促进了教育教学质量的进一步提高。

生生互动。

通过城乡学校的合作开展生生互动，无疑是为学生增加了“一双眼睛”。其一，对于身处大山或者偏远地区的孩子来说，他们苦于条件所限，难以看到外面的世界，只能通过书本或者电视等媒介了解到外面的世界。在乡村学生的眼里，城市是个很遥远的地方。但通过与城镇学生的互动，乡村学生可以了解到

① http://www.bjdcfy.com/qita/xywhjsgmth/2016-1/651720.html.

与同龄的城镇学生的世界，从而更深入地了解社会，并且可以增加他们通过学习改变命运的愿望。其二，生生互动可以使不同地域、不同背景的学生之间产生交流，使学生的眼界开阔。通过生生互动，让他们了解到这个世界的另一个角落里有着与自己不同的人、发生着与乡村生活不同的事，这对于培养学生的博爱情怀和世界观有很大的帮助。

案例3-8

泰安："小桔灯"走进明德小学　城乡学生互动体验①

"小桔灯"公益社团于2013年1月1日成立。作为青少年的公益社团，它致力于培养学生在公益实践中实现帮扶他人、助人为乐。同时，它也希望能征集小学生的公益创意、在小学生中倡导志愿服务精神，培养小学生的社会公益意识。在新的社会背景下，留守儿童不断增多，针对农村留守儿童等特殊人群，"小桔灯"公益社团开展了"爱心1+1牵手留守儿童"的公益创想活动。在活动中，该社团初步计划围绕一个主线活动——爱心助学计划，完成三个辅线活动——爱心志愿者计划、图书玩具分享计划、亲情1+1家庭关爱计划。

2015年5月18日上午，泰安市实验学校"小桔灯"公益社团的志愿者同学来到宁阳县伏山镇苏楼村明德小学，与明德小学的380多名学生开展了"传递爱心　共享书香"城乡学生互动体验活动。活动中，两校师生一起举行了升旗仪式，在升旗仪式之后，泰安市实验学校将代表全校师生爱心的1 000余册图书传递到明德小学的留守儿童手中，并捐建了爱心漂流书屋。同时，"小桔灯"公益社团的7位同学和家长志愿者还带来了学生讲坛、家长义教课程，在12个教室同时开课，异彩纷呈。在课堂上，两校学生进行了深入交流。最后，"小桔灯"公益社团的同学和明德小学的部分留守儿童还开展了"手拉手，结对子"活动，让卡片、爱心文具在孩子们之间传递。该活动的开展，培养了学生参与公益、关心社会的实践能力，丰富了学生的童年生活。

① http://sdta.wenming.cn/zthd/zy18/zy1802/201811/t20181121_5557249.shtml.

“手拉手，结对子”这类城乡校际合作也是比较普遍的，而且是很多学校愿意去做的，它对于培养学生的品德与视野有很大的帮助，应该作为德育活动中定期开展的项目。

第四，城镇教师来乡村学校交流。城乡中小学教师的流动交流是这些年来教育行政部门一直在努力完善的工作。现有的城乡教师流动方式主要有三种：第一种是城镇优秀教师定期到乡村学校讲学、指导，帮助乡村学校教师提高教学水平，或者是乡村教师到城镇学校进修学习，这种交流的时间一般在几天至几个月不等。第二种是城镇学校部分教师必须到乡村学校支教一年，这一年保持城镇教师原有的人事关系、薪资待遇等。第三种是城乡学校的中小学教师根据个人愿望、学校需求，由教育行政部门统一调配，一般3—6年必须无条件在城乡学校之间流动，一名教师在同一学校连续任教不得超过5—6年。[①]城乡中小学教师的流动交流，是需要行政力量的支持才能顺利持久开展。

案例3-9

北京密云：城乡教师轮岗交流带动全县教育均衡发展[②]

从2006年开始，北京市密云县开始实施教师岗位交流政策。目前，第一阶段交流工作已经结束，共有1 050名城乡教师参与交流，其中有不少教师还报名参加第二轮交流。是什么吸引城里的教师下乡支教?

密云县是北京市的远郊山区县，全县80%以上的中小学分布在农村山区乡镇，城乡学校的办学条件、办学水平差距较大。如果师资不流动，教育均衡就无法实现。

2006年，当地开始实施城乡幼儿园、中小学教师岗位交流。三年为一个周期，第一阶段共有1 050名教师进行了交流，约占全体教职工总数的17%。

密云县第六小学数学老师王化伦已经报名第二轮交流了。“2006年到2009年第一轮交流时，我只是想尝试新的工作环境。”王化伦说：“交流

① 楼世洲，李士安.构建城乡中小学教师定期流动机制的政策研究[J].教育发展研究，2007(19)：1—4.

② http://edu.people.com.cn/n/2014/0810/c1006-25437774.html.

之后，一方面觉得山区孩子确实需要我们，另一方面，我也在不同的环境中得到了锻炼和成长，现在已经被评为市级骨干教师了。”

太师屯中心小学校长蔡瑞山说：“交流促进了城乡教师之间相互融合，推动教育质量向更好发展。”

经过9年的交流实践，密云县城乡教师之间差距逐步缩小，骨干教师的分布也从过去集中在城区学校而转变成城乡学校齐头并进。城乡教师的共同发展带动了全县教育均衡发展。

2013年，全县中考优秀率为24%，比2005年上升了12个百分点；全县中考及格率为90%，比2005年上升了13个百分点。且城区学校没有因为派出和接收交流教师而影响教学质量。比如，密云县三中派出了51名交流教师，接收了76名交流教师，可这些年的教学成绩依然保持在全县前列。

城镇教师来乡村学校交流，需要政策方面的支持，而当前的大环境为我们提供了政策的有力支持，有助于我们更好地运用该合作方式。该方式可以缩小城乡教师差距，改善乡村学校教师缺乏的问题，更能够促进教师之间的公平竞争。同时，针对乡村教师职称评聘优势不足、乡村小规模学校处于弱势、城乡职称比例不均衡、乡村青年教师职称晋升难度较大的现象，[①]可以在开展城乡教师流动、交流的基础上实施城乡教师高级职称分配调控计划，[②]优化乡村教师职称评审机制。[③]

城镇教师来乡村学校交流，是建立在平等、自愿的基础上，它的开展需要合作学校之间的相互尊重，有共同的教育目标；更需要教师的自愿参与和积极投入。因为教师是社会发展不可或缺的知识力量，无论是城镇抑或乡村，教师凭借着自己的知识资源，顺理成章地承担了社会中的“知识者”角色，应当具备服

① 庞丽娟，杨小敏，金志峰．乡村教师职称评聘的困境、影响与政策应对［J］．教师教育研究，2019，31(1)：31—36.

② 王晓生，邬志辉．乡村教师职称评聘的结构矛盾与改革方略［J］．中国教育学刊，2019(9)：70—74.

③ 王红，邬志辉．乡村教师职称改革的政策创新与实践检视［J］．中国教育学刊，2019(2)：42—47.

务社会的主观意愿。[①]

乡村学校与合作的城镇学校可鼓励和支持城镇教师到乡村学校来进行教学示范和指导。城镇教师具体交流的时间可根据教学内容来定，因为不同的教学内容其占用的课时是不同的。例如：小学三年级数学课程中的“有余数的除法”与“四边形”讲授的课时安排是不同的，城镇教师应针对这种课时的不同来安排支援时间。首先，城镇教师进行教学讲解使乡村教师了解了应采用哪些教学技巧，以及采用这些技巧的原因。其次，城镇教师进行教学示范，将理论与实践相结合并指导乡村教师修改知识板块的教案。最后，通过乡村教师在课堂上进行实践，给予城镇教师一个反馈，使他们了解自己的教学理念是否适合所有的学生，有哪些地方需要改进。由此可见，这是一个城乡教师双方互助、共同进步的过程。

二、基于大学与中小学合作的乡村教师专业成长

“U—S”合作即大学（University）与中小学（School）的合作。进入21世纪以来，在我国基础教育课程改革的推动下，越来越多的大学教师和研究人员走进教育现场，和中小学教师一起开展合作研究，形成了多种形式的学习合作伙伴关系。现在，大学与中小学的伙伴合作已在我国教育教学研究、课程改革、中小学学校变革方面彰显出强大的潜力。

（一）反思“U—S”合作与乡村教师专业成长的现状

1. 教师表现出高负荷下的“消极参与”

一方面，部分乡村地区由于地理位置偏僻、交通不便利，导致大学与其开展合作的动力降低。即使开展本地的“U—S”合作，部分乡村教师由于工作负荷高，教学任务多、时间精力有限，对于项目的主动性和参与度偏低。另一方面，虽然部分教师对“U—S”合作项目寄予较高的期待，但是从参与项目活动的次数、参与时间的长短等看，教师的投入度偏低，没有真正付出，每次都是“临阵磨枪”，很难对教学改进发生持续性的影响。[②]

---

① 肖正德.论乡村振兴战略中乡村教师的新乡贤角色[J].教育研究，2020，41(11)：135—144.

② 鲍传友，李鑫.从“局外人”到“局内人”：中小学教师参与“U—S”合作的角色困境及其转变——基于北京市“U—S”合作项目的调查分析[J].教育发展研究，2019，39(08)：73—78.

2. 教师表现出行政主导下的“被参与”

目前，“U—S”合作项目基本上都是采取从教育行政部门到学校再到教师这样一种自上而下的路径，很多教师在毫不知情的情况下被卷入到这个项目中，因而在参与过程中表现出非常大的被动性。[①]因此，教师对项目本身的意义和功能的理解被严重制约，一旦陷入“被参与”的状态，教师能否发自内心地为促进自身专业成长、解决教学实际问题而主动积极参与该项目就不言而喻了。

3. 教师表现出脱离实际需求的“低效参与”

教师参与的结果主要是指教师参与合作之后其个人在专业发展、理念更新、人际关系等方面是否有所收获。[②]不少教师在“U—S”合作项目中没有获得实质性进步，有可能是因为这些项目没有考虑教师面临的实际问题和现实需求，或者是因为大学研究者缺乏实践经验，过于理想化的观点和建议无法“落地”。这使得乡村教师难以通过“U—S”合作项目满足实际需求，最终导致乡村教师对“U—S”合作项目的满意度偏低。

（二）认识在“U—S”合作中促进乡村教师专业成长的意义

1. 关照和回应乡村教师的困境与需求

乡村教育是乡村社会的有机组成部分，而乡村教师是乡村教育的主体。[③]乡村教师队伍建设是乡村教育发展的根本所在。[④]如果“U—S”合作项目能够以乡村教师的教育教学困境与需求为立足点，通过大学研究者对乡村教师队伍的充分了解、沟通交流，及时调整合作内容和方式，共同探讨解决问题的方法，那么，该项目会成为改变乡村教师日常生活、工作现状的有效途径。

2. 促进乡村教师参与教学改革和教育研究

消息闭塞、条件落后是乡村教师专业发展和职业能力提升的外部阻碍。其一，过去乡村学校为了吸引青年教师，放宽了学历年限和专业限制，导致乡村教师队伍存在大量学历层次较低的教师，在师资引入源头上造成专业发展的“不达

---

①② 鲍传友，李鑫．从“局外人”到“局内人”：中小学教师参与“U—S”合作的角色困境及其转变——基于北京市“U—S”合作项目的调查分析[J].教育发展研究，2019，39(08)：73—78.

③ 李森，崔友兴．新型城镇化进程中乡村教师专业发展现状调查研究——基于对川、滇、黔、渝四省市的实证分析[J].教育研究，2015(07)：98—107.

④ 王瑜，马小婷．乡村教师社会地位的现实困境与提升策略研究[J].当代教育理论与实践，2021，13(01)：37—41.

标”。[①]“U—S”合作中的置换培训或许能帮助这部分教师有更多机会提升专业素质。

其二，由于乡村教育资源有限，教师培训效果不明显，许多乡村教师仍然缺乏良好的职业素养，知识更新较慢、知识面相对狭窄，在专业发展过程处于“跟不上”的阶段等。乡村教师迫切需要得到外界的帮助和环境的改善来改变这一现状。

其三，乡村教师缺乏系统性的理论知识和专业性的研究方法，同时对最新教育政策的理解不够深入，而这些是大学研究者所擅长的。通过“U—S”项目的有效合作，大学研究者可使乡村教师参与教学改革和教育研究成为可能，甚至还能帮助乡村教师将教育教学实践中的发现和经验转变为教学案例、研究报告等学术性成果。

（三）开展“U—S”合作的基本策略与路径

美国路易斯大学教育学院路斯拉维特教授（Ruth Ravid）和马里安汉特教授（Marianne G. Handler）将大学与中小学的合作分为四种方式：一是教师专业发展模式。通过在大学与学校之间建立伙伴关系，在合作过程中，提升对师范生的教育水平，促进在职教师的专业发展，使学校教育快速发展。二是商谈模式。大学的教师以“顾问”的身份，参与中小学的教育活动，为中小学教师提供教育教学知识，帮助他们改进教学。三是一对一的模式。一个大学教师与一个中小学教师以平等的地位参与合作，双方共同策划和实施研究项目。四是伞形模式。一个总的组织管理机构是由大学教师和中小学教师组成的合作组，这个机构负责协调组间的合作。[②]在吸收国外的一些经验和结合中国实际的基础上，当前我国“U—S”合作的主要方式有以下几种，可供乡村学校借鉴。

1. 通过顶岗实习或置换培训开展教师教育的合作

中小学是准教师的实践基地，而大学是培养教师和教师进修的场所，所以为了更好地培育教师、促进教师的专业发展，这就需要大学与中小学建立合作关系。这种方式的合作主要采取的策略有顶岗实习、置换培训等。

---

① 王瑜，马小婷. 乡村教师社会地位的现实困境与提升策略研究［J］. 当代教育理论与实践，2021，13(01)：37—41.

② Ravid R, Handler M G. The many faces of School—University Cooperation: Characteristics of Successful Partnerships［M］. Portsmouth: Teacher Ideas Press, 2001: 2—48.

案例3-10

贫困山区的农村小学开展“顶岗实习、置换培训”[1]

基础教育的不同阶段对教师的要求是不一样的。小学、中学教师的专业化有很大的区别。与此相对应，师范教育的模式也应该有所区别。农村小学，特别是贫困地区的“村小”，是农村基础教育之基础，有着与初高中迥然不同的特点，在“顶岗实习、置换培训”模式的构建上应有其特殊性。把中学和小学放在一个模式中运作，缺乏适切性。因此，有必要在实践上分别组织，在理论上专门研究。河池学院从2008年开始连续几年在贫困山区的农村小学开展“顶岗实习、置换培训”，探索出一套具有贫困山区农村小学特点的做法，创新了农村教师教育模式。

师范生在大学中接受了理论学习，但由于其实践的机会很少，而且面对真正的中小学生的机会更是少之又少。所以，在中小学设置实习岗一直是大学进行师范生教育的一种方式。同时，乡村中小学缺乏教师、更缺乏有新理念的教师，所以两者的合作是有需要的基础。

另外，中小学在职教师通过大学进修，对于提高教育理念、促进其教师专业发展是很有帮助的。而大学在培养师范生的过程中，存在以下问题：重视师范生的学科专业知识，轻视教育专业的训练；课程结构方面强调传授理论知识，轻视实践技能的培养；课程内容的选择更是繁、难、偏、旧。由此可见，大学的人才培养模式限制了师范生的视野和实践能力，割裂了理论知识和实践技能。综上，通过大学与中小学合作进行教师教育，就可在一定程度上解决高校培养中存在的这些问题。

2. 开展合作研究，提升教师的理论素养

中小学教师作为一名人民教师肩负着教书育人的思想，不能仅仅充当教书匠，将课本知识照搬到课堂上，而更应该是一个教育研究者，能够经常反思自己的教学，发现教学中存在的问题后再通过研究去深入认识并解决问题。中小学教师在反思的过程中就需要大学研究者的介入和引导，两者的合作就此产生。

---

① 郎耀秀.面向贫困山区　创新农村教师教育模式——河池学院“顶岗实习、置换培训”的探索［J］.教育研究，2011（04）：101—104.

案例3-11

山东师范大学在李沧区建研究生教育实践基地[①]

山东师范大学将李沧区沧口学校的中小学作为研究生教育实践与研究基地，旨在为山东师范大学的在校研究生提供一个实践与研究的平台。山东师范大学每学年选派10名以上各学科研究生到李沧区的各中小学实习。同时该合作项目也为李沧区各中小学的在职教师搭建了一个进一步强化理论学习和课题研究能力的平台。

2014年，青岛沧口学校被李沧区列为4所综合改革试点学校之一，今后将从行政管理、人事制度、课程改革等多方面开始试点。除了沧口学校，李沧区其他学校也将充分利用山东师范大学的教育资源提升教师的综合素养。同时，李沧区将积极探讨优秀人才选拔录用机制，实现合作的双赢。

乡村学校是薄弱的，其师资有限，进行教学研究的资源也有限，所以可以联合大学一起开展合作研究。大学的介入除了能够给予乡村教师理论知识的指导外，还可以作为乡村学校发展的促进者，加强相邻学校之间的合作。具体可以开展的合作活动有：定期由大学号召开展校长等领导的学校管理经验交流会、教师教学沙龙，由大学牵头进行教学问题研究等。

大学教师拥有精深的专业理论知识，可以从理论的角度帮助和指导中小学教师的教学实践和科研工作；中小学教师具有丰富的教学经验，可以为大学教师提供真实的教学案例，从而丰富教学理论、构建理论与实践的“桥梁”。双方在合作中将理论与实践融合，共生共长，紧密相连。

3. 开展大学与中小学师资互聘

师资互聘即两类教师互聘到对方的单位，聘请中小学教师到大学担任师范生的实践类课程的教学，而聘请大学教师到中小学参与教育教学和科研工作。这样的互聘，可使中小学教师可获得理论提升的机会，而大学教师深入中小学教育教学的第一线可为理论研究提供更丰富的实践基础。[②]2018年，教育部发

① http://blog.sina.com.cn/s/blog_14479fc1e0102vdys.html.

② 黎婉勤.高校与中小学师资互聘：教师教育者成长新路径[J].教育探索，2015(07)：110—113.

文实施卓越教师培养计划2.0，为建强优化教师教育师资队伍提出多项措施，其中就有：指导推动各地开展高等学校与中小学师资互聘，建立健全高校与中小学等双向交流长效机制。[①]

案例3-12

关于公示2014—2015年度广东省高等学校与中小学校师资互聘“千人计划”首轮拟入选名单的通知

各相关地级以上市教育局，各有关高等学校，华南师范大学附属中学：

根据《广东省教育厅关于实施广东省高等学校与中小学校师资互聘“千人计划”的通知》（粤教高函〔2014〕103号）的安排，省教育厅及各地教育局组织有关高校和中小学校开展了人员推荐选送工作。本次互聘工作，按照“按需、就近、专业对口”的原则开展，因互聘双方地域、地方与高校推荐人选数量、双方学科课程等差异较大等原因，造成部分教师此次未能聘任或学校派出的教师和聘任的教师所任教的课程不同。经遴选，确定2014—2015年度广东省高等学校与中小学校师资互聘“千人计划”首轮拟入选名单，安排何勇等33位中小学老师到华南师范大学等18所高校任教，同时，选派陈斌等29位高等学校老师赴广州市第六中学等29所中小学校任教（详见附件）。现予以公示。

教育是一个体系，中小学教育与高等教育之间应该是相互联系、相互影响的。大学教师到中小学任教，既有利于中小学学生在心中建立一个努力接受高等教育的梦想，也有利于中小学教师的专业化发展。乡村学校对于这样国家层面的政策一定要把握机会，争取更多的学习和合作机会。

三、基于公益研修项目的乡村教师专业成长

公益研修是教师专业发展的一种有效途径，一般通过一些非政府组织即NGO（Non-governmental Organization）来实现。基于国际社会对NGO的界定

① http://www.moe.gov.cn/srcsite/A10/S7011/201810/t20181010_350998.html.

以及中国的特殊国情，本书将NGO定义为那些不以营利为目的的，从事公益性、互益性、服务性活动的社会组织。有关NGO的发展与现状，将在本书的专题五中进行详细介绍。

20世纪80年代后期至今，义务教育政策法规全面完善实施，“国家贫困地区义务教育工程”加快了义务教育的普及速度。国家及各级政府在其中担任最高的领导主体。但是，随着义务教育的普及，教育质量问题又成为人们倍加关注的问题。教育类NGO在近几年的发展，确实为乡村学校增添了色彩，提供了新的发展道路，也为教师专业发展和成长开辟了新的途径。

（一）走进公益研修组织

由华东师范大学与相关公益基金等主办的“爱飞翔·乡村教师培训”项目，每年定期在北京、上海举办乡村教师培训项目，获得了网易、百度、搜狐公益等平台的大力支持，并取得很好的成效。“爱飞翔·乡村教师培训”注重体验培训的理念，全程10天，邀请甘肃、贵州等边远地区的乡村教师到上海，通过坐一次飞机、乘一次火车、看一场高规格演出、接受一次贵宾级体检、参加一场乡村教育论坛、到上海人家做一天客、与名家学者面对面交流、参观现代化企业等活动，让乡村教师零距离体验城市生活、感受都市风情，接受新知、开阔眼界。

我们再来看一个由教育学者和教师组织的“教师勇气更新”公益研修活动：

案例3-13

第三届“长安行——教师勇气更新公益活动”①

一、活动缘起

2013年8月，第一届“勇气更新”试水活动在上海浦东成功举行，参与活动的全国各地120多位教师和学者，亲历了心灵旅程共同体持续的凝心聚力过程。2014年，第二届“飞翔者——教师勇气更新公益活动”由北

---

① http://blog.sina.com.cn/s/blog_606816fd0102wgem.html.

京师范大学教育学部、教育部人文社科重点基地北京师范大学教师教育研究中心和北京第80中学合办，在北京第80中学成功举行。第三届“长安行——教师勇气更新公益活动”由教育部人文社科重点基地北京师范大学教师教育研究中心、陕西省中小学幼儿园教师发展中心主办，陕西学前师范学院中国语言文学系、西安市东城第一中学、西安市庆华中学、西安市第34中学、西安市第19中学协办，西安铁一中滨河校区承办，将于2016年7月16—18日在西安铁一中滨河校区举行。

“长安行——教师勇气更新公益活动”秉持上海浦东第一届“勇气更新”活动确定的公益、适切、增能、多元、持续原则，通过叙事分享、游学对话、才艺熏陶、跨域学习等多元研修，唤醒心灵，超越自我，更新勇气，相互润泽，感知内心强大与改进教育的社会行动力之间的良性互动。“勇气更新”即超越小我，回归心灵。静观明暗、悲喜、宠辱、成败，清醒觉知，净化内心，定静生慧，自然散发喜悦轻安，润泽生命嫩芽。本活动的四大关键词：真诚，自在，勇气，相遇。

本活动是民间自愿活动，专家、学员等均以志愿者身份出席。所有活动都是参与式的，专家讲座尽量控制在45分钟以内，注重讲者与听众之间的对话交流。

二、活动组委会成员

负责策划实施本次活动的组委会成员有：北京师范大学教育学部部长、北京师范大学教师教育研究中心主任朱旭东；活动创办人北京师范大学吴国珍；生命化教育倡导者张文质；上海浦东教育发展研究院王丽琴；华中科技大学教科院李伟；陕西学前教育学院中文学院院长牛文明；陕西灞桥教师进修学校赵清风、王娜等，以及特邀的讲者和主持人。

值得一提的是，“爱飞翔·乡村教师培训”团队本次派出组委会顾问李青美等核心成员，率领来自湖南平江的“爱飞翔”结业学员和上海浦东随迁子女教师代表参会，集中展现城乡教师经由“爱飞翔”的平台感动相遇、持续相伴的美好故事。

三、活动内容

分为八个板块：

1. 繁星相聚，不再分离
2. 推动自己，改进教育
3. 感受教育，聆听密码
4. 聆听教育，生命回响
5. 叙事探究，回归心灵
6. 城乡联手，见证成长
7. 文化沙龙，一展风采
8. 古都漫步，梦回大唐

“教师勇气更新公益活动”缘起于帕尔默《教学勇气》的译者吴国珍博士在北京持续多年组织的跨校教师心灵叙事探究活动。当面对不同的教育环境、制度时，教师增加自身内心的力量最为重要。为了凝聚更多的教育正能量，唤醒更多的教育者参与更新，“教师勇气更新公益活动”开放接纳不同层次的教师，除了邀请志同道合的专家学者分享独特的研究体验之外，更以深受教师欢迎的叙事探究、沙龙对话、观摩研讨等方式贴近教师多元成长需求，让教师感受共同体的伟大力量。这为更多教师走出学校，和更多有相同境遇的同行交流、分享、倾诉创造了条件和机会。“教师勇气更新公益活动”就是这样一个交流平台，它不仅有相同境遇的教师，还有专家的指导，这对乡村教师的发展是一种有效的途径。学校领导也应该重新思考与重构校内时间安排和人事安排，而不是继续将教师固定在讲台之上，困缚于校园之内，应该最大可能地尊重教师在专业成长过程中的话语权、进修权、需求权，让他们有勇气主动地寻求机会提升自己，分享自己专业成长的故事。

除了线下开展的公益研修项目，基于互联网平台，“教师勇气更新”公益研修项目参与发起了“完善教育体制机制呵护教师心灵”的线上研讨会[①]：

① https://mp.weixin.qq.com/s/MRXaKb_web3yZ716f6fHzQ.

案例3–14

“完善教育体制机制呵护教师心灵”线上研讨会

一、活动缘起

只有教师的内心丰盈、强健自信，才能有学生的生命蓬勃健康发展。遵循《关于深化教育体制机制改革的意见》(2017–9–24双办印发)，把国家教育体制机制改革指引内化于心外化于行，坚持顶层设计与尊重基层首创探索相结合，及时将成功经验由下而上锤炼，以促进教育大系统强基固本平衡发展，“完善教育体制机制呵护教师心灵”的研讨会于2020年7月11—12日在CCtalk平台线上举办。本次大会由北京师范大学教师教育研究中心主办，沪江网“互加计划”和青岛支教岛承办，中华教育改进社专业支持。

大会侧重从后疫情时代如何完善教育体制机制呵护教师心灵进行多元探讨。包括缓解过度刻板的考试竞争集体捆绑、系统优化教育生态、复兴乡村教育、宽厚人文素养、唤醒教师把真我的生命活力带入教育教学，发展线上线下教师共同体，激活城乡教师群体成长的造血机制等，“图难于其易，为大于其小”，至柔融至坚，重构教育公平与效率新格局，文化浸润优秀校风改善民风，共同启动教育场域进化，完善诚信管理制度，再生诚信文化。

大会依托大地生长的原创变革力量，吸收国内外完善教育体制机制呵护教师心灵的前沿成果，显现“教师心灵成长—教育场域进化—教育体制机制改革”之间良性循环的纹理，推动教育事业发展和社会进步。

二、活动团队

“感恩教师勇气更新群”邀请到六个团队在CCtalk平台开场参与大会：

1. 储朝晖教授主持中华教育改进社专题研讨
2. 赵清风老师主持西安团队
3. 潘品瑛老师主持厦门团队
4. 邹晓平主持弋阳团队
5. 罗朝英主持新都团队
6. 董新民主持甘肃守望者团队

CCtalk平台汇聚了为大会贡献的嘉宾和关心教育系统平衡主动参与的听众的智慧，方便回放、便于传播，结缘有心者，尤其是结缘高度关注重大关切问题的决策者，这是线下大会不易具有的优势。吴国珍博士认为："教师群体成长迫切需要教育场域进化，开放每位教师都需要的滋养心灵成长的氛围，让系统呵护人人都拥有的初心，是重中之重。'教师勇气更新公益活动'线下线上十四年始料未及的发生，罕见的是一无所有，无课题项目、无经费、无行政任务委托，无组织架构，却总在随缘发生，汇聚支持教师内心世界的力量。这似乎是在向世人显现，无形的养心氛围才是最无价的。我们有机缘在一个区域（或城或乡）同时并行举办多场教师勇气更新公益活动吗？我相信，明智的区域教育领导一定是欢迎的！一旦梦想成真，毫无疑问会给区域教师群体渗入强大的内在唤醒力量，有力推动教育场域进化。"①

（二）认识乡村教师参与公益研修项目的困境与意义

1. 乡村学校教师研修具有资源之困

乡村学校如若在较偏远地区，由于地理位置受限等客观原因面临着较大的资源困境。例如：一名乡村寄宿初中的语文教师在某社交公众平台上发出请求，表示"学校基本不会为教师订阅学科教学杂志，教师的专业成长难以实现突破，学校教研工作也停滞不前"，希望有爱心人士或大城市的学校、教师可以对接语文教育教学方面的专业期刊等教学资源。乡村教师在获取研修资源时，无论是种类还是数量都有所减少，获取资源的方式和渠道也有所局限。尽管可以通过网络（信息化）平台获取资源，但是海量的线上资源带来辨别、甄选的困难，难以在短时间内获取符合自身研修实际需求的资源。②

2. 乡村学校教师研修具有心理之困

部分乡村教师由于信息技术不够熟练等原因，加剧了研修的心理困境。在2020年新型冠状病毒肺炎疫情期间，乡村教师这样的心理危机感更加强烈。有不少教研部门和教师培训部门以行动研究的方式，面向疫区与偏远地区教师，通过组建公益性线上教师研修社群，多方位探索，帮助疫区与偏远地区教师突

---

① https://mp.weixin.qq.com/s/srjVUp7obo9ICbU7jJTT8g.

② 闫学.公益教研社群：疫区与偏远地区教师研修的困境与突破［J］.教师博览，2020(20)：54—55.

破困境。[①]此外，乡村教师经常被作为“弱势群体”加以培训，[②]如乡村教师在“国培”中“被培训”，[③]被视为“技术水平低下”的接受者等，[④]这都使乡村教师产生了消极的情绪。

3. 公益研修项目有利于促进乡村学校和教师的发展

乡村学校地处偏僻，设备落后，人才匮乏。公益研修项目的加入，从教育整体来看，是将更多“富余”的人力、物力资源送到相对来说“匮乏”的地区。公益研修项目，一方面在理念、资源、实践等诸多层面推动乡村学校向前发展；另一方面，能够缓解乡村教师教学资源匮乏、专业发展机会少等的实际困境，促进乡村教师角色的转型。归根结底，这都是为了促进教育公平、为了促进学生的全面发展。但在实际中，乡村学校要真正参与到公益研修中去还存在着各种问题，包括公益研修组织对乡村学校的发展缺乏可持续性、乡村学校参与度不够、平台的发掘上有所欠缺或信息闭塞等。

（三）开拓乡村教师专业成长的公益研修渠道

1. 健全公益研修组织的人力资源管理机制，稳定合作关系

志愿者是公益研修组织人力资源管理特有的部分，也是公益研修组织管理机制得以健全发展的关键。志愿者不仅仅是为了一种工作而来，更是为了一种信念而来，这是公益研修组织人力资源管理的最大优点。鉴于公益研修自身的组织特性和志愿者特点，可将当代学习型组织思想借鉴并应用于其人力资源管理中，从而更好地促进对公益研修组织志愿者的使用和开发、招募和培训等管理活动。

首先，要建立系统化的志愿者活动流程。包括完善项目规划、有效招募和甄选、全面的培训和实习、良好的督导制度、及时的考评和表扬。其次，要建立共同愿景，实现志愿者的“自我超越”。组织的共同愿景来源于成员个人同时又高于成员个人，有了共同愿景的指导，志愿者在进行志愿活动时便有了前进的方

---

① 闫学.公益教研社群：疫区与偏远地区教师研修的困境与突破[J].教师博览，2020(20)：54—55.

② 欧阳修俊.中国乡村教师研究回顾与新时代发展取向[J].教师教育学报，2021，8(01)：46—57.

③ 范宁雪.囚徒困境：乡村青年教师在“国培”中[J].当代青年研究，2019(5)：32—37.

④ 张莉莉，林玲.乡村教师培训模式的再思考[J].河北师范大学学报(教育科学版)，2016，18(3)：88—92.

向。同时,在乡村学校的支教活动中,志愿者也能够很好地引领当地的学生和村民建立一种他们的共同愿景,以超越他们环境的局限。这是一种一举多得的措施。再次,还要建立合情合理的激励机制。它包括给志愿者安排合适的工作、给予适当的培训,针对问题人员进行帮助、对志愿者的工作给予及时的回馈和肯定、建立终身学习的激励机制,推动志愿者素质工程的进程。这不仅是公益研修组织需要做的事情,也是合作对象——乡村学校成员需要做的事情,因为双方的共同努力和配合才能使得合作效果达到最佳。最后,加强团队学习,改善志愿者管理主体的心智模式。改善心智模式的方法在于学会沟通,放开心灵,理解他人的观点,是沟通成功的关键。

总之,通过学习型组织思想的指导,公益研修组织的管理机制可以得到完善。这种组织的完善也是乡村学校学习的重点。如果能够把学习型组织应用到乡村学校的管理当中,那么乡村学校也可以得到更好的发展。

2. 加强合作前的沟通,增强双方的信任度

乡村学校的参与热情不高,往往是因为对公益研修组织的不了解。因此,公益研修组织与乡村学校双方在合作之前增强沟通、增进相互之间的了解,尤其是乡村学校及村民对公益研修组织的了解,这样能够增加乡村学校对公益研修组织的信任度,相应地可以促使双方合作的顺利开展。乡村学校对公益研修组织的信心不足,一方面是由于乡村学校对公益研修组织的不了解,另一方面取决于公益研修组织本身的价值观和作风。一些公益研修组织并没有承担起向乡村学校介绍自己的任务,想当然地认为自己在做慈善,不需要解释。

公益研修组织是民间组织与政府组织的沟通纽带,必须要树立良好的社会诚信形象,因为公信力是其成功的关键。正如美国卡耐基基金会前主席卢塞尔所言"NGO要有玻璃做的口袋"。换句话说,"慈善组织要尽到自己传递'恩被于物,慈爱于人'的使命。"[①]公信力的概念源于英文词"Accountability",意指为某一件事进行报告、解释和辩护的责任,为自己的行为负责任,并接受质询。NGO的公信力是指NGO作为联系捐赠者和受助者的中介组织,其能否按照组织宗旨公开透明的运行并得到社会的认可。随着网络的发展,

① 刘敏婵.论中国政府与慈善组织的关系[D].西安:陕西师范大学,2006:1.

公益研修组织在网络的放大镜下变得越来越透明。近年来，不断爆出的慈善组织的丑闻使得公益研修在公众心目中的公信力大大下降。因此，建立公益研修组织在乡村学校的公信力，成为公益研修组织工作顺利持续开展的关键。

3. 以现实需求和愿望为导向，激发教师发展的自觉主动性

只有当教师的现实需求得到了满足，才可能有了改变其内在的积极力量。虽然国家在努力缩小城乡教师的差别，但乡村教师需求因个性化特征和各种因素存在着显著的差异。只有以这些现实的需求为导向，才能找到乡村教师主动学习的基点，激发乡村教师主动发展的愿望，从而主动参与不同公益研修项目。

第一，整体把握乡村教师群体的需求特征。乡村学校教师既有工作量和福利待遇方面的需求，又有继续教育学习资源的需求；既有专业理念等认知层次的需求，又有心理与情感等多层次需求。大多数教师的普遍需求主要表现在工作时间和专业发展机遇上，将学生的课外活动和住宿生的生活起居管理工作交给少数教师专门监管、将疲于应付的例行检查数量减少等是他们寻求“解放”的迫切愿望。

第二，乡村教师的个性化需求表现出不同层次和不同特点。青年教师的求知欲望很强，他们缺乏实践和理论经验都丰富的骨干教师的指引，平时学校活动教研次数少，学习机会少，能力上得不到大的提升，专业发展有热情但无方法。针对这类青年教师，可以鼓励他们多参加一些偏理论的研修。教龄较长的教师则希望在近期能有短期的校外培训活动，并希望这种培训活动能确实带来教学上的进步，解决他们的实际教学问题。针对这类教龄较长的教师，可以鼓励他们参加一些偏实践的研修。老年教师是学校内部教学科研的主要指导力量，部分都处于中层管理岗位。针对这类老年教师，可以鼓励他们参与一些偏管理的研修。

4. 加强网络化乡村教师研修模式

无论是网络化乡村教师教育培训、教师研修，抑或是教师运用网络获取教学资源的意识和能力，都有可能通过公益研修项目的开展得到完善。如何利用网络增强“送教下乡”的力度、助力乡村名教师、名校长的培养，这还需要更多现代信息技术人才、公益组织、政府和学校的多方努力。

拓展阅读材料

1. 郑新蓉，姚岩，武晓伟. 重塑社会活力：性别图景中的乡村教师和学校[J]. 妇女研究论丛，2017(01)：5—20.

2. 楼世洲，李士安. 构建城乡中小学教师定期流动机制的政策研究[J]. 教育发展研究，2007，19：1—4.

3. 鲍传友，李鑫. 从“局外人”到“局内人”：中小学教师参与“U—S”合作的角色困境及其转变——基于北京市“U—S”合作项目的调查分析[J]. 教育发展研究，2019，39(08)：73—78.

4. 王瑜，马小婷. 乡村教师社会地位的现实困境与提升策略研究[J]. 当代教育理论与实践，2021，13(01)：37—41.

5. 闫学. 公益教研社群：疫区与偏远地区教师研修的困境与突破[J]. 教师博览，2020(20)：54—55.

6. Ravid R, Handler M G. The many faces of School —University Cooperation: Characteristics of Successful Partnerships[M]. Portsmouth: Teacher Ideas Press，2001.

后续学习活动

在当下社会，舆论导向很容易影响学生的思维，如何培养学生的爱国精神，使其在舆论中能够冷静思考评判？针对这个问题，请你进行一个调查，并设置一个方案，这个方案可以通过与大学合作完成，也可以通过联片教研活动来完成。最后请你对比两个方案的差异。

专题四

乡村学校管理提升与共治

——换一种学校治理的眼光

教育既然是一种社会过程，学校便是社会生活的一种形式……凡能最有效地培养儿童分享人类所继承下来的财富以及为了社会的目的而运用自己的能力的一切手段，都被集中起来。

——约翰·杜威

近年来，随着我国社会的发展和进步，人们越来越多地关注公平，我国政府大力倡导社会公平，而教育公平是社会公平的重要体现。在全国教育发展“十五”规划中，首次将“坚持社会主义教育的公平与公正性原则，更加关注处境不利人群受教育问题”列为教育发展的重要指导原则。[①]“十三五”规划依旧突出强调“教育公平”，包括起点公平、过程公平和结果公平，重点是资源公平。“十四五”规划在此基础上更加关注教育的优质均衡发展。为确保教育公平，缩小城乡教育差距，推进教育优质均衡发展，我国越来越重视乡村学校的发展。然而，广大乡村学校要实现自身的发展，不仅要依靠国家，还要加强自身与家长、所在社区以及地方各级政府及相关组织的合作，逐步实现乡村学校管理的提升与共治。

案例4-1

社会力量参与惠州乡村学校科教活动[②]

三栋镇中心小学代表队获世界教育机器人大赛冠军、河南岸中心小学代表队在第十六届广东省青少年机器人竞赛中获一等奖第一名、演达中学创建了惠州市首个校园“中草药科普园”……“十三五”开局以来，惠州青少年科技教育活动走进乡村，硕果累累。

河南岸中心小学副校长杨文峰介绍，河南岸中心小学同时管辖3个村教学点，他们一直在不断努力加强中心学校与所属村教学点之间的课堂观摩与交流学习；同时，在人财物的配置上，适当向村教学点倾斜，帮助村教学点建立科学室。他认为，不应当过分强调一个学校是否建有科学实验室，是否有“高大上”的科技教育教具，因为往往一块小木板、一支电路笔，甚至于在田间地头盖土浇水，都可以成为学生科技教育的素材。所以，科技教育不应该拘泥于形式，更在于将科学的思维方式融入教学。

相比之下，三栋中心小学所辖的村教学点有7个，要推进学生科技教育辐射至各教学点，难度不小。据三栋中心小学校长张泉兴介绍，三栋中心小学早已开始探索新的方式——安排科技辅导老师到各村教学点“巡

① http://www.moe.gov.cn/jyb_xxgk/gk_gbgg/moe_0/moe_7/moe_17/tnull_210.html.

② http://gd.sina.com.cn/hz/2017-01-08/city-hz-ifxzkfuh6045658.shtml.

教”，以村教学点的科技教育教学条件为前提，因地制宜地按照科技教育内容给学生上课。“我们中心小学的科技辅导老师曾冕还在两年的‘巡教’期内，成了优秀的科技辅导老师。”

几乎在每一所成功开展科技教育的乡村学校里，都有一群默默奉献的科技教育志愿者。他们有来自中科院的老科学家、有来自惠州学院化学与材料工程学院的学生、有来自惠州市中医院的医生和护士……其中，惠州学院的学子们与各乡村中小学结缘，得益于惠城区科协与惠州学院化学与材料工程学院开展的科普共建活动。该活动于2016年6月16日在惠州市东江小学启动，组织大学生科普志愿者进中小学校课堂，给青少年学生做科普讲座，宣传环保、安全、创新、健康等知识。仅去年下半年，就有6支科普志愿宣讲队伍结对到6所小学，4支义教队为乡村学校开展了为期一学年的每月一次科普讲座活动，讲座将达220场，参与的青少年学生人数达1万多人。

“动员家长的力量参与科技教育活动同样重要。真的不是每个家长都能积极支持孩子参与科技实践活动。”科技辅导老师曾冕说，她就碰到过学生是个编程好苗子，又对机器人项目十分感兴趣，但是家长却以怕耽误学习为由，阻挠学生参加相关兴趣小组，而这种时候，老师们也很无奈。如果没有家长支持，那么在村教学点推广青少年科技教育就只能是成功了一半。

案例中的惠州乡村学校科教活动取得了丰硕成果，这不但得益于惠州城乡学校的“结对子”活动，还得益于社会人员的帮助，例如来自中科院的老科学家、来自惠州学院化学与材料工程学院的学生、来自惠州市中医院的医生和护士等的帮助。此外，这还有来自家长方面的支持。乡村学校的硬件和软件设施有限，因此，可以通过和城市优秀学校“结对子”、借助社会力量的帮助及家长的支持来实现自身的发展。

一、基于家长参与的乡村学校管理提升

苏霍姆林斯基曾说过：“教育的完善，它的社会性的深化，并不意味着家庭

作用的削弱，而是意味着家庭作用的加强。只有在这样的条件下才能实现和谐的全面的发展，就是两个‘教育者’——学校和家庭，不仅要一致行动，要向儿童提出同样的要求，而且要志同道合，抱着一致的信念，始终从同样的原则出发，无论在教育的目的上、过程上还是手段上，都不要发生分歧。”[①]家长作为孩子的重要他人，是在孩子的成长过程中对其具有决定性影响的人。家庭是孩子的第一生活场所。同时，在孩子成长过程中，学校是其最主要的学习场所，学校里的人和事对其成长产生重要的影响。因此，家庭和学校是影响孩子成长过程中最为重要的两个因素，只有二者相结合形成教育合力，才能为孩子的健康发展提供强而有力的保障。

案例4-2

家长的冷漠

陈老师是一名刚从师范院校毕业的师范生，她满怀热心地投入到乡村地区的学校中，期望能为乡村学校的发展贡献自己的微薄之力。

陈老师来到某乡村小学，这所学校的教师在年龄结构上存在着老龄化现象，绝大多数教师的年龄都在50岁以上，像她这样刚毕业的年轻教师寥寥无几。陈老师带小学四年级的学生，这个班级有45位学生，她发现班里的学生学习积极性不高，上课迟到、早退、旷课现象严重，作业不按时上交，考试成绩很不理想，课堂氛围死气沉沉，更有很多男孩子上课无精打采、“形在而神不在”。她在思考到底是什么原因导致学生这样的表现？

为此，她倡议在学校举办一个“家校共育”的活动，意在通过这个活动向家长宣传孩子教育的重要性，鼓励家长多了解自己的孩子。她和校长谈论自己的想法，但是校长不是很支持她，而其他的教师更是反对她的想法。这些反对她的教师大多是年龄较大的教师，他们都在等待着自己退休的那一天……陈老师经过和校长的反复交谈，校长才同意仅在她所带的班级试举办一个“家校共育”的活动。

于是，陈老师在周一放学的时候，将一份邀请信发给了全班的学生，

① B.A.苏霍姆林斯基.给教师的建议[M].杜殿坤，编译.北京：教育科学出版社，1984：397.

并且要求他们回家后将这封邀请信交给他们的父母。

致家长们的邀请函

这周五下午2:30，我们将在班级举办一次“家校共育”的活动，主题是家长参与。诚挚邀请您，请您于周五下午2:30之前到达班级。

结果，周五下午的活动，只有6位学生的家长来参加。校长和其他教师建议陈老师取消这次活动，因为参与活动的家长太少了，而且在场的家长多为学生的祖父母，并不具有代表性。

陈老师举办了一次“家校共育”的活动，以提升家长对学生的重视度，但是，来参加这次活动的家长太少了，其中大多为学生的祖父母。从一定意义上来说，反映出家长对学生的教育的重视不够。而校长及其他教师的不支持，也反映了乡村学校的管理层及部分教师对家长参与学校管理的不支持态度。然而，如果我们能使家长参与学校管理，那么就可以让家长和学校共同承担起育人的责任。

（一）反思家长参与乡村学校管理的现状

家长参与乡村学校管理，顾名思义，就是指在乡村这个特定的环境中，家庭和学校为实现中小学学生的全面发展，在平等的基础上沟通、协作，最终实现优势互补的一种教育管理过程。父母是孩子的重要他人，是孩子的第一任老师，家长参与学校的管理对学生的发展起着重要作用。但目前在家长参与学校管理中存在着很多不足。

1. 家校双方对家长参与乡村学校管理的认识不到位

在关于家长参与学校管理的观念上，学校、教师和家长的认识不一。有的调查发现，教师普遍认为家长没时间、没有能力参与，学校也没有相应的制度与机构。[①]乡村学校家长的文化水平普遍不高，学校方面担心家长由于知识储

① 张云，卢芳，漆淑萍．家长参与学校管理的障碍及对策［J］．科教文汇，2008（01）：18.

备不够，在学校管理中只会“瞎指挥”，从而阻碍学校的正常管理，影响学生的健康发展。对于乡村家长而言，他们一方面认为学生到学校就应该由教师来负责，家长无须参与学校的管理事宜；另一方面则因自身能力有限或者工作繁忙而有心无力，对参与学校管理的兴趣不高，认为学校管理应该由文化水平较高的人来参与，即使被迫参与学校管理，也只是随意应付。

2. 家长参与学校管理组织形式较为单一且流于形式

家长参与学校管理的组织形式较为单一。家长委员会是目前家长参与学校管理的最主要的组织形式，它的运行状况反映着家长参与学校管理的程度。但据调查，关于学校是否设立家长委员会的问题，家长中表示有设立的占31.6%，表示不清楚的占59.7%，表示没有设立的占8.7%；高达67.3%的家长不清楚学校有无关于家长委员会的文件；16.5%、16.3%的家长分别明确表示学校有、没有这方面的文件；有79.1%的家长不清楚家长委员会的活动频率，71.5%的家长表示不清楚家长委员会运行和发挥作用的情况。[①]由此看出，很多学校即便设立了家长委员会，也只是流于形式，并没有实际运行和发挥作用。

3. 家长参与学校管理关注的内容狭窄

家长参与学校管理的内容应当是多元的。爱泼斯坦（Epstein）对家长与社区参与学校事务管理的表征进行过较为明确的归纳，即主要包括人事、财经、课程设置及内容、工作评价、改革计划认可、政策制定这六大方面的工作。[②]当前，我国家长参与学校的管理主要集中于学校教学方面，关注的内容主要是学生的学习成绩，在其他方面参与得不够或完全不参与。例如：学校会在每个期末召开家长会，向家长汇报学生本学期的学习情况，在班级教学方面听取家长的意见，以优化教学安排。但除此之外，对学校整体的规划、教师工作的评价等方面几乎没有家长参与的空间。

（二）认识家长参与乡村学校管理的意义与原则

苏霍姆林斯基曾说：“教育的效果取决于学校和家庭的教育影响的一致性。

---

① 王帅.家长参与学校管理现状的实证研究——以上海市10所普通小学为例［J］.上海教育科研，2012（02）：31—35.

② 邱兴.家长参与学校管理的中外比较研究［J］.外国中小学教育，2006（12）：25—28.

如果没有这种一致性，那么学校的教学和教育过程就会像纸做的房子一样倒塌下来。”[①] 教育是一项系统工程，无论是单凭哪一方的力量都将很难完成教育的全部使命，它需要学校、家庭和社会统一教育目标，密切合作。因此，家长参与学校管理，对乡村社会、学校、家庭及学生具有深远的意义。

1. 家长参与乡村学校管理的意义

第一，对乡村社会发展的意义。我国是农业大国，农村人口占全国总人口的绝大多数，乡村是我国社会发展的重要基础。英国经济学家舒马赫指出了发展中国家的症结在于农村问题和使农村生活活跃起来的问题。[②] 舒马赫认为："最好的援助是知识上的援助，是赠与有用的知识。赠与知识比赠与物质不知好多少倍。原因很多。不是在真正努力或者牺牲的基础上获得的任何东西都不会真正变成自己的东西。赠与物质财富，接受者不经努力或牺牲就可得到，因此很少变成'他们自己的'东西，而且往往当作意外的收获来看待。赠与精神财富、赠与知识则完全是另一回事，接受者一方如果不付出必要的努力，就等于没有赠与。"[③] 换句话说，教育是改变乡村地区的关键，家长只有亲身参与教育的改革、付出必要的努力，才能有所改变。

乡村社会结构、文化知识和意识观念的改变促使乡村的教育领域也发生着深刻的变化。同时，这一切变化也对乡村人才规格提出了新要求，具体包括具备专业的科学文化知识和良好的心理素质，具有终身学习和竞争的意识，具有健全的法制观念等。但是，乡村中小学生的成长过程充满了越来越多的选择和困惑，他们面临着更加复杂的成长环境：乡村经济和社会的发展为他们提供了开阔视野和接触新鲜事物、增长知识的有利条件，同时，部分不良文化也通过各种途径渗透在他们的生活之中，道德规范的缺失、价值观的扭曲使他们的成长道路充满着种种障碍。这仅仅依靠学校的力量是远远不够的，还需要家庭、学校及社会共同努力。

因此，家长参与乡村学校管理具有重要的意义。家长参与乡村学校管理可以更好地了解学生在学校的表现，有利于规范学生的学习行为，减少学生面临

---

① 魏智渊．苏霍姆林斯基教育学（下）[M]．桂林：漓江出版社，2014：379.

② 郝振君，李晓红．舒马赫的发展中国家乡村发展与教育理论述评[J]．宁夏师范学院学报，2007（04）：126—129.

③ E. F. 舒马赫．小的是美好的[M]．虞鸿钧，郑关林，译．北京：商务印书馆，1984：133.

的困境，进而提高学生的学习成绩和道德水平，从而提高乡村学校培养学生的质量。乡村学校的教育质量提高对乡村社会的经济的发展、文明程度的提高都有着重要的促进作用。

第二，对乡村学校教育的意义。学校教育是有目的、有计划、有组织地对受教育者进行培养教育的活动，学校是学生接受专门的、系统的教育的主要教育场所。在全球化快速发展的今天，学校教育也越来越多地受到来自社会各个方面的影响与挑战，故步自封的学校教育已经不能适应社会发展所不断提出的新要求。学校教育必须努力吸纳与接受各种社会力量，尤其是要加强与学生家长的沟通合作，才能更好地促进学生的全面发展。

在乡村地区，受传统的道德观念及价值观等负面影响，乡村学校的道德教育很多时候不能起到应有的作用。而乡村中小学生由于其父母长期在外打工，家庭教育的缺位使得部分学生存在着心理健康问题，例如性格内向、孤僻、孤独、自卑等，在学校里不听教师的教育，与其他同学交往困难；还有的学生尤其是学习困难的学生由于在家庭中和学校里得不到归属感，而与社会上的不法分子产生联系，极易走上违法犯罪的道路。在造成学生的这些问题的原因中，不但有社会的不良影响、学校的教育不足，还有家庭的教育缺失。乡村学校在对这些学生的管理中往往是心有余而力不足。

家长参与学校管理不仅能加强对学生的管理，减少学生的心理健康和道德问题，还有助于更好地发挥学校的教育功能。另外，家长的参与也有助于学校管理体制改革的顺利开展，并能提高学校管理的效能。

第三，对乡村家庭教育的意义。家庭教育是个体社会化过程的关键，具有其他教育形式不可比拟的优越性，乡村家庭教育也不例外。近些年来，随着我国教育体制改革的不断深入，乡村教育有了很大的发展，但是，在总体上并不是很乐观，其中乡村家庭教育的滞后是一个重要的因素。乡村家庭教育依然不可避免地存在着种种弊端和局限性，具体包括：其一，由于受到经济、生活等条件的制约，家长仍然为生计犯难，为生活奔波。他们无暇顾及孩子的教育，对社会各个方面的发展变化以及社会环境的改变很难做出有效的反应，致使部分家庭生活和社会生活相隔绝，家庭成员很难接触到社会发展所带来的种种信息和成果，这种家庭环境相对简单、封闭，极其不利于孩子的成长。其二，由于传统封建的家庭教育观念根深蒂固，严重束缚了乡村家长教育观念的改变与发展，存在着部分家庭教育意识淡薄、教育观念落后的现象。乡村家长强烈希望孩子成才(望子成龙、望女成凤),但是又不受控制地随意使用家长权威、家长主义等陈旧的观念来压抑孩子个性的发展,极其不利于孩子的身心健康。其三,乡村家长教育方法的不当普遍存在。由于大多数乡村家长的文化程度和知识层次不高,在对子女的教育管理上也缺乏正确的方法,存在着“严而无格、宽而无度”的偏颇。

乡村家庭教育中的种种局限与弊端,单靠家长的力量显然无法很好地解决,只有认清乡村家庭教育的优势和局限两方面的特点,通过家庭、学校和社会互相合作,努力克服各自教育中的局限性,充分利用优势,才能发挥教育的巨大功能。在一定程度上,家校合作的建立有利于父母更好地了解孩子,改善与孩子之间的关系。

第四,对乡村学生发展的意义。儿童时期是人的一生中身体和心理发展的关键期,也是一个人最容易接受教育的关键期。在这个时期,人的精力旺盛,朝气蓬勃,人的智力因素(包括观察力、记忆力、想象力、思维能力尤其是创造性思维能力)和非智力因素(包括兴趣、需要与动机、情绪与情感、意志、气质、性格、理想、信念等)都得到空前的发展,从而为人的一生发展奠定基础。

中小学生正处于他律阶段,是正在成长中的人,他们缺乏自律意识,需要依靠学校、家长及社会各方面的约束来规范自身行为。但乡村中小学生由于家庭教育的缺位、学校管理的淡薄、社会环境的不良等形成了许多问题,例如有的学生逃学混社会,有的学生价值观畸形,还有的学生尤其是女学生成为受侵害的高危群体。据“女童保护”的统计显示,在性侵儿童案件发生的地区方面,受害者为农村(乡镇及以下)儿童的有329起,占比75.98%。[①]

因此,家长参与学校管理可以更好地对中小学生进行日常管理,保护学生的身心安全,形成教育合力。家长参与学校管理还可以更多地了解学生在家庭和学校里的表现,进而有针对性地对学生采取教育措施,提高学生的学习成绩、道德水平,规范学生的行为,端正学生的价值观念。

① http://mt.sohu.com/20170303/n482308460.shtml.

2. 家长参与乡村学校管理的原则

众所周知，家长参与乡村学校的管理，其一，有利于吸收更多家长来参与学校的教育决策，解决目前学校教育中存在的问题，充分发挥学校和家庭各自的优势，用家庭教育来弥补学校教育的不足之处。其二，学校教育也可以对家庭教育进行必要的指导，再用家庭教育来帮助和增强学校教育，即合作双方可以互相学习，取长补短。由于受学校方面、家庭方面、社会文化方面等多因素的影响，要增进家长参与乡村学校管理的实效性，学校和家庭应该遵循一定的合作原则。主要包括以下几个原则：

第一，相互尊重与目标一致原则。长期以来，学校往往把家长看成是教育的对象或教师的助手，学校和教师并不把家长看作平等的合作伙伴，而更多的是偶尔向家长宣传一些教育思想，帮助部分家长改变错误的教育观念，或者要求家长协助、配合教师完成日常教育教学工作。这些仅仅是一种单向信息输出，而不是双向的互动交流。要转变这种局面，实现家长有效地参与学校管理，乡村学校就需要在合作过程中遵循相互尊重和目标一致的原则，实现家长与乡村学校的双向互动。

其一，合作双方要互相尊重。尊重能够满足人的基本心理需求，只有合作双方相互尊重，以诚相待，才能为家长有效地参加学校管理创造前提。家长作为教育的一方力量，享有教育者的主体地位，有权知道学校的教育状况、孩子在学校的学习和生活情况等。教师要尊重家长的权利并欢迎家长走进课堂听课，观察孩子在课堂上的表现，了解孩子的课堂效率和教师的授课情况。与此同时，对于教师的辛勤劳动，家长也应该给予尊重，不随意进行评论和批评。

其二，家长和学校要目标一致。教师和家长扮演不同的角色，教师通常扮演着组织者、交流者、激发者、咨询者的角色，家长多扮演合作者、交流者、参与者等角色。不管是何种角色，双方都是合作的关系，都需要发挥家庭和学校的优势，互相弥补不足，让学校教育指导家庭教育，最终使家庭教育再来支持和强化学校教育。因此，教师和家长应该相互尊重的基础上，共同制定双方合作的目标，即要以学生为出发点和中心，以提高教育质量、完善教育措施、促进学生的全面发展为共同目的。

第二，信息共享原则。家长参与学校管理，其实质也就是家长和学校关于共同的目标主体——学生而进行的合作。而合作最重要的是学校和家长之间信息的交流，在合作过程中，合作双方的地位及合作态度会受到信息拥有量的直接影响，因为信息拥有量的不对称很有可能产生误会与分歧，甚至引起冲突。如果教师与家长的关注点不同，在沟通过程中没有站在对方的角度、倾听对方的愿望、进行换位思考，那么就很可能无法满足彼此的愿望，最终导致不欢而散。

因此，学校和家长双方应该通过信息的交流，了解彼此的需要，保持信息的共享。充分共享信息，不单是信息本身的发布传播，更重要的是让学校和家长双方感受到信息的可获得性。这就需要学校和家长双方发挥主动性，一方面家长要及时告知教师学生在家的表现，另一方面教师也要及时告知家长学生在校的表现，让学校和家庭两个空间的信息得以互换。在信息共享之后，双方还要及时给以对方反馈，从而保证学校和家长双方的合作在平等的基础上全面、高效地进行。

第三，高效性原则。家长在参与乡村学校管理过程中存在着很多问题，主要包括：其一，乡村家长多为经济所迫，常年工作，缺乏休假时间。其二，有些家长文化水平低，对孩子教育的重视程度不够，参与学校管理的积极性不高，能力不足，有心无力。其三，学校教师忙于应付各类竞赛和各类考试，对家长参与学校管理的重视程度不够，精力不足，敷衍了事。

乡村学校学校每学期开展的家校活动次数并不多，因此要尽可能提高每次家校合作的效率。具体有以下方式可以参考：一是鉴于家长白天忙于工作，学校可以建立网上交流平台，在这个平台上对学校的管理事务进行讨论，方便家长在空余时间献策。二是采取多种方法，对家长进行一定的价值观教育，提高家长对教育的重视程度，把家长的积极性和主动性都调动起来。三是学校内部相应地减少教师日常教育教学工作之外的工作量和应试绩效压力，给教师充足的时间与家长交流。此外，学校可将促进家校合作、帮助家长参与学校管理作为教师评价的一部分。

（三）开拓家长参与乡村学校管理的路径

随着社会的发展，教师专业知识、技能的提高，家长受教育程度、教育观念的改变，以及乡村教育中的一体化发展，都为家长参与学校管理提供了可能。传统的家长与学校的交流方式仅限于家长会、家访、家校通、给家长（学校）的一封信、电话等，在这些方式中，家长只是作为参与者，更多的是服从学校及教师的安排，并没有真正参与学校的管理。如果乡村学校长期固守着这些过于形式化、简单化、僵硬化的方式而没有改变和创新，这对于学校的发展、学生的成长、家庭的发展等来说都是不够的。因此，乡村学校如果要促进学校的发展，提升学校的教育管理水平，就必须做出改变去主动探索与借鉴有效的家长参与学校管理的方式，并结合自身的特点，在传统合作方式的基础上加强改善，注重创新。

1. 改革家长会

召开家长会的目的是要促使家长与教师互相理解和支持，使家庭与学校向学生提出同样的要求，始终从同样的发展要求出发。而如今，许多家长会要么是校长或年级主任讲话，主要是教导家长怎样教育孩子，且讲话多为道理说教，认真听的家长往往很少；要么是各班班主任老师讲话，主要是介绍全班同学的基本学习状况，并指导家长如何辅导孩子的学习。在家长会上，家长对孩子以及班级的其他情况，包括道德品质、性格发展等所知甚少。在整个家长会上，家长只是被动的“接收器”，没有什么发言的机会，这种形式只是学校向家长单向的信息传递，还没有构成二者之间双向的信息交流，“合作”的效果也就可想而知了。家长会是家长与教师进行双向交流、互动的极好机会。改革现有的家长会，可从以下几个方面着手处理：

第一，家长会要以学生的全面发展为前提，充实家长会的内容。当前，很多家长会往往关注学生的学习情况、学习成绩以及学习上存在的不足，而忽略了德育、美育等方面的教育。其实这些被教师和家长忽略的方面，正在潜移默化地影响着学生的全面发展。随着社会的发展，现代社会对人才的要求也越来越高，不仅专业知识要过硬，道德品质、交际能力更要出众。乡村学校要顺应社会的需求，也要培养全面发展的人才。其中，道德品质是社会稳定的关键因素，这就要求学校首先要做好学生的德育工作。学校要倡导“德育为先”，同时也要在家长心中树立这个观念，所以学校可以充分利用好家长会，重视家长会内容的多样性。除了交流学习成绩，学校还要在家长会上宣传德育内容，让家长意识到德育的重要性，让家长能在日常生活中有意识地加强孩子道德品质方面的教育，使家庭教育与学校教育形成合力，以更好地达到教育目的。

案例4-3

家长会可以这样开[①]

在教师眼里，家长会是一吐为快、畅所欲言的最佳场合。在家长眼里，家长会不能缺席，怕今后教师“冷落”自己的孩子。在学生眼里，家长会后，“冷空气急剧到来，天气突变”。为什么家长会得不到拥戴？我们心知肚明。那我们不妨这样开：

家长会次数：开学初、学期末各一次。

家长会时间：2—3小时。

参加人员：教师、家长、全体学生。

流程设计：

（1）设计邀请函。学生自己制作邀请函，教师适当指导。学生希望哪位家长来开家长会，就把邀请函送给谁。

（2）感恩教育。让学生观看视频，内容可以是教师忙碌的身影，也可以是家长为生计而奔波的劳动场面。观看的目的是让学生学会感恩。

（3）学生展示。学生自选展示的内容：如作业、测验试卷、荣誉证书、在家里的劳动成果等。如果学生没有展示的实物，可形成文字进行交流，最后由家长评选出优秀作品。

（4）学期总结。针对开学初制定的目标，总结得失，并由家长评选“说话算话”的好少年。

（5）家里表现。家长先要肯定学生的优点、进步，再提出希望。

（6）家长交流。家长交流教育孩子的经验，教师和家长探讨今后一段时期学生教育的侧重点。

（7）教师总结。总结本学期取得的成绩，查找不足，安排学生假期生活，畅谈今后努力的方向。

如果家长会这样开，还有哪个家长不愿意来？还有哪个学生怕开家长会？这样的家长会既尊重了家长，又增进了教师、家长、学生三者之间的感情。

① 徐天海，吴启花. 家长会，如何创新[N]. 中国教师报，2013-12-18(016).

上述家长会中的“学会感恩”这一环节就是德育的融入。家长会不是“告状会”，而是让家长与孩子、教师与家长关系进一步融洽，彼此进一步成长的“场”。用感恩教育的视频来充实家长会的内容，既可以让家长会更具教育意义，又可让孩子们学会感恩。

第二，家长会要改变“教师讲、家长听”的局面，给予家长话语权。传统的家长会都是教师“授课式”的，教师在讲台前讲，家长坐在下面听，教师讲得口干舌燥，家长听得心不在焉。试问这样的家长会效果几何？与其这样，不如将话语权交还家长，双向交流才是有效的交流，家长也应该有倾听与被倾听的机会。其一，给家长说话的时间。家长会的时间一般是2个小时左右，教师应尽量做到向家长单向传达的内容简洁。有些内容如班级活动和班级安排等能用文字表达的内容，教师可印发给家长，还可利用好班级环境，将学生的一些作品展示在教室黑板报等地方，让家长在会议开始前有时间浏览，这样既可节省开会的时间，又可留给家长充足说话的时间。其二，让家长有话可说。教师可事先向家长征集家长会的主题并把主题告诉家长，避免家长们对家长会一无所知缺乏准备。因为这样的家长会主题来自家长，是家长所关心的，所以他们会愿意参与；事先知道家长会的内容又使家长在心理上有所准备，这两点是家长有话可说的保障。在召开家长会的过程中，教师还要调动情绪，创造一个平等和谐的交流场景。家长说话时教师要注意做到：眼睛注视发言的家长并用形体语言表示鼓励；不要轻易打断家长的话，也不要急于给予太多的评价，更不要急于下结论、急于解释；承认对方所说内容的重要性并给予肯定；在家长说话的过程中，教师要做一个好的倾听者。①

第三，家长会举办的形式、时间、地点要灵活机动。家长会的举办要考虑乡村的具体情况，灵活安排。其一，学校在选择家长会召开的时间时，要从家长的角度出发，避开农事繁忙的季节，这样才能保证家长会的上座率。其二，针对乡村地区大量留守儿童的直接监护人很多只有在春节才返乡这一情况，学校可以在寒假增开一次家长会，线下或线上皆可，这样可以保证尽可能多的家长了解子女在学校的情况，争取更多的家长参与到合作中来。其三，家长会的召开地点，学校要考虑学生家庭与学校距离的远近情况，征求家长们的意见，选择折中

---

① 刘秀英.家长会新模式的行动研究[J].教育科学研究，2010(07)：41—43.

的地方，不一定非要局限在学校。根据家长会的具体内容安排场地，操场、大自然中的其他地方都可以作为选择场地之一，在宽敞的空间里实现互动沟通。其四，家长会的形式要多样化，如交流式、对话讨论式、展示式、专家报告式、联谊式、参观游览式等，教师可以根据具体需要以及家长会主题选择恰当的方式。[①]例如，由教师组织、学生表演、家长观看为主要内容的家长会，不仅可以促进教师、学生、家长三方互动，也有益于营造良好的家校合作氛围。

案例4-4

分层式家长会[③]

家长会召开前的半个月，我通过和学生谈心，了解了每一位家长的特点，然后把48名家长分成了望子成龙型、骄纵溺爱型、原始放牧型3大类，用3个晚上分别召开了不同形式、不同内容的家长会。

第一晚，召开望子成龙型家长会。这类家长喜欢把全家人成功的希望"押宝"到学生身上，对学生的要求极其严格，虽然大多数学生学习优秀，但存在压力很大、郁郁寡欢的现象。家长会开始，我先让这些家长逐一谈出自己对孩子的期望，然后再播放这些学生在学校里的剪影图片，边看边和家长分析学生的自身条件、兴趣、爱好和特长，最后与家长达成共识，望子成龙是对的，但不能要求苛刻，要给学生适当减压，营造舒适的学习环境，让他们得到充分自由的发展。

第二晚，召开骄纵溺爱型家长会。这类家长对学生的吃、穿、行动、学习等都照顾得无微不至，并且有求必应，"制造"了许多免疫力极差的学生。我首先让这些家长观看他们孩子表演的小品《爸爸妈妈，放手吧》。接下来，我播放了平时收集的如运动会、主题班会、课外活动的录像和照片资料做成的片段剪辑，让家长在观看中全面、直观地了解孩子的在校情况。最后，让家长谈今后教育孩子的做法与打算。

第三晚，召开原始放牧型家长会。这类家长多出现在打工家庭或问

① 庞雪群．基础教育课程改革背景下的家校合作模式思考［J］．教育教学论坛，2012（04）：19—20．
② 徐天海，吴启花．家长会，如何创新［N］．中国教师报，2013-12-18（016）．

题家庭，父母或忙于打工挣钱，或婚姻破裂，无暇顾及子女，导致问题学生出现。家长会前，我让学生们写了一封“爸爸(妈妈)，我想对你说”的长信。家长一到学校，首先通过信件了解学生的内心状态及呼声。接着，我播放了几个因为家长放任自流而使孩子走上犯罪道路的视频。然后，我再逐一分析学生的在校表现，并和家长签订“家庭教育责任书”，用责任意识唤醒家长对孩子的关怀。

召开分层式家长会，一方面说明了教师在家长会前有十分充足的准备，大致了解自己的学生分别来自什么样的家庭，并根据实际情况做出安排；另一方面，教师这样做能更加有针对性地与家长沟通孩子的教育问题，而不是泛泛而谈、没有抓住问题的本质，是教师送给家长的贴心服务。在一般性家长会举行后，教师也可以再召开这种分层次、分类别的小型家长会。例如，针对存在某一共性问题的学生的家长进行主题式的交流。

第四，家长会后的进一步沟通也不容忽视。对于有些问题，家长会中的短时间交流可能无法解决，这时候教师就要加强会后联系，采用个别化沟通的方式。家长会后，教师可再单独与家长交流，或根据学生的不同情况再举行小型家长会。如学生干部家长会，针对这一群体的特殊性，与家长进行沟通交流，如何指导学生学习与工作两不误，有利于进一步提高学生的全面素质；学习困难学生家长会，这样的学生更需要家长的支持和关心，教师可在家长会上讲授一些指导学生改进学生学习、提高心理素质的策略，供家长学习吸收；纪律较差的学生家长会，也就是所谓的“问题学生”家长会，父母陪伴、爱的缺失是很重要的因素，他们的家长更要注意在教育学生方面投入更多的精力，与学校合作、与教师合作，完善学生的道德人格，养成良好的行为习惯。不管是哪一种家长会，教师在会后还可向家长们征求家长会的意见，因为家长的评价和意见对于家长会的完善和学生的成长都是至关重要的。教师应倾听家长的每一条建议，做好记录，并在思考之后及时给予反馈。

2. 建立家长委员会

家长委员会是学校中由家长代表组成的群众性教育合作组织。其任务是：一方面，代表家长协助学校工作，参加学校教育计划的讨论，反映家长和社会的要求，支持学校教育计划的实施；另一方面，协助学校做好家长工作，动员家长为学校教育创造良好的外部环境，帮助教师开好家长会，做好个别家长的工作。随着教育改革的不断深入，家长参与学校教育和管理的重要性逐渐成为我国许多教育研究工作者的共识，传统意义上的途径主要是以家长委员会为主。①然而，家长委员会参与学校教育管理的现状却令人堪忧。有调查研究显示：许多学校没有设立家长委员会，即便设立了家长委员会，也往往流于形式，家长委员们没有真正的"话语权"，有些家长委员会成立之后就没有再举行过活动，基本没有发挥任何联系和沟通家长与学校、监督学校发展的作用。②乡村学校的家长委员会情况更加不容乐观。关于家长委员会这一组织，家长们也感到十分陌生。至于是否愿意成为家长委员会的一员，参与到学校教育中来，家长们大多望而生畏，参与的积极性非常低。由此，因乡村家长的自身问题，使得乡村学校的家长委员会很难参与到学校教育管理中，即使有部分学校已经建立了家长委员会，也大多是名存实亡。如何改变这种现状，可从以下几点出发：

第一，建立规章制度，规范乡村学校家长委员会的日常管理。家长委员会作为乡村学校中一种新兴的组织形式，作为家长和学校交流的桥梁和平台，完善其规章制度是首要工作，也是保证正常运转工作的关键。规章制度作为实现目标的有力措施和行为规范的模式，能够促使活动合理开展。同时，规章制度也是维护共同利益的一种强制手段。家长委员会应该在学校领导的指导以及相关处室的协助下开展工作，并严格制定组织章程，从不同层面加以规范，明确家长委员会的宗旨、成员的权利和义务等。比如：《家长委员会产生办法》具体详细地规范家长委员会成员的选举及组成等事宜；《家长委员会章程》是全体委员会成员共同的行为准则；《家长委员会工作制度》是用来规范家长委员会工作的行为准则。学校在完善这些规章制度时应注意结合学校的具体情况，而不是盲目地照搬照抄，更不是使这些章程成为一纸空文，重要的是使家长委员会工作有章可循、严格规范，逐步形成比较完备的工作运行机制。在案例4–5

① 赵刚.家长教育学[M].北京：教育科学出版社，2010：257.

② 王帅.家长参与学校管理现状的实证研究——以上海市10所普通小学为例[J].上海教育科研，2012(02)：31—35.

中，山东省两所小学在这方面的做法值得借鉴。只有在一定规章制度的约束下，教师及家长才会有一个明确的共同需要遵守的准则，为各项工作的开展提供便利；教师才会摒弃传统的教师高高在上的权威意识，接受来自家长们的监督。

案例4-5

家长委员会规章制度建设[①]

在山东省家长委员会工作有序推进的过程中，山东省济南市舜耕小学的家委会工作尤为突出，走在了所有学校的前列。以舜耕小学为例，该校家委会组织以舜友会命名，并设置了《舜友联合会章程》，从总则、组织和职责、权利和义务、会议、联系方式、总结表彰、附则七个方面进行了规范，形成家委会的指导性文件。舜友会实行校级、年级、班级三级管理制度，分级管理，层层落实职责，确保工作有序开展。除此以外，学校还制定了《家长委员会会议制度》《家长委员会提案制度》《家长委员会议事制度》《家长委员会“家长义工”制度》等，切实做到了有法可依、有章可循。[②]

笔者所在的学校——洮西小学也借鉴了山东省部分学校的家长委员会建设的经验，根据学校实际情况，制定了《家长委员会章程》，并从组织和职责、权利和义务、总结和表彰等方面进行了规范，成为该校家长委员会工作的指导性纲领。此外，学校根据实际情况还制定了《家长委员会“办公日”准则》《家长委员会“家长志愿者”守则》等，在制度的规范下，该校的家长委员会工作正秩序井然地开展着。

舜耕小学和洮西小学在家长委员会制度建设上投入了很大的精力，为其家长工作的顺利开展提供了很好的保障。如果没有这些制度、规则的约束，家长委员会可能更容易陷入形式化、表面化，反而阻碍学校的管理和发展。

---

① 汤岚.农村小学家长委员会参与学校教育管理研究——以苏南J市为例[D].南京：南京师范大学，2014：47.

② 张志勇，关延平.托起明天的太阳：山东省中小学家长委员会工作案例选编[M].青岛：青岛出版社，2011：2.

第二，保障家长权利，促使乡村家长主动参与学校管理。家长有对学校教育的知情权、监督权和参与权等。现代学校制度建设中有一个很重要的制度设计和理念就是民主监督。如何保障家长的这些权利，让家长有效地监督学校办学和自主管理？家长委员会是重要的桥梁与纽带。学校首先应该认识到家长委员会的监督管理功能，应主动接受来自家长委员会的监督，尤其是在办学方向和规范办学等方面，必须向家长委员会进行通报，同时还应尝试通过多样化的渠道广泛宣传，比如学校公开栏、家长会等，通过多种方式向家长公开信息，接受家长的监督。学校发展规划和学年度工作计划的制定以及教育教学质量体系提升年方案等，都可邀请家长委员会的成员参与讨论，让大家畅所欲言、各行己见，为学校的教育教学管理工作出谋划策。家长委员会成员应广泛收集家长们的建设性的建议和意见，并及时向学校传达。虽然部分乡村家长的知识文化水平不高，但也要尊重他们的建议和想法。学校在收到家长的建议后绝不懈怠，应积极讨论，不断改进，加强落实。学校扩大向家长开放的内容范畴，允许家长委员参与学校教育的各个方面，实现家庭与学校合作层次由知情层次向决策层次的逐渐上升。

案例4-6

让家长委员会驻校办公[①]

扬州市新星小学　杨金珍

《教育部关于建立中小学幼儿园家长委员会的指导意见》中，将学校家长委员会的基本职责定为“参与学校管理”。然而，不少学校的家长委员会却处于尴尬地位。一方面，家长委员会游离于学校管理体制之外，即便发挥作用也只是“边边角角”；另一方面，学校也心存顾虑，只希望家长委员会能“为我所用”，不愿让家长委员会过多地参与到学校的教育教学管理中。如此情形之下，家长委员会是无法真正发挥作用的。要想改变这一现状，无疑需要学校拿出真心与诚心，创设家长委员会驻校机构，这样才能让家长委员会真正参与学校管理。

学校要做好家长委员会的组织建设工作。家长委员会的成员可以采

① 怎样才能让家长委员会真正参与学校管理？［N］.江苏教育报，2013-05-10(004).

取推荐与自荐相结合的方式，通过差额选举方式产生。唯有如此，才能真正选出有时间、有精力、有能力、有责任心的家长参与到学校的管理中来，保证家长委员会工作规范、有序、高效的开展。

学校要明确家长委员会的职责范围，这是确保其“依法、规范、有序、有效”开展工作的前提。家长委员会除了帮助学校做好德育工作、安全教育工作、推动减轻中小学生课业负担以及化解家校矛盾等工作，还应有权参与学校决策，对事关学生、家长切身利益的措施拥有决定权。学校还应鼓励家长委员会积极参与到学校教育教学评价中来。

学校要为家长委员会提供便利、良好的工作环境，让家长委员会委员轮流驻校办公。这样，学校就可以及时向家长委员会汇报教育教学工作计划，随时邀请家长委员会委员列席学校的重要会议，参与重要决策，让他们充分享有知情、参与、监督和评议的权利。同时，家长应充分发挥自身的专业优势，为学校开展活动提出建议、提供支持，从而真正促进学校工作，实现家校共赢。

学校可将家长的知情权、选举权、决定权等都囊括并体现在了他们参与家长委员会的过程中，让家长的权利得到切切实实的维护。在各项权利得以维护的前提下，家长们参与学校管理的积极性也会随之提高，这对于学校的管理、学生的发展都有着很大的促进作用。

第三，挖掘乡村资源，丰富乡村学校家长委员会的活动。乡村学校要想充分发挥学校家长委员会的作用，促进家长积极参与学校教育活动，增强活动实效，就需要深入挖掘乡村特有的资源。家长是家长委员会的主体，也是家长委员会的人力资源库。也许在一定程度上，乡村学校家长们的文化水平不如城市的家长那么高。但是，乡村也有乡村的特色，应大力挖掘带有乡村特色的资源，扬长避短，开展具有乡村特色的学校家长委员会活动，从而促进乡村学校的家校合作工作更加有声有色地开展。例如：洮西小学接受了“家委会议事厅”提出的“家长走进校园”的意见，考虑了乡村家长忙于农活以及外出打工的各种原因，把家长最空余的时间——三月和十月的第二周设立为该校的“家长开放周"。在这一周内,家长可以根据自己的时间安排,提前与班主任和任课教师约定好时间进入校园。家长当天便可以持预约卡走进校园,走进教室,走进课堂,了解学校的教有教学情况,了解孩子的在校情况,实现与学校最为亲密的接触,大大促进家校的情感沟通。[①]乡村家长中有土生土长的种田大户、有蘑菇、草莓、西瓜种植专业户、有养鸡专业户、有瓦匠、木匠、漆匠等手艺劳动者。乡村学校就可以通过挖掘乡村特色资源,努力寻找拓宽学校教育的渠道。比如:利用校园的一块空地开辟学生的种植基地——"开心农场",邀请经验丰富的家长来讲解示范,让学生也体验一番种植与收获的乐趣。

3. 创建网络交流平台

网络交流平台具有高效快捷的特点,只要具有一部手机或一台电脑,就可以进行交流,它节省了很多交流的时间成本,成为当今人与人交流的主渠道之一。尤其对于乡村地区长期在外务工的家长来说,网络交流无疑比传统的交流更具吸引力和实效性。因此,创建网络交流平台是家长参与乡村学校管理的一个必要措施。具体来说,目前应用较多的方式有以下几种:

第一,建立学校微信公众号。随着信息通信技术快速发展,我们的生活进入了网络化时代,学校可以利用网络技术建立一个全校的微信公共平台,在公共平台上发布学校管理和学生的相关信息、发布有利于家长成长和学生成长的相关文章、展示学生的优秀文章等,以便于家长及时了解学校和学生的具体情况。与此同时,家长也能通过微信公共平台直接与学校管理人员联系,可以就学校的管理提出自己的建议。

第二,建立班级微信群、QQ群。乡村学校可由班主任或任课教师创建班级微信群、QQ群,逐步形成常态化的沟通机制。在这些群里,教师可借此及时向家长传递学生在学校的表现以及学生学习的情况;家长也可以借此与教师及时地沟通交流,彼此交流教育过程中的问题。家长与教师形成合力,共同为促进学生的进步而努力,共同促进学校的不断发展。

4. 发展家长学校

目前,大部分乡村家长没有能力辅导孩子的功课,还有不少家长闲时也不看书、读报而是沉湎于喝酒、打麻将、玩扑克牌;家庭教育方法简单粗暴或过分

---

① 汤岚.农村小学家长委员会参与学校教育管理研究[D].南京:南京师范大学,2014:50.

溺爱，这些都在吞噬着乡村家庭教育，影响着青少年的健康成长。俗话说得好："父母是孩子的第一任教师，家庭教育既是摇篮教育，也是终身教育。"因此，乡村学校在注重对家庭教育的宣传的同时，应当积极开办好乡村家长学校，传播先进的教育理念，提高广大家长"为国教子"的能力，实现"家长好好学习，孩子天天向上"。[①]发展家长学校的主要目标就是对家长进行有针对性的教育、培训。如今，许多乡村学校虽然也办起了家长学校，但并没有落到实际的教育中发挥其应有的作用。如何更好地发挥家长学校的作用，乡村学校可从以下几点出发：

第一，树立规范意识，健全家长学校的办学机制。乡村家长普遍忙于生计，忽视子女教育，缺乏现代家庭教育理念，文化素质不高，这给学校教育带来极大困难。因此，因地制宜办好乡村家长学校是实施和谐教育的需要。家长学校要建立各项规章制度，为开展各项活动提供有力的保证。其一是为了保证家长学校学员的参与率，学校应当在农闲时集中办班学习。学校可加强点名签到制度，每次上课前两天发出书面邀请，要求家长及时信息反馈，保证出勤率。其二是继续做好家长学校的常规工作，健全家长学校档案、教学等各项制度，与创建市级家长学校相结合，相关资料整齐、规范。同时，学校要做好家长学校教材选定与整理工作，尽量要挑选具有专业品质保证、符合乡村教育和家庭实际、语言表达深入浅出的教材或学习资料。其三是建立信息反馈制度，家长学校要和家长取得密切的联系。每次授课后，教师要认真收集学员们的意见并及时整理，认真做好家校的信息交流工作，并有资料记录；也可通过家访等形式了解授课的情况，为以后的授课改进提供依据。其四是可建立评比、表彰制度，评选优秀家长，调动家长们的积极性。通过规范化的家长学校办学机制，使家长认清家庭教育的重要性，进一步掌握家庭教育的基本知识，提高家庭教育的科学性和实效性，逐步改进教条式的教育方式，为孩子们的学习、生活创造一片新天地。

第二，结合乡村地区的校情班情，随时调整授课内容与方式。家长学校是一种业余性学校，这就决定了家长学校必须灵活地开展工作。学校可以结合各乡村学校的实际情况和不同层次家长的不同需要，开展灵活多样的教学及研究活动。在具体实施时，不仅课程设置灵活，而且在辅导时间、次数上也应以不影响乡村家长的劳动和工作为前提。教师教学的方法应当将讲、论、交流、咨询、

① 康永邦.学校也可以这样办[M].上海：华东师范大学出版社，2014：184.

阅读等相融合，集中与分散活动交叉进行。为此，家长学校要根据各班情况，灵活多样地安排教学内容和授课时间。在授课内容上，针对不同年龄段分别安排，可以根据家长提出的不同问题进行专题讲座，或根据不同年级分不同时间进行分类培训，例如学期初、学期中和学期末。家长学校也可以根据家长对子女的不同态度，分别为不同类型家长举办讲座、讨论，进行对比教育。在交流用语上，教师应根据乡村家长普遍文化素质较低的特点，尽量做到通俗易懂。为使家长的学习内容更贴近生活、适应形势，家长学校还可以增设义务教育法、收费法规宣传，在夏令春秋时节传授卫生防疫知识等课程。总之，以灵活多样的培训方式，针对乡村家长的实际需求举办辅导，让家长与学校在培养学生成才这一共同目标下形成合力，同时提高教育质量。

案例4-7

农村家长学校要走到农民中间去[①]

最近，我们镇中学在附近的村委会办公大楼举行开办“家长学校”的挂牌仪式，这一举措得到了村民们的欢迎和认可。我们镇中学是一所远离县城的农村中学，为了让家长更好履行教育子女的权利和义务，使学校与家庭形成教育合力，学校从今年秋季开始，以定期和不定期的方式，在各村委会为学生家长们上课。

我为学校的这种做法叫好。这种做法创新了家长学校的办学形式，让家长学校主动作为，走近农村家长，更好地发挥作用。在农村中小学，不少农村家长学校和家长的互动不多，一些家长学校建起来甚至只是“健全机构”的需要罢了。这样一来，当学生在校表现不佳时，教师往往埋怨家长的家庭教育没有作为，家长则埋怨教师的学校教育不到位，这给学生的成长带来负面影响。应该说，家长学校在这方面可以发挥更大作用。诚然，农村中小学家长学校难“开学”、上课少，与农村家长总忙于田间劳作，对子女教育重视不够有关。但也与家长学校被动观望有关。将家长学校办到农民家门口，拉近学校与家长的距离，这是办好家长学校的好做法。

① 宋维宙.农村家长学校要走到农民中间去[N].农民日报，2012-10-23(003).

家长学校肩负着帮助家长转变家教观念，提高家教水平，协调学校教育、家庭教育和社会教育的重任。家长学校要充分发挥作用，就需要采取积极主动的姿态，接近农民，方便农民。家长学校要创新其办学模式，把家长学校办到村委会、办到农民家门口是很好的尝试。我们期盼着中小学的家长学校，都能因地制宜，创新形式，积极探索行之有效的、家长乐意接受的办学模式。

“农村家长学校要走到农村中间去”，便是考虑了乡村学校和乡村家庭的特殊性，“把家长学校办到村委会、办到农民家门口”则体现了家长学校办学的因地制宜原则。这样一来，家长参加学习的时间上的冲突会缓和，家长接受相关知识教育和学习的条件也便利了，家长学校的功能和作用也能得到更好地发挥。

第三，组建讲课团队，力求授课者多元化。根据不同时期的授课内容，乡村学校还可聘请科协、司法等部门工作人员，与本校教师一起组建家庭教育讲课团，为广大家长宣传科学的法律知识和家庭教育知识。讲课团统一制定教学计划，分头收集资料，采取集体讨论备课与分头讲课的方式。讲课团应认真研究教案，收集大量典型事例和信息用以精心备课，使授课内容和形式能够受到家长的欢迎。其一，可以邀请司法局干部结合本地典型事例，生动形象地讲解法律，尤其是中小学生的犯罪问题，给家长们较大的启迪和震撼，使家长们多了解、多关注此类问题。其二，邀请退休老教师或是村里的年长者讲课，他们根据自己多年来的切身感受谈古论今，使家长们听得津津有味，让家长们体悟如何处理孩子和父母、学校和家庭之间的关系。其三，学校将家庭教育与学校教育和社会教育相融合，联合县妇联、县教育局举办家庭教育专题讲座，有针对性地向家长讲解学生心理教育的相关知识、独生子女的心理特征及青春期的性格培养等。其四，邀请几位优秀家长代表，组成独特的讲课团队，与家长们分享育儿心得与家教经验等。

案例4-8中铁岭地区的家长学校“讲师团”可谓是实力雄厚，可见学校在这方面做出了许多努力。专家也好，优秀教师也好，优秀家长也好，他们都是为了同一个目标——将自己所学、所思、所得奉献给大家，更好地服务于家长，服务于学生。

案例4-8

家长"上学"

——辽宁省铁岭市家长学校推进纪实[1]

家长学校并非常规意义上的一所学校。在铁岭市，它依托着每一所学校而存在。

与一般学校的家长委员会不同，铁岭市的家长学校不仅仅是家长参与学校管理、传递信息的平台，更是一个具有规范性的学习型组织。在这里，所有家长都要去家长学校，必须在孩子上学期间完成规定的学习任务，在此期间学校为家长提供学习教材。

而为家长授课的，是一个拥有数百人的"讲师团"。这支强大的队伍集结了四类人员：一是在职的教育行政干部和各级教育教学专家及优秀教师；二是离退休老干部队伍中的优秀人员；三是社会各界的专业人才；四是教子有方的优秀家长。"讲师可不是谁都能当的，学校推荐的每一个讲师都要经过理论培训、授课实践、听课指导后才能上岗。"铁岭县教育局关工委副主任高明海说："一个优秀的讲师要掌握家庭教育基础理论和基本技能，具有驾驭课堂辅导能力和较好的教学基本功，还要拥有丰富的教育教学实践经验。"

在正式授课前，讲师往往要用一周甚至更多的时间准备教学课件。讲师百里挑一、课件反复打磨。这是因为能将十里八村的家长聚在一起并不容易，讲师团渴望传授给家长他们最需要的内容。

5. 完善家访制度

家访是学校教育的延伸，是家庭教育的补充。家访是学校教育工作的一项重要内容，也是教师处理好学生工作的辅助延伸。家访关系到学校与家庭、教师与家长之间的沟通和了解，影响着家庭对学校工作的参与度和支持度，进而影响学校整体的教育教学质量。而现代家访具有其独特的且不可替代的功能，尤其是在乡村地区，因为乡村学生的很多"第一手原生态资料"需要借助家访获得。通过家访，教师可以更加全面地、客观地、真实地掌握学生的家庭状况，

---

① 黄浩，林檣．家长"上学"[N]．中国教师报，2015-10-14(014)．

有的放矢地展开教育。学生在校的学习和生活等情况，家长基本上都是从孩子那里得知，其真实和可信度难以保证；同样，学生在家里的学习和生活等情况，教师也只能凭侧面了解和推测加以判断，其准确性和全面性得不到保证。通过登门家访，教师和家长可进行零距离、面对面地沟通和交流，为共同教育好学生奠定坚实的基础。目前，虽然有很多乡村学校实行家访制度，但是很多停留于表面化、形式化，使得家访的教育功能没有得到发挥。因此，学校应鼓励教师进行真实的家访，更好地和家长进行沟通，形成家校的合力。

第一，明确家访目的，做好家访前的准备工作。家访的作用在于了解学生情况，争取家长的配合，使学校教育与家庭教育得以结合起来共同做好学生的教育工作。由于每次家访的目的不同，因而教师家访时的谈话内容和谈话重点也应有所不同。这就要求教师在家访前必须做好充分的准备，精心组织谈话内容，做到目的明确，有的放矢。教师要利用家访的有限时间，解决主要问题。所以，教师家访的内容要有主题，不可空而泛。在家访前的准备工作中，教师要提前了解本班学生入学登记表上填写的资料，再通过电话或便条与家长沟通一些具体事宜，如和家长讨论一下家访的时间、把有关家访的目的告诉家长、了解一下学生家庭的具体地址、家长什么时候有空及家长的具体需要等。家访前，教师与家长沟通的目的在于让家长知道，“你想要了解他们和他们的孩子，你也希望他们能了解你”，让他们感受到你的诚意，让他们理解家访是一种双向的交流。同时，教师在登门家访前把要家访学生的家庭地址整体梳理一下，设计好家访的路线，合理安排好时间，确保家访学生的数量和效果。

案例4–9

便　　条[①]

尊敬的________家长：

本学年，我希望与我班的各位学生家长电话联系。我可以在星期二下午3:00—5:00，星期三晚上7:00—9:00之间给您打电话。请您随后选择您最方便的时间。

---

① 魏智渊.苏霍姆林斯基教育学(下)[M].北京：文化艺术出版社，2013：405—406.

如果您有事需与我交谈，请在星期四晚上7:00—9:00来电话。我家的电话号码是＿＿＿＿＿＿。

盼望着与您交谈！祝您万事如意！

＿＿年＿＿月＿＿日

您最方便的时间是：

星期二下午：3:00—4:00（　　）、4:00—5:00（　　）

星期三晚上：7:00—8:00（　　）、8:00—9:00（　　）

如果上述时间您都不方便，请您告诉我其他合适的时间。谢谢！

第二，善用家访艺术，提升家访过程的整体质量。家访的目的是关心、爱护、了解学生，而不是实行“告状式”家访。教师切记不能不分青红皂白地数落学生家长没有把学生教育好、不能埋怨学生考试成绩太差而影响班级的及格率等，否则很难使家长与教师双方找出症结，达成共识；还容易使家长在教师走后生气，学生遭打，使得至此之后家长对于教师的家访心存戒心，学生也产生抵触情绪。[①] 如果教师这样做不但解决不了任何问题，还会给教师教育学生的工作带来一定的障碍。几乎每一位家长都喜欢别人说自己的孩子好，如果教师在家访一开始就直接批评孩子的缺点，即使家长嘴上不说，但心里肯定不舒服，那接下来谈话的效果就会大打折扣。所以教师在家访时，应该先从赞扬、鼓励学生的话题谈起，再委婉地指出学生身上存在的缺点，即“先跟后带”。教师这样做，既考虑了家长的护犊心理，使接下来的谈话气氛更为融洽和谐，又给学生足够的尊重，保护了他们幼小的自尊心，拉近了师生间的距离，使学生更易于接受接下来的谈话。教师还可以通过鼓励激发学生的积极性和自主性，使学生勇于克服困难，增强学生奋发进取的信心。教师在指出学生缺点时，应把握分寸、语气要委婉，使学生自己认识到自身存在的问题，对症下药，从而帮助他们克服困难获得进步。教师家访时在融洽的氛围中交谈，可使得学生、家长、教师三方都拥有良好的心态，从而能更好地认识问题、解决问题，提高家访过程的整体质量。

① 刘晓.基础教育“家校合作”的探析[D].武汉：华中师范大学，2006：22.

案例4-10

家访是一门艺术[①]

大东关小学　刘锐

张同学是在上学期才转入我们班的，在入学考试中，他的数学不及格，语文试卷未答。对于这样一位学生，我便格外留意。通过一段时间的观察，我发现，他上课无精打采，不会听讲，总是走神，很难认真地听一节课，要么做小动作，要么影响别人学习，提不起一点学习兴趣；下课还常常追逐打闹……

为了有针对性地做好学生的教育工作，我决定走近张同学，走进他的家庭。正好借这次访万家的机会，我便第一个来到了他家。那天我去时，正好他妈妈在家，我们三个人一起坐了下来，聊了起来。在谈话中，我也不时地表扬了张同学的一些优点，如待人热情、热爱劳动、关心集体等。家长听了也点头，于是，我话锋一转，说"不学习可不行，将来没有知识干什么都吃力"。家长说他们也管，可是一是没时间，二是现在孩子大了管不了。我便和家长一起分析了原因：第一，家长管得不到位，不能平心静气地坐下来教育。第二，家长不能持之以恒，高兴就管，不高兴就不管，要么就打。第三，家长可能还不知道怎么管教，教育方法不当。接着，我先辅导张同学完成家庭作业，然后复习，最后预习第二天的课。我告诉家长，主要是检查与督促，使张同学养成好的习惯。家长听了连连点头。

最后，我又给家长提了几点建议：一是建议家长只要有时间就到学校，以便于与老师及时沟通、交流孩子近期的学习和表现。二是建议家长和孩子定好合约，完成规定作业再去玩。如果在学校违反规定，回家后家长要进行合理的教育惩戒，同时善于引导，让孩子明白道理。三是建议家长只要有时间，就要陪孩子读半小时课外书，没时间也尽量挤一些时间出来，以培养孩子的读书兴趣，进而提升其阅读能力、理解能力等。

我认为，家访既要肯定学生的成绩，也要对家长的教育方法进行指导；既要帮助学生发现他们的闪光点，建立自信，也要挖掘学生的潜能。家

① http://blog.sina.com.cn/s/blog_628b80320100ja3h.html.

访还要给家长留下比较好的印象，同时也要实事求是地指出学生的不足，让学生心服口服地、明明白白地看清自己的不足，并能找准今后努力的方向。总之，要让学生感到家访是一次难得的师生沟通，是一种在平等、民主的氛围中的对话，具有更多的人文关怀的特征。

家访过后，我在学校也有针对性地对张同学进行了帮扶，课上有侧重地关注他，不时地提醒他注意常规，并引导他学会倾听。我时常在课下和他谈话，在思想上让他对自己增加信心，渐渐地他在各方面都有了可喜的进步。

教育是一门永恒的艺术。而家访却是这门永恒艺术当中的一朵“奇葩”，如能好好地运用它，必然会使我们的教育工作如虎添翼！

这是一篇小学教师家访后撰写的博客，字里行间都体现出了家访的艺术。从教师在家访前的充分准备，先了解学生的具体情况，再到家访中的言行举止大方得体，即使是个“问题”学生，也不忘对其优点的赞赏，充分考虑了家长的护犊心理和学生的自尊心；教师在家访后的反思和采取针对性的措施，最终使学生的问题得以解决，让家长满意放心，也使学生、教师、家长三者之间的良好和谐关系得以建立，成功实现了家校合作。

第三，保证家访的长效性，认真整理家访的相关资料。为实现家访工作长效持久，家访活动结束后教师需要对家访情况进行总结和梳理。一是教师要把家长反映的问题、建议及时汇总，对家访中发现的问题要分门别类加以梳理；对家长提出的建议汇编成档、成册，并及时向学校相关领导负责人汇报，汲取其中有代表性的建议，以促进学校的建设和发展。二是教师要认真做好家访学生情况记录（以表4-1为例），反思这些具体情况，做好家访后的分析工作，并将其融入自己的教育教学，以便准确把握学生的心理。三是教师要及时把了解到的学生情况与其他任课教师进行沟通，以便各任课教师更有针对性地对学生进行教育。四是教师在家访结束后要进行经验总结，并和同事进行分享，以便在下一次家访工作中提高自己的能力。总而言之，教师要对收集回来的资料进行记录、分析和评价，随时以此作为教育学生的依据，对将来的教育措施进行规划，并将这些规划和配班教师进行分享，注重教育的延续性和统一性。当家访结束后，教师还应注重家访后的督导，适时做出评价。只有这样，教师才能巩固家访的效果，真正达到家访的教育目的，实现家访的教育功能。

表4-1 家访记录表

姓名		就读班级	
学生在校表现:			
家访时间		家访形式	
家访内容:			
学生在家表现:			
家长对教师、学校的建议:			
采取措施:			
效果反馈:			

二、基于社区参与的乡村学校管理提升

学校教育是惠泽千家万户的社会事业，它作为一种培养人的社会活动，是不断为社会服务的。随着终身教育和创建学习型社会理念的提出，我们认识到知识传承的所在不仅局限于学校课堂，更要注重学习的社会化，所以学校教育也必须积极地寻求社会的回应，共同为学生营造一个没有围墙的终身学习环境。正如《学会生存——教育世界的今天和明天》中所提出的："这个社会不仅必须发展、丰富、增加中小学和大学，而且还必须超越学校教育的范畴，把教育的功能扩充到整个社会的各个方面。"①

案例4–11

"四点半"学校②

怡锦社区是一个基础设施齐全、环境优美的住宅式小区，荣获"深圳

① 联合国教科文组织国际教育发展委员会.学会生存——教育世界的今天和明天[M].北京：教育科学出版社，1996：201.

② http://practice.swchina.org/case/2015/1111/24398.shtml.

市文明社区”“全国科普示范社区”称号，社区的居民生活水平、文化水平及道德素质普遍偏高。怡锦社区注重社区教育，对关爱下一代的工作比较重视，但由于社区居民大部分为双职工，往往学校放学早于父母下班，许多家庭无人照看放学后的孩子，存在很大的安全隐患，使得家长不能安心地工作。

怡锦社区“四点半”学校始建于2009年3月，同年6月被授予“深圳市社区‘四点半’学校试点单位”。“四点半”学校由社区工作站、社区服务中心组织管理，整合社区培训机构资源，由一批退休老教师、老干部、义工（老年义工队、党员志愿者、亲子义工队）和社工担任义务教师，每周一至周五下午四点半到六点向辖区儿童和青少年服务对象开放，既避免他们放学后无人看管，又为他们的课余生活提供了好去处。

怡锦社区“四点半”学校为辖区儿童和青少年服务，既为他们的课余生活提供了好去处，避免其放学无人看管，又减少了他们放学后发生危险的概率。乡村学校可以借鉴怡锦社区“四点半”学校的经验，通过与乡村社区合作，建立“课余中心”，发动当地退休的老教师、在家的父母、乡村干部等在学生放学之后义务照看他们，这样既可以确保学生的安全，也有利于规避学生养成一些不良习惯，还可以督促学生完成家庭作业等。

（一）反思乡村社区参与与乡村学校管理的现状

随着教育体制改革的深入，学校组织日渐体现出开放性和民主性。管理主体也由学校单一主体转变为社会各界广泛参与的多元化主体。但在社区参与乡村学校管理过程中，依然还存在着诸多问题。

1. 管理理念不完善，没有形成完善的“管理观”和“监督观”

很多乡村学校的校长及教师认为社区人员并不懂得教育规律，不仅没有能力参与学校的管理，反而会给学校的管理带来很多麻烦；有的教师会产生恐惧感，怕自己的教师权威受到挑战；还有的教师认为社区人员介入学校内部事务是来“找茬”。而从社区方面来看，参与学校管理的社区人员，一般都有自己的工作，他们本职工作就很繁忙，很少有时间或无暇顾及乡村学校的事情；他们参与学校管理，更多的像是走个“过场”。由此可见，乡村学校与社区因管理理念不完善，没有形成完善的“管理观”和“监督观”。

2. 管理职能缺位，被动成为“局外人”

社区参与学校管理，更多的只是停留在“知情权”上，即了解学校的工作，而拥有的管理权、决策权和监督权很少，评价权则更少。社区人员对学校的管理和决策没有发言权，他们只是处于被动接受的地位，机械地执行社区和学校管理层的指示、命令等，更不用说对学校管理工作的评价了，如部分家长一样，社区人员只是学校管理中的“局外人”。①

（二）认识乡村社区参与乡村学校管理的意义

乡村学校作为乡村社区的重要组成部分，与乡村社区有着不可分割的联系。乡村社区为乡村学校提供了丰富的学习资源和素材，并有机会参与乡村学校的管理。而乡村学校只有依托乡村社区，融入社区、服务社区，才会有更加广阔的发展空间。

1. 乡村社区对乡村学校的价值

第一，乡村社区为乡村学校提供了丰富的教育资源和素材。乡村地区的自然风光、乡土地理、传统文化、人文历史、设施环境、民风民俗、经济发展、生产生活经验等为乡村学校提供了多方面的教育资源和素材。

第二，乡村社区参与学校管理，促进乡村学校更好的发展。乡村社区对乡村学校的发展发挥着重要的作用。乡村社区通过教育议事会、校董会式学校管理委员会、名誉校长等参与学校的管理，为乡村学校的发展建言献策，监督乡村学校的发展，并帮助乡村学校通过多种渠道获得教育基金等。

2. 乡村学校对乡村社区的价值

第一，乡村学校的发展有利于促进乡村社区的经济发展。乡村学校可为乡村地区培养大量较高素质的青年，这些青年将来很多在乡村工作，他们能很快地学会应用农业新技术，这就使得乡村地区产生很多富余劳动力。这些富余劳

---

① 黄娟娟，马春亚.家长、社区人员在现代学校管理中角色与职能现状研究[J].上海教育科研，2006(06)：4—6.

动力可以就近参加工作或创办乡镇企业，为乡村社区的发展注入了活力，促进了乡村地区的经济发展。

第二，乡村学校的发展有利于增强农村乡村地区的文化氛围。乡村学校的发展为乡村地区提供了一种良好的学习氛围，有利于改善乡村地区存在的诸如“百无一用是书生”“重男轻女”“读书无用”等落后的思想观念。

（三）促进乡村社区参与学校管理的途径

1. 设立教育议事会

所谓教育议事会，是指在不更改学校办学的所有制、在不过度干预校长的办学自主权的前提下，对学校办学的重大事务进行咨询和审议的外部监督组织。它是学校与家长及社区进行联系、协调和合作的平台。建立教育议事会，体现了把学校还给社区、还给家庭的办学理念，旨在吸引社会各方面力量关心、支持学校建设；通过建立科学决策的保障机制和民主监督机制，提高学校领导机构的科学决策能力，增强学校办学的能力与活力，以促进学校的有效管理和可持续发展。[①]乡村社区与学校教育是相互作用的关系：乡村学校可促进乡村社区文化的传播与发展，乡村学校教育能够提高村民的劳动知识，对乡村经济的发展提供知识和技术基础；乡村社区对学校的稳定和谐发展与基础设施的建设等方面起着保驾护航的作用。作为乡村社区与学校交流沟通的平台，教育议事会在协调学校与家长的关系、监督学校办学、为学校提供建议、协助学校解决困难、促进学生发展等方面都发挥着中介和桥梁的作用。

案例4–12

家长为何集体上访[②]

新学期刚开学不久，一所小学四年级某班学生的家长到教育局集体上访，要求学校重新聘任刚退休的原班主任、语文老师，以替换现任班主任、语文老师。

---

①② “现代学校制度的理论与实践研究”浙江省宁波市海曙区课题组.教育议事会：社区参与学校管理的尝试[J].人民教育，2005(06)：7—9.

理由是该班在一、二年级时安排的班主任、语文老师多次生病住院，临时代课的老师也几经更换，导致学生学业成绩得不到保障、班级学风差；该班在三年级时学校安排的班主任、语文老师很负责，学生学习成绩有很大的提高，班级风气也有了好转，家长们很满意，可惜该老师只教一年就退休了；如今四年级到任的班主任又是即将退休的老教师，至多也只能坚持一年的时间。为此，该班学生家长多次向学校要求换教师。

学校的意见是：一、二年级时班主任生病住院是无法预料的事。几任代课老师都是经过慎重考虑的，都很负责任，学生的考核成绩与其他班级没有很大差别。现在教三年级的老师已经到了退休年龄，应该退休；现任教四年级的老师虽然将近退休，但刚教完毕业班，所教班级学生毕业成绩很好，是为该班安排的好老师，等到下学年再安排一位教高年段（五、六年级）的、稳定的语文老师。这也是学校对家长要求的应答。

但是，对于学校的"好意"安排，家长就是不接受，多次交涉没有结果，最后导致家长集体上访……

案例中的学校没有了解或充分考虑家长"需要一个相对稳定的班主任和语文老师"的意愿，只从学校的实际出发安排教师，由此造成家长对学校的安排不理解、不接受，甚至于家长与学校的相互对立。其中一个重要的原因，就是学校在安排教师的时候没有给家长充分的知情权，没有及时与家长沟通，没有在学生报到前告诉家长要换老师的理由。如果学校能够在决定替换某些班级的任课教师之前与家长或家长代表沟通，听取并认真考虑他们的意见和建议，就能够把矛盾消除在萌芽阶段。为此，教育议事会可以专门针对教育教学活动中的关键事件和环节，促进家校沟通，发挥社区参与学校管理的重要作用。

2. 成立校董会式学校管理委员会

校董会式学校管理委员会是学校和社区联系的纽带和桥梁，是学校争取社会支持的坚强后盾，是加强学校管理、办好农村教育的参谋、顾问。[①]校董会式

① 马培芳，景民，马钧，等. 农村社区与学校教育的双向参与[J]. 教育研究，1995(04)：45—51.

学校管理委员会的成员有乡村干部、学校校长、社会著名人士、离退休教师、乡镇企业的领导及民族宗教界上层人士。校董会式学校管理委员通过向群众宣传国家的教育方针政策、发动群众动员各方面的力量等方式来帮助学校解决存在的问题和困难，保证学校教育教学工作顺利开展。

案例4–13

莲埭小学校董会奖励18名优秀大学生[②]

8月22日，2015年石狮莲埭小学校董会奖学金发放仪式在莲埭小学举行，18名莲埭村考上大学（二本以上）的优秀学子从莲埭小学校董会成员手中接过1 000元至5 000元不等的奖学金和荣誉证书。据悉，这是莲埭小学校董会自换届以来第三次发放奖学金，也是莲埭村深入开展金秋奖学活动、营造人才培养氛围的重要举措之一。

据悉，莲埭村始终把发展教育、培养高素质人才作为一项重要工作来抓，并把奖学助教作为该村完善社会保障体系和为民办实事的重要内容。为奖学、奖教、助学，促进辖区群众子女成才，莲埭小学校董会在海内外乡贤的支持下，筹措资金，用于支持发展莲埭教育事业。今年，莲埭小学校董会共拨出3万元，对16名考上大学二本、一本的本村学子分别给予1 000元至2 000元的奖励。另对考上研究生的林某某给予5 000元奖励，对获得全国女子乙组蹦床比赛冠军的莲埭小学校友林某某给予3 000元奖励。

这些接受奖助学金的大学生表示，一定倍加珍惜来之不易的学习机会，自强不息，勤学不辍，努力成为国家栋梁之材，回报家乡，回报社会。

案例中的莲埭村把发展教育、培养高素质人才作为一项重要工作来抓，莲埭小学校董会在海内外乡贤的支持下，筹措资金，用于支持发展莲埭教育事业，向考上大学的优秀学子颁发奖学金和荣誉证书。通过奖励考上大学的本村学生，无形中在乡村中营造了一种重学的气氛，鼓励乡村学生努力学习。为此，乡

① http://www.mnw.cn/shishi/news/970148.html.

村学校可以和当地社区联系，建立校董会式学校管理委员会，这不仅有助于促进乡村学校的发展、解决乡村学校在发展中遇到的问题，还能对乡村学校的发展起到监督与指导作用。

3. 聘请名誉校长

在我国高等学府一般都有名誉校长，近年来名誉校长也逐渐参与中小学校的管理。对于乡村学校来讲，学校位置偏远、分散，交通不便、偏僻闭塞，教育行政部门往往鞭长莫及，难以及时发现和解决其面临的问题。聘请名誉校长的办法，有利于加强乡村学校管理。名誉校长一般是由在当地具有较高威望，深受群众尊重和爱戴的，有一定号召力的权威人士担任，如当地的最高行政长官、离退休老干部与老教师、对学校有突出贡献的社会人士等。乡村学校的名誉校长全面参与学校管理并帮助维护学校合法权益，主动为教育发展献计献策；通过自己的身份、地位和社会影响力，扩大乡村学校的影响，引导、号召社会各界及群众支持教育，帮助乡村学校解决办学中的困难。

案例4-14

乡村小学里的名誉校长

郭校长是某乡村小学的名誉校长，这所学校位置偏远、基础设施差，学校所在乡村的村民思想观念落后。郭校长从20世纪90年代初开始担任该乡村小学的名誉校长，数十年来为该乡村小学的发展尽心尽力。

由于没有操场，该学校决定为学生建立一个操场以方便学生运动，但由于学校占地面积有限，没有足够的场地来建操场。该乡村学校旁边有一块空地，学校希望买下这块地来建操场，但这块地的归属者想高价卖出这块地以赚取更多的钱。学校与该地的归属者协商无果，束手无策，准备放弃。郭校长不愿意放弃，找到该乡村居民，通过不断地与他沟通，终于以市场价买下了这块地，为学校建了操场。

该村的村民王某家庭经济困难，又受“读书无用”和“重男轻女”思想的影响，不让其学习成绩很好的女儿上学。王某认为：“女孩子上学没有用，花自家的钱，以后女孩子嫁人了挣的钱都是人家的。”因此，他让正在上五年级的女儿辍学。他女儿的班主任多次到王某家劝他让女儿上学，但王某就是不同意。郭校长听说这件事以后，亲自到王某家，对王某进行劝说，动之以情、晓之以理，并邀请村长、村主任、村妇女主任及学校校长、班主任及任课教师一起对王某进行开导。郭校长又帮助王某家申请困难补助，并请人帮忙给王某在镇里介绍工作，在一定程度上缓解了王某的家庭困难，也为其女儿上学免除了后顾之忧。

郭校长在担任该乡村小学名誉校长以来，多次用自己的工资资助家庭贫困的学生上学。近年来，他不仅自己资助，还动员其亲属、同事等资助贫困儿童，还在该村成立了贫困儿童帮扶中心。

上述案例中乡村学校的名誉校长郭校长，数十年来积极参与乡村学校的管理，为该乡村学校的发展建言献策，通过各种渠道积极维护乡村学校的合法权益。多年来，郭校长还用自己的收入资助学校的发展，并资助贫困学生继续求学，其精神影响了一代又一代的学生。他向村民宣子女传教育的重要性，鼓励村民支持子女上学，极大地改变了该村的文化氛围，在很大程度上缓解了“重男轻女”“读书无用论”思想对乡村居民的影响。

总之，乡村学校应调动社区力量办教兴学的积极性，探索“管办评”分离、多主体参与、章程化约束的现代学校治理新机制。①

三、基于各级政府参与的乡村学校管理提升

在我国当前的经济转型和社会转型中，城乡差距、阶层差距和地域差距客观存在，我国教育也因此受到很大影响，尤其是乡村地区和城市地区的教育差距越来越大。为保障适龄儿童平等接受教育的权利，缩小城乡教育差距，我国政府部门越来越重视乡村学校，大力支持乡村学校的发展。经过多年的努力，广大乡村学校得到了很大的发展和改善，义务教育的确立和完善改善了乡村教

① https://mp.weixin.qq.com/s/RnIsyHIY2bbiQ1fq1gncpw.

育落后的现状；乡村受教育人口的增多和受教育水平的提高，不仅促进了乡村经济的发展，而且推进了乡村的城市化进程。但在这一过程中，我国乡村学校的问题依然突出。为此，我国广大乡村学校要实现自身的发展，不仅要依靠国家，还要加强与乡、民族乡、镇，县、民族县、市，省、直辖市等地方各级政府及相关组织的合作。

（一）乡村学校与地方各级政府及相关组织合作的意义和可能性

学校与地方各级政府及相关组织的合作由来已久。中国古代的学校有私学和官学之分，其中，官学主要是政府投资主办的，其与政府部门的合作显而易见。我国现代也有公立学校和私立学校，都与政府部门有着或多或少的合作。乡村学校由于其所处地区经济不发达，更需要通过和地方各级政府及相关组织的合作来保障其发展。

1. 乡村学校与地方各级政府及相关组织合作的意义

第一，保障乡村学校教育经费。充足的教育经费是支持乡村学校发展的保证。根据统计公告，2014年，全国教育经费总投入为32 806.46亿元，比上年的30 364.72亿元增长8.04%。其中，国家财政性教育经费为26 420.58亿元，比上年的24 488.22亿元增长7.89%，占国内生产总值（GDP）比例为4.15%。[①]2019年，国家财政性教育经费支出首次突破4万亿元，年均增长8.2%；占GDP比例为4.04%，连续第八年保持在4%以上；全国财政一般公共预算教育支出达到3.5万亿元，是2015年的1.34倍，年均增长7.6%。[②]我国财政性教育经费支出占国内生产总值的比例，虽然已经达到世界衡量教育水平的基础线——4%，但与世界平均水平仍有一定差距，与发达国家差距很大，因此我国需要不断加大教育投入在政府财政支出上的比例。同时，政府要侧重于对乡村地区学校的经费投入，在最大程度上保证教育的公平。建立财政转移支付机制，由各级政府分担义务教育经费，这是保障义务教育普及的基本前提。[③]改变目前我国基础教育由地方政府办理的现状，加大中央和地方政府在基础教育中的财政投入是乡村学校正常运营的保障。

① 2014年全国教育经费执行情况统计公告发布[J].云南教育（视界时政版），2015（10）：2.

② http://www.gov.cn/xinwen/2020-12/02/content_5566333.htm.

③ 李莉.政府在农村义务教育中的职能素质定位分析[J].教学与管理，2007（01）：10—11.

第二，有利于加强乡村师资队伍建设。没有一流的师资，就没有一流的教育和人才。改革开放以来，我国教育事业取得了很大的进步，但乡村教育依然比较落后。乡村教育资源尤其是优质教育资源严重短缺，加之乡村学校的教师力量薄弱，这远远满足不了乡村教育的需要。因此，要实现教育的均衡发展，提高乡村学校的教育质量，就必须加强乡村地区教师队伍的建设。我国历来重视教师培训，特别是近几年随着建设社会主义新农村步伐的加快，各级政府和教育部门对乡村教师的培训力度在不断加大，开展了一些积极有效的培训模式，如继续教育、骨干教师培训、班主任培训、网上培训等，对于缩小城乡教师差距，整体提高教师素质发挥了很大的作用。近年来，中央财政每年拿出21.5亿元专款进行中小学教师培训，使很多贫困地区有了一支“留得住、教得好”的教师队伍。[①]“十四五”期间，国家将继续加强中西部欠发达地区教师校长的培训，持续深化改革，实施“国培计划”，重点支持中西部23个省份的欠发达地区，面向乡村中小学、幼儿园老师和校长，每年开展大概100万人次以上的专业化培训，示范带动各地不断提高培训实效，助力提升欠发达地区已经在岗的老师和校长的教育教学能力和办学治校水平。[②]

第三，深化教育改革，提高乡村学校的办学质量。1992年党的十四大提出，“到本世纪末，基本普及九年义务教育，基本扫除青壮年文盲”（简称“两基”）。经过各级政府部门和广大中小学校的努力，于2000年初步实现“两基”战略目标，于2011年全面完成“两基”战略任务。“两基”目标能够顺利完成，这与我国政府的大力支持密切相关。乡村学校位于乡村地区，乡村人民受教育的目的大多是为了获得基本知识，以满足日常生活需要。我国乡村学校多属于基础教育，学校教授的知识与日常生活联系不大，缺乏与乡村生活实际相关的农业技术教育。因此，我国乡村学校要在地方政府部门的支持下，因地制宜地在基础教育中增加与当地生产实际有的知识教育，并发展与农业技术相关的教育，促进乡村经济的发展。

第四，规划乡村学校布局，优化组合教育资源。受历史、经济和乡村地区人口分布状况等多方面的影响，我国乡村中小学校布局分散，教育质量普遍不高。

---

① http://news.sina.com.cn/o/2021-03-03/doc-ikftpnnz0948793.shtml.

② http://www.smyaqjy.cn/list/39/5489.htm.

特别是近几年随着乡村孩子跟随务工父母来到城市，在城市读书的孩子的数量越来越多，由此造成在乡村学校读书的孩子越来越少，使得相当一部分乡村小学逐渐萎缩。乡村学校学生人数减少，教师讲课没有激情，学生上课状态低迷，教育质量低下……但随着政府部门撤点并校与科学规划学校布局措施的实施，整合了教育资源（亦称教育经济条件），即教育人力资源、物力资源和财力资源的总和，[①]使孩子们能在一起学习、游戏，同时也提升了教育质量。

2. 乡村学校与地方各级政府及相关组织合作的可能性

通过以上分析，我们知道乡村学校与各级政府地方行政部门合作对于促进自身的发展、提高教学质量和优化教育资源等具有重要意义。接下来，我们就来探讨一下乡村学校与各级政府地方行政部门合作是在什么条件下展开的，即乡村学校与各级政府合作的可能性。

第一，乡村学校是在地方各级政府的支持下实现自身的发展。乡村学校的初期的建设需要资金、建设用地等，这不仅需要政府的支持和拨款，还需要有行政人员、专职教师及领导，且这些教育人员都需要政府的配备。例如："十三五"期间，教师队伍规模不断扩大，由"十二五"末期的1 539万人增长至现今的1 732万，增长了12.5%，有力支撑起世界最大规模的教育体系。[②]这其中很大一部分教师的工资需要政府来支付。在乡村学校发展过程中，各种实现学校发展、改进学校的政策与措施需要政府有关部门来制定。乡村学校的发展离不开各级政府地方行政部门的支持，各级政府地方行政部门是乡村学校发展的"指路灯"。

河南省投入大量教育经费使农村学校的面貌发生了翻天覆地的变化，改造农村学校危房、更新农村中小学课桌椅，使得众多农村学生受益，为学生创造了良好的学习条件。

当然，也有很多学校地区偏远，或人数较少，或乡村学校办学设施很差但并未被有关政府部门重视，这时该乡村学校的校长及教师就要发挥其作用。他们可以通过写信、新闻报道等多种渠道向有关部门反应，引起有关部门的关注，从而积极采取相关行动促进乡村学校的发展。

---

① https://www.cqwcsy.com/news/56037/.

② https://news.eol.cn/meeting/202012/t20201201_2050679.shtml.

③ 陈强. 河南"十大工程"促农村学校巨变[N]. 中国教育报，2010-9-16(001).

案例4-15

改善办学条件 河南"十大工程"促农村学校巨变①

"21世纪的前10年,是河南教育投入增量最大、增长最快的10年,也是教育财务管理与改革最有成效的10年。"河南省教育厅厅长蒋笃运近日表示,河南教育投入的大幅度增加和面向农村的"十大工程",使全省农村学校发生了巨变。

据悉,2009年河南省教育经费总投入为763.3亿元,比2000年的168.7亿元增加594.6亿元,增长352%,国家财政性教育经费对教育的支撑能力明显提高。为改变农村学校的面貌,该省先后启动实施了"二期国家贫困地区义务教育工程"等"十大工程"。省委、省政府每年向全省人民承诺办好的"十件实事",先后将"农村中小学危房改造工程""农村中小学现代远程教育工程""农村初中校舍改造工程""农村中小学课桌凳更新配置工程""农村中小学教学仪器设备充实工程""中小学校舍安全工程"等列入其中。

"农村中小学危房改造工程"用4年时间基本消除了农村中小学D级危房。"农村寄宿制学校建设工程"两年建设项目学校381所,受益学生46.2万人。"农村中小学现代远程教育工程"累计投入10.4亿元,现代远程教育网络覆盖全省农村中小学校。过去,一些农村学校每到开学新生都要自带课桌凳,为改变这一局面,全省筹措6亿元投入"农村中小学课桌凳更新配置工程",为贫困地区农村中小学统一配置和更新课桌凳374.02万套,使748万名农村中小学生用上了崭新的钢木课桌凳。

第二,地方各级政府通过支持乡村学校的发展,促进其建设服务型政府目标的实现。教育是立国之本,强国之基。教育对于提升中华民族的素质、中国的综合国力具有重要的作用。根据2014年统计资料,全国小学共有房屋646 971 902所,其中城区共有房屋170 915 431所,约占全国小学房屋总数的26.42%;乡村地区共有房屋476 056 471所,约占全国小学房屋总数的73.76%。当年全国小学新增房屋36 248 266所,其中城区新增8 307 693所,约占当年新增房屋总数的22.92%；村地区27 940 573所，约占当年新增房屋总数的77.08%，[①]此后数量不断增加。可见，我国各级政府部门越来越重视乡村学校的发展。但尽管如此，我国乡村学校的发展仍远远落后于城区学校，这阻碍了中华民族的整体素质提高的进程，影响了人才大国的早日实现。我国要建设服务型政府，即要建设为人民服务的政府，而教育又是与人民息息相关的，因此，大力发展教育，尤其是乡村学校的教育对我国建设服务型政府具有积极作用。

第三，促进乡村学校的发展是各级政府的责任。我国政府有促进义务教育发展、提高全民族基本素质的责任。在国家法律、中央与地方政府颁布的规章与文件中，均有相应的条文原则性地规定了各级政府在推进义务教育均衡发展中的责任范围。如依据2006年《中华人民共和国义务教育法》，合理配置教育资源、改善薄弱学校办学条件、缩小校际办学条件差距、扶持农村与民族地区义务教育、促进义务教育均衡发展是国务院和县级以上地方各级政府的共同责任；组织校长与教师的培训和流动、均衡配置辖区内师资力量、均衡安排义务教育经费是县级政府的责任。依据2012年《国务院关于深入推进义务教育均衡发展的意见》，中央财政有加大中西部地区义务教育投入、推进资源区域均衡配置的责任；省级政府有加强义务教育统筹、对农村和贫困地区以及薄弱环节和重点领域加大支持力度、对县域义务教育均衡发展进行督导评估的责任；县级政府有在城乡、学校间均衡配置教师资源、保障特殊群体平等接受义务教育的责任。由上可知，促进义务教育均衡发展是各级政府的共同责任。基层政府（特别是县级政府）作为义务教育的行政主体，是义务教育均衡发展的"第一责任人"，[②]其责任范围涉及保障财政经费供给、均衡配置各类办学资源、提高学校办学质量、创建义务教育发展基本均衡县等；省级政府对义务教育均衡发展负有统筹和调剂责任，其责任范围涉及统筹整合与调剂配置区域教育资源、设定义务教育办学基本标准、对县域均衡发展进程进行督导、评估、验收等。[③]

---

① http://data.chinabaogao.com/fangchan/2020/0526494b52020.html.

② 张天雪，李康．义务教育均衡发展的现状、模式与展望[J]．基础教育参考，2012(15)：9—13.

③ 赵永辉．各级政府在义务教育均衡发展中的责任及履行成效[J]．教育学术月刊，2015(07)：48—55+76.

（二）乡村学校与地方各级政府及相关组织合作的途径与方法

乡村学校的发展依赖于地方各级政府的支持，而各级地方政府支持教育的发展也是其职能所在，两者之间相互依存、相互合作。

1. 乡村学校与乡、民族乡、镇等地方政府的合作

据统计，我国乡村小学校数为175 117所，城区小学校（包括城乡结合区的小学校）有26 260所。[①]可见，我国乡村学校在基础教育中，在普及九年义务教育中扮演着重要角色。而乡村学校由于大部分设在乡村，其发展与乡、民族乡、镇等地方政府关系密切。

虽然我国义务教育实行"在国务院领导下，由地方政府负责、分级管理，以县为主的体制"，[②]这有意无意地弱化了乡一级政府对义务教育的责任，但乡、民族乡、镇等地方部门，在基础教育中仍然发挥着重要作用。

第一，参与乡村学校安全管理。乡、民族乡、镇等地方政府是乡村学校安全的守护者。学校与外界有着千丝万缕的联系，学校里的领导、教师、学生与学校所在地区的各类社会人员发生着各种各样的联系，也存在着各种各样的矛盾。当这些矛盾出现时，就需要有一种力量能够为学校保驾护航。例如：2005年10月25日晚上8点，四处省某镇中心小学学生晚自习下后，刚走出教室，灯突然熄灭，楼道一片漆黑，有学生怪叫"鬼来了"引起学生恐慌，大家争相往楼下奔跑，部分学生被挤倒，被后面涌上来的学生踩踏，造成10名学生死亡、27名学生受伤，其中重伤7人。[③]这就需要乡级政府承担起保障学校安全的责任，《中华人民共和国义务教育法》也规定："各级人民政府及其有关部门依法维护学校周边秩序，保护学生、教师、学校的合法权益，为学校提供安全保障。"[④]在面对学校安全事故时，各乡级人民政府主动承担责任，为学校的教育教学活动顺利开展起到了强有力的保障作用。

---

①《中国教育年鉴》编辑部．中国教育年鉴（2014）[M]．北京：人民教育出版社，2015：97—101.

② 国务院关于基础教育改革与发展的决定[N]．新华每日电讯，2001-06-15（001）.

③ http://www.bjdcfy.com/qita/2015xyctsgal/2020-9/1339087.html.

④ http://www.npe.gov.cn/xwzl/gongbao/2015-07/03/content_1942840.html.

案例4-16

首羡镇多举措打造平安校园　守护校园安全

近年来，首羡镇高度重视校园及周边治安环境治理工作，多项举措全力打造平安校园，积极营造健康、平安的校园环境。

一是强化责任落实。落实校长作为学校安全工作第一责任人的责任，实行校级领导、值日教师两级值日管理网络，及时纠正校园安全管理工作中存在的问题，严格落实责任倒查机制，坚决追究相关人员责任，确保校园师生安全。

二是加强周边环境整治。由镇综治办牵头，组织团委、派出所、司法所对校园周边的治安状况进行专项整治工作，对校园外的网吧、台球室、电子游戏场所等人员密集场所进行排查，并对排查出的安全隐患进行梳理分类和整改，明确整改时限、确保整改到位；严查校园周边违法占道、乱停乱放、机动车乱鸣喇叭等交通违法行为，为师生营造安全有序的交通环境。

三是强化校园内部治安防范。充分利用主题班会、展板、法制课等形式，对学生进行以防火、防骗、防电、防溺亡、法律案例等为内容的专题教育，提高广大师生的安全意识和自我防控技能；严格执行门卫值班和出入学校登记检查制度，禁止陌生人员、车辆进入校园，加强校园治安、消防、交通、卫生等方面的安全隐患排查整治，确保师生人身财产安全。

案例中首羡镇高度重视校园及周边治安环境治理工作，通过强化责任落实、加强周边环境整治、强化校园内部治安防范三项措施，打造平安校园，积极营造健康、平安的校园环境，发挥了乡镇级政府是乡村学校安全的守护者的作用，为教师工作、学生学习创造了安全的环境。

乡村学校所处的乡村社区，由于多种原因，社会环境不尽如人意，周围存在着很多不利于学生健康成长的因素。在乡镇政府积极保障乡村学校周围环境安全的前提下，乡村学校也要积极配合相关政府部门的工作，并积极发挥自身的力量，合力为乡村学生提供一个健康安全的社会环境。

第二，为义务教育的全面实施提供保障。乡、民族乡、镇等地方政府是与村民最为接近的政府部门，对乡村社会和农民具有较强的约束力。首先，乡镇政府可以督促其管辖内的适龄儿童按时入学接受义务教育。其次，乡镇政府帮助家长和学生解决在接受义务教育中所面临的问题，如在很多农村学校，受到大学生就业难、很多大学生的工资不如打工的小学或初中毕业的人的工资以及家庭贫困等现象的影响，“读书无用论”思想再次蔓延，很多中小学生在义务教育阶段就辍学外出打工等。研究发现，家庭收益对土地依赖程度越高，越认同“读书无用论”的观点。[①]这需要乡镇政府深入了解这些现象，采取强硬措施对适龄儿童进行义务教育，对家庭贫困的学生采取补助，如农村低保、危房翻新补助等措施缓解经济压力。最后，乡镇政府还可以运用法律、行政等手段，对不让适龄儿童入校接受义务教育的家长进行督促和惩罚。

案例4-17

孩子辍学家长成被告　29名中小学生重返校园[②]

今年5月，柯坪县玉尔其乡和阿恰勒乡人民政府把29名让子女辍学的家长告上法庭，柯坪县人民法院做出执行裁定，责令家长把孩子送回学校继续读书。29名学生又回到了熟悉的校园。

据柯坪县各中小学、乡教办及教育局调查，近年来，柯坪县部分农村学生家长要求子女放弃学业回家务农或外出打工，而单纯靠政府、学校动员劝返和一般的行政处理只能管一时，管不了长久。柯坪县政府认为，要让家长明白这样一个道理：不让孩子读书是违法的；违法的事，就应该通过法律途径去解决。柯坪县政府做出决定：出现一个这样的家长，政府就告一个，一定要通过法律手段来彻底解决学生辍学的问题。

柯坪县是国定贫困县，长期生活在这样的环境中，加之信息比较封闭，很多农民潜意识里觉得种好自己的“一亩三分地”，生活能过得去就

① 李涛，邬志辉．“乡土中国”中的新“读书无用论”——基于社会分层视角下的雍村调查［J］．探索与争鸣，2015(06)：79—84.

② http://news.sohu.com/20070714/n251054437.shtml.

很满足了，因此，他们对自己孩子的要求也仅仅是会种地、能干点苦力养家。

今年5月，各乡将学生辍学情况报给县政府后，在对辍学学生的家长进行批评、教育，限期改正仍无效果的情况下，县政府经研究决定，此事将通过法律手段来解决。随后，玉尔其乡和阿恰勒乡人民政府一纸诉状将29名不让孩子读书的家长告上法庭。很快，柯坪县法院根据《中华人民共和国义务教育法》的规定，对这些家长分别做出罚款、责令将孩子重新送回学校读书的判决。

柯坪县玉尔其乡和阿恰勒乡人民政府通过法律手段既使得辍学的义务教育阶段的学生受到了应受的教育，保障了学生的受教育权；又通过做家长的思想工作，对家长进行批评、教育，提升了家长对子女受教育的重视程度及其法律意识。

尽管当今社会快速发展，人民的生活水平和思想观念有很大的提高，但在广大的乡村地区，乡村人仍然存在着很多偏颇的思想观念，比如"读书无用""重男轻女"等，阻碍着乡村学生的求学之路。虽然国家强制实施义务教育，并要求各级政府部门切实保障义务教育的落实，但在乡村地区仍然存在着很严重的辍学现象。因此，在政府部门为此努力的同时，乡村学校的校长和教师也要为此尽一份力。乡村学校的校长和教师要定期家访，密切关注家长的思想状态，并定期举办家长会等，对家长进行宣传教育。

第三，促进学生了解民俗文化及进行社会实践。乡、民族乡、镇政府可以为学生了解当地风俗文化及进行社会实践创造条件。虽然乡村学校远离发达的市区，但由于人口流动性的增加，社会生活方式和教育方式的变化、文化价值观念的变迁和现代教育对传统文化存在的忽视等因素，乡村学生对本土性的民族传统、文化传统、风俗习惯等接触得越来越少，甚至很多学生对此感到陌生和距离。乡、民族乡、镇政府可以牵头，通过与学校、社区等联合举办传统文化、民俗传统等活动、比赛，以对中小学生进行普及传统文化和习俗的普及和教育。

案例4-18

信阳“茶文化进校园”[1]

为增进广大师生对信阳青山绿水、悠久人文、自然风物和信阳毛尖的了解，感受其中蕴藏的民族精神和传统美德，信阳市浉河区董家河镇持续开展“茶文化进校园”活动，使学生从小树立起知茶性、明茶理、爱家乡的意识。

茶文化课堂精彩纷呈。该镇各中小学校每周开设一节茶文化课，向学生系统介绍华夏茶史、茶叶分类、制作鉴别、茶道茶俗等。学校还邀请董家河茶农走进校园做茶文化知识讲座及报告，使茶文化课堂和学校的道德教育、文明礼仪教育、探究性学习有机结合，成为学生学习茶文化的主阵地。

茶文化代言人影响深远。学校成立茶文化宣传小队，每班选出一名口才出众的茶文化宣传员，利用每周的茶文化课宣传信阳茶源远流长的历史，带领学生了解信阳茶文化。学校还倡导学生回到家后为家人讲述茶文化知识，成为茶文化代言人，进而使全民懂茶、爱茶。

茶文化长廊氛围浓厚。该镇中小学都设立了茶文化长廊。学生在学校可以自己动手绘制图案，用自己的方式向全校师生介绍茶的历史、茶的礼仪、茶的作用等，营造出浓厚的茶文化氛围。

茶文化活动丰富多彩。该镇在教师节、“六一”儿童节等节日集中开展“茶文化经典诵读”及茶文化征文比赛活动，使学生领略茶文化内涵，又陶冶师生情操。通过优美的茶舞表演，激发学生了解信阳毛尖的兴趣。借助自编的茶诗节目，加深学生对家乡的热爱。师生同台的茶艺展示，使学生领略行茶的礼仪风范，全面提高学生的综合素质。

当前学校教育的一个弊端就是学生“高分低能”、缺乏动手能力，理论与实践脱节，这就需要通过基础教育课程改革所倡导的综合性实践活动、社会实践学习等途径，让学生走出课本、走出教室、走出校园。通过社

---

① http://ribao.xyxww.com.cn/html/2013-08/28/content_119962.htm?from=groupmessage.

会实践，让学生把在课堂中所学到的知识和理论得到应用和升华，这需要乡、民族乡、镇政府做一个牵线人，为学生进行社会实践创造条件。

信阳市浉河区董家河镇依据自身盛产茶的地区优势，持续开展“茶文化进校园”活动，茶文化进课堂、选举代言人宣传茶文化、茶文化长廊、“茶文化经典诵读”及茶文化征文比赛活动等措施，使学生从小树立起知茶性、明茶理、爱家乡的意识，同时也锻炼了学生的动手实践能力，加强了理论与实践的联系。

第四，积极举办乡村学校少年宫。乡村学校少年宫是指依托乡镇中心学校现有的场地、教室和设施进行修缮并配备必要的设备器材，依靠教师和志愿者进行管理，在课余时间和节假日组织开展普及性课外活动的公益性活动场所。它面向乡镇学生免费开放，学生们可自愿选择参加乡村学校少年宫的各式活动项目。乡村学校少年宫既是青少年的活动场所，也是推进素质教育的载体和阵地，它的建成极大地满足了农村学生对优质教育资源的渴望，为农村学生的健康成长和全面发展创造了良好的条件。乡村学校少年宫的建设需要有大量的资金、场所及工作人员，这就需要各级政府发挥其统筹协调的作用。例如：湖北省文明办、省财政厅、省教育厅为乡村学校少年宫开办辅导员骨干培训班，加强了少年宫各位老师的学习交流，开拓其教学视野，为进一步提升乡村学校少年宫活动的质量打下基础。

2. 乡村学校与县、自治县的合作

我国基础教育从2001年开始实行“在国务院领导下，由地方政府负责、分级管理、以县为主的体制”。[①]县级政府在基础教育中发挥着主体作用，2006年《中华人民共和国义务教育法》规定，组织校长与教师的培训和流动、均衡配置辖区内师资力量、均衡安排义务教育经费是县级政府的责任。[②]2012年《国务院关于深入推进义务教育均衡发展的意见》指出，县级政府有在城乡、学校间均

① 国务院关于基础教育改革与发展的决定[N].新华每日电讯，2001-06-15(001).
②《国务院关于深入推进义务教育均衡发展的意见》[J].中华人民共和国国务院公报，2012(26)：39—42.

衡配置教师资源、保障特殊群体平等接受义务教育的责任。[①]

第一，调整学校布局，合理规划。随着城镇化的发展和我国人口政策的变化，农村学校的布局调整将是一个长期的过程，这将直接影响乡村地区“两基”目标的保持和城乡义务教育均衡的实现。乡村学校无论其规模大小、学生人数多少，都需要相应的校舍和教学设备以及教师等资源的投入，这就使得本来就稀缺的乡村教育资源更为分散。调整乡村学校布局更有利于教育资源的合理配置。县、民族县政府可以通过制定政策合理规划乡村学校，将学生人数过少的乡村学校合并，这有利于提高乡村学校的规模效用。乡村学校布局的调整还可以消除乡村教师既当任课教师又当行政管理人员的现象，能使教师专心讲课，有利于提高乡村学校的教育质量。

案例4-19

村小搭上“改薄”动车[②]

“校园变得这么美，孩子们都能坐在宽敞明亮的教室里上课。”日前，在江苏省涟水县黄营乡旗杆小学校门口，一位送孩子上学的家长如此感慨道。在他的印象中，几年前的旗杆小学校舍低矮、教学设备陈旧。如今，在投资近500万元的新学校里，教学楼、运动场、现代化教学设备等应有尽有。

旗杆小学的变化是涟水县全面推进改善义务教育薄弱学校基本办学条件工作的一个缩影。“全县‘改薄’工作于2014年启动，预计到2018年投入资金2.5亿元，将彻底改善义务教育薄弱学校基本办学条件。”涟水县教育局局长鲁家宁说。

在新建或改扩建工程中，涟水县在资质准入、建章立制、人员培训、工程督查等方面把好质量关。目前，全县有35所学校正在新建或改扩建校舍，建筑面积达6.9万平方米。南禄小学是涟水县境内的一所乡村小学，

① 《国务院关于深入推进义务教育均衡发展的意见》[J].中华人民共和国国务院公报，2012(26)：39—42.

② 赵建春.村小搭上“改薄”动车[N].中国教育报，2015-12-10(05).

办学条件比较差。据该校校长朱永生介绍，正在新建的一幢1 500平方米的教学楼明年春季投入使用，将彻底解决570余名师生拥挤在老旧教学楼内上课的困境。

涟水县的“改薄”工作不仅注重改善薄弱学校的基本办学条件，还注重提升薄弱学校的管理水平，从硬件设施、师资配置、内涵建设等方面，全面促进义务教育均衡、健康发展。同时，按照“强校带弱校、名校带新校、城校带乡校”的原则，组建12个义务教育学校区域联盟，积极推行义务教育学校集团化办学。

从上面的案例可以看出，涟水县黄营乡旗杆小学在与县政府部门合作的过程中，改变了自身的办学条件，教学基础设施日益完善。乡村地区的学校基础设施薄弱，校舍及教室危房面积比重很大；寄宿制学校缺乏必要的宿舍、食堂及厕所等，这些都制约着乡村学校的发展。乡村学校可借鉴上述案例，加强与县级政府部门的联系，以不断改善自身的办学条件。

第二，责任督学挂牌督导制度规范乡村学校办学行为。国务院教育督导委员会办公室印发《中小学校责任督学挂牌督导办法》，建立中小学校责任督学挂牌督导制度，加强对中小学校教育教学过程和结果的经常性监督指导，规范学校办学行为，推动学校内涵发展。[①]《中小学校责任督学挂牌督导办法》明确了县（市、区）人民政府教育督导部门为区域内每一所学校设置责任督学，根据区域内中小学校布局和在校生规模等情况，按 1 人负责 5 所学校的标准配备，责任督学标牌制作由教育督导部门按统一规格制作，标牌上表明责任督学的姓名、照片、联系方式和督导事项，在校门显著位置予以公布，尽可能在规格、色调上一致，便于学生家长随时联系、反映问题。[②]责任挂牌督导制度的建立，对中小学校的办学行为进行规范，对日常的教育教学管理进行指导，在督促学校整改等方面发挥了重要作用，保障了中小学的正常运

---

① http://www.moe.edu.cn/publicfiles/business/htmlfiles/moe/s3165/201310/158793.html.

② http://www.gov.cn/jrzg/2013-09/23/content_2493348.htm.

行。我国撤点并校的实行，对乡村中小学校产生了很大的影响，学校中出现了很多问题，如撤点并校后的学校布局、学校的管理、学校教师的任职、学校经费的使用等。责任督学挂牌督导制度对于解决以上这些问题发挥了重要的作用。

案例4-20

大邑县创建“全国中小学校责任督学挂牌督导创新县”[①]

11月10日至11日，四川省政府教育督导办组织评估组对大邑县创建“全国中小学校责任督学挂牌督导创新县”进行督导评估。

四川省教育厅督导办调研员刘汉涛、成都市政府总督学、市教育局党组成员陈蕾参加评估检查。汇报会上，大邑县委副书记、常务副县长袁顺明代表县委县政府致欢迎词。四川省政府教育督导办组织评估组观看了大邑县中小学校责任督学挂牌督导工作专题片《督学岂止在校园》，听取了大邑县委常委侯坤平就大邑县创建“全国中小学校责任督学挂牌督导创新县”的工作汇报，并查阅了相关档案资料。会后，评估组分5个小组实地检查了该县20余所中小学校及幼儿园，对责任督学开展挂牌督导工作进行了实地验证。

意见反馈会上，评估组高度评价了大邑县中小学校责任督学挂牌督导工作取得的成效，宣布该县省级评估结果为“优秀”，并决定向国务院教育督导委员会推荐大邑县为“全国中小学校责任督学挂牌督导创新县”。

四川省政府教育督导办组织评估组对大邑县创建“全国中小学校责任督学挂牌督导创新县”进行督导评估，这有利于规范中小学校的办学行为，还可对日常的教育教学管理进行指导。

3. 乡村学校与省、自治区、市的合作

省级政府在基础教育中发挥着不可替代的作用。“合理配置教育资源、改善薄弱学校办学条件、缩小校际办学条件差距、扶持农村与民族地区义务教育、

① http://www.ls-114.com/news/jiaoyuxinwen/201511/1324.html.

促进义务教育均衡发展是国务院和县级以上地方各级政府的共同责任”，[①]“省级政府有加强义务教育统筹、对农村和贫困地区以及薄弱环节和重点领域加大支持力度、对县域义务教育均衡发展进行督导评估的责任”，[②]“省级政府有制定本省县域义务教育均衡发展督导评估办法和标准、对义务教育发展基本均衡县给予表彰和奖励的责任”。[③]

第一，合理配置教师资源，制定城区教师到乡村任教服务期制度。为了解决乡村学校师资力量薄弱的问题，各省执行县镇、农村学校和城市学校一样的编制标准，按规定的师生比为乡村学校配备各科教师，新编教师编制优先用于补充乡村学校。实施城区教师“农村服务区”制度和城乡学校之间教师人数、期限对等交流制度，有利于加速农村教师的专业成长；对新毕业的进程教师实行“3+2”农村服务区制度，即在城区任教满三年后，必须到指定的农村学校任教2年。[④]实施城镇教师支援乡村学校计划，选派中青年骨干教师到乡村学校任教。制定县域内义务教育教师交流轮岗制度和城区教师到乡村任教服务期制度，促进城乡师资力量的平衡。

案例4-21

鄂启动农村学校启明星计划　每年500名教师资教[⑤]

每年从城镇学校选派500名左右优秀干部和骨干教师组成启明星团队，到农村乡镇以下学校任职任教。昨日，湖北省教育厅正式启动“农村学校启明星计划”。

从2011年至2015年，每年在全省范围内组派150个左右启明星团队，遴选150所左右乡镇（村）学校设立启明星岗位，每一所项目学校设启明星校长岗位1个、启明星教师岗位2—3个。每年遴选聘用500人，其中校长150名、教师350名。“启明星计划”在乡镇（村）义务教育学校设岗，重点支持边远地区、贫困地区、民族地区、革命老区的农村学校。启明星教

① http://www.law-lib.com/law/law_view.asp?id=440076.

②③ http://www.gov.cn/zwgk/2012-09/07/content_2218783.htm.

④ 陈国阳.以优化农村师资带动城乡教育均衡[N].中国教育报，2009-12-4(005).

⑤ http://news.cjn.cn/hbxw/201108/t1404852.htm.

师遴选范围包括义务教育段全部学科。在同等条件下，优先考虑英语、美术、音乐和设岗学校紧缺学科。

据悉，城镇教师到农村资教，任期三年，任期内享受以下优惠政策待遇：校长每人每年享受奖励2万元，教师每人每年享受奖励1.5万元。奖励所需经费由省教育厅拨付。

湖北省通过“农村学校启明星计划”，每年从城镇学校选派500名左右的优秀干部和骨干教师到乡镇以下学校任职任教，并对这些教师给予优惠政策待遇。这在很大程度上提高了乡村学校的教育质量，也有利于加速乡村教师的专业成长。在国家城乡教师交流政策的总体要求下，应该充分考虑不同区域城乡教育一体化过程中乡村教育师资现状及需求所处的状态，灵活地制定科学合理的短期、中期、长期目标，通过配套保障条件与支持政策，激发教师参与交流的内在动力。①

由于地区偏远、经济落后、基础设施薄弱等原因，乡村学校留不住教师尤其是优秀教师，而师范生又不愿意到农村任教。这在很大程度上造成乡村学校的教育质量低下的困境。在各级政府部门为乡村学校引进优秀教师的同时，乡村学校自身既要改善自身的条件，也要通过各种措施吸引优秀毕业生和优秀教师到乡村学校任教。

第二，加大经费投入，促进义务教育均衡发展。省级政府是地方政府的领导者，对乡村教育的发展起着重要作用。各省不断加强义务教育经费的省级统筹，既加大省财政对教育经费的投入，也要求并督促省级以下的地方各级财政加大对教育经费的投入。教育经费的按时拨付与增长投入，对于乡村学校教育教学基础设施的改善、寄宿学生生活条件的提高、教师工资的提高等方面具有重要意义。

① 于海英.城乡教师交流如何能促进乡村教师质量提升——基于多重中介效应的实证研究[J].中国教育政策评论，2019(00)：154—167.

案例4–22

广西投亿元为农村学校建设标准食堂①

近年来，广西一直注重改善农村学校就餐条件，实施了农村初中校舍改造工程、中小学校舍安全工程等，在建设教室、学生宿舍的同时，把解决农村中小学食堂建设的问题考虑在内。

目前，广西共有29个县的110万学生纳入营养改善计划试点。今年10月，广西教育厅要求“营养午餐”试点地区的建设计划要向食堂倾斜，不少地区迅速进行调整。据介绍，在调整后，今年广西农村义务教育学校校舍建设专项资金约为13亿元，其中标准厨房建设资金达到1亿元。

同时，广西各县、区也把大部分的专项资金花在建食堂上。南宁市邕宁区农村薄弱学校改造专项资金为755万元，其中690万元用于建设食堂，比例超过91%；而武鸣县2 150万元建设资金中，有893万元用于建设食堂，比例超过总建设资金的40%。河池市已新建、扩建、改建农村寄宿制小学食堂808所，预计在明年7月就能解决10万学生的食堂设施设备问题。

据广西教育厅相关工作人员介绍，今年农村义务教育薄弱学校改造专项资金投入建设的学校食堂，将在明年7月投入使用。这将在一定程度上解决“营养午餐”工程缺配套设施的问题。今后，广西还将继续加大建设学生食堂的力度。

广西注重改善乡村学校的基础设施，通过加大对乡村义务教育薄弱学校增投教育资金，着力改善乡村学校的教室、学生宿舍及学生的就餐问题，保障乡村学校的学生吃上“安全饭、卫生饭”。

拓展阅读材料

1. B.A.苏霍姆林斯基.给教师的建议［M］.杜殿坤，编译.北京：教育科学出版社，2014.

2. 马忠虎.基础教育新概念：家校合作［M］.北京：教育科学出版社，1999.

3. 程凤春.学校管理的50个典型案例[M].上海：华东师范大学出版社,2009.

4. 张济正.学校管理学导论(修订本)[M].上海：华东师范大学出版社,1990.

5. E. F. 舒马赫.小的是美好的[M].虞鸿钧,郑关林,译.北京：商务印书馆,1984.

6. 袁桂林,洪俊.农村中小学课程改革的探索[M].长春：东北师范大学出版社,2000.

7. 邱兴.家长参与学校管理的中外比较研究[J].外国中小学教育,2006(12)：25—28+32.

后继学习活动

任务一：

乡村学校的建设不是仅仅依靠学校自身的力量,还需要借助于它所处的乡村、乡镇政府、县级政府等力量。虽然近年来我国乡村学校的建设取得了很大的成绩,但乡村学校在发展中依然存在着许多问题,鉴于此,学校决定召开一次关于乡村学校建设的交流会。假设此次乡村学校建设交流会由你来主持,你将邀请哪些人参加？为什么？你将采取什么方法让参会人员对学校的建设提出意见？请你就此次交流会写一个策划方案。

任务二：

如果让你再主持一次乡村学生家长会,既要考虑乡村学生家长的实际情况,又要让家长积极参与其中,你会在原来的基础上做出哪些调整？为什么？请你把家长会策划方案写下来,包括家长会的前期准备、主题确定、过程设计、会后总结等环节内容。

专题五

乡村学校与各种社会组织及力量的合作

——换一种学校合作的眼光

我们知道个人是微弱的,但是我们也知道整体就是力量。

——卡尔·马克思

一个社会是由各种组织构建起来的。学校作为社会组织的一分子，需要与其他社会组织建立有机联系，才能够更好地促进自身的发展。乡村学校作为一个成长空间极大的组织，更加离不开各种社会组织及力量的协助。本专题将从三个方面来阐述乡村学校同各种社会组织及力量合作的内涵、途径及意义等，这三个方面分别是乡村学校与NGO的合作、乡村学校与企业的合作以及乡村学校与社会网络媒体的合作。我们通过对乡村学校与这些社会组织的合作意义和可能性、途径和方式以及困难和解决策略的分别论述，结合案例的探讨，以期发现合作的真实实践价值，将其应用于乡村学校的实践发展。

在本专题后的"拓展阅读材料"中，给乡村学校教师提供了一个广泛的阅读方向，乡村教师可结合自身发展的现状和特点，借鉴所获得的资源信息，选择最适合其所在乡村学校发展的措施与方法。在选择之后，乡村教师可直接进行后继练习活动，并在练习之后付诸实践。对乡村学校教师而言，这种"选择—决定—负责任"模式，可以很好地达到乡村学校的发展目标，并得到社会组织力量的支持。

当然，乡村学校的发展同社会组织的发展是相互的，双方在合作的过程中，通过相互之间的交流与碰撞，将分别获得更多的发展。

一、乡村学校与NGO的合作

（一）乡村学校与NGO合作的意义和可能性

NGO即非政府组织（Non-governmental Organization）。20世纪80年代，随着全球人口、贫困、环境等问题的日益突出，人们渐渐发现，仅仅依靠传统的政府和市场的调节很难解决现有的问题。在这样的背景下，非政府组织悄然而生。从不同的角度和重点来看，不同国家甚至同一国家都会出现对非政府组织的不同称谓，例如非营利组织、第三部门、志愿组织、公民社会等。NGO在国际社会更为通用，其定义也有不同表达，有的认为根据法律有减税待遇的就是非政府组织；有的认为只要是以促进公众利益为组织目标的就是非政府组织。目前国际上比较流行的是美国约翰-霍普金斯大学莱斯特·萨拉蒙(Lester Salamon)教授的NGO界定方法，即"将具有以下5个特征的组织界定为NGO：① 组织性；② 非政府性；③ 非营利性；④ 自治性；⑤ 志愿性"。[①]

① 王名，贾西津．中国NGO的发展分析［J］．管理世界，2002（08）：30—44.

由于中国特殊的国情，在中国不存在完全符合上述特征的NGO，因此国内学者更倾向于从组织的内在属性出发对NGO进行界定。如清华大学NGO研究所的王名认为："定义中国的NGO需要满足的基本条件是：不以营利为目的且具有正式的组织形式、属于非政府体系的社会组织，它们具有一定的自治性、志愿性和公益性。"①"不是政府，不靠权力驱动也不是经济体，尤其不靠经济利益驱动。NGO的原动力是志愿精神。"②基于国际社会对NGO的界定以及中国的特殊国情，本书将NGO定义为：不以营利为目的的，从事公益性、互益性、服务性活动的社会组织。

教育类NGO在教育援助中基本上可以分为两大类：一类是以人为基础的，即各种学会、协会等社团组织；另一类是以资金为基础的，又包括以直接资金为基础的——基金会，和以资金的某种实体表现形态为基础的——学校、服务机构、研究所等，在现行管理法规中后者被界定为"民办非企业单位"。③

1. 乡村学校与NGO合作的意义

第一，教育类NGO在教育援助中发挥着教育理念援助的作用。教育类NGO的加入极大地开阔了乡村学校的理论视野。例如：青年志愿者组织，尤其是当代大学生进入乡村学校做青年志愿者，为乡村学校注入了新鲜的血液，成为乡村学校往前发展的一个推动因素。教育理念也因此不断地发展和革新，教育理念的发展带动教育质量的提升。无论是21世纪教育研究院④、中国陶行知研究会⑤，各类教育论坛、沙龙等专门研讨机制，还是大学生暑期支教组织、青年志愿者组织及各类非政府组织，都在理论上和实践上为乡村学校给予教育理念

---

① 王名，贾西津．中国NGO的发展分析[J]．管理世界，2002(08)：30—34.

② 张珊珊．教育NGO的组织生态研究[D]．上海：复旦大学，2010：4.

③ 张金玲．我国教育NGO与学校的互动及其发展研究[D]．青岛：中国海洋大学，2014：5.

④ 成立于2002年，是一家以教育公共政策研究、教育创新研究为主的民办非营利性组织，致力于通过独立的专业化研究和广泛的公众参与，推动中国教育的改革与发展，追求好的教育、理想的教育。官方微信公众号：21世纪教育研究院（eduyanjiuyuan）。

⑤ Tao Xingzhi Study Association of China，简称TSAC，是教育部主管、民政部登记的国家一级社会团体，是由教育界和热心人民教育事业的单位或个人自愿组成的具有独立的社团法人资格的学术性、全国性、非营利性社会组织，1985年9月5日在北京成立。其宗旨是坚持"与时代俱进"的精神，研究、传承、实验陶行知思想，为中国的教育改革和发展做出贡献。官网地址：http://www.taoxingzhi.org/xh.

的发展做出了重大的贡献。[①] 乡村教育质量也在这些机构和组织的推动下慢慢提升。

第二，NGO为乡村学校的长期发展提供物质援助。NGO也是一种资金援助机制，最主要的是基金会，包括境外基金会及其办事处和项目办。基金会主要有两类，一类是“给钱”，即资助型基金会，如福特基金会、乐施会、许多教育基金会等，它们通过项目等形式对公益事业予以资金的支持；另一类是“做事”，即运作型基金会，如青基会自己直接举办希望小学，资助贫困地区和贫困学生。除了基金会作为主要的教育资金援助机制，还有一些其他类型的国际NGO，它们的许多项目、资助等也涉及贫困地区的教育。

第三，NGO为乡村学校提供人力资源。无论当代企业、学校及社会各类组织，人力资源是组织成功的关键。人、财、物的良好配合是乡村学校教育水平提高的关键。NGO不仅在理念和资金上予以支持，在人力资源上更是给予了更大的帮助。通过NGO，将大量的城市有志青年和学者输入到乡村，成为乡村学校的活力之源之一。这样不断地输入人员，成为乡村学校与外界交流的一个很好的渠道，也成为开拓乡村学校视野的最有效、最直接的途径之一。

第四，NGO推动政府政策对乡村学校的支持与呵护。乡村学校的发展最关键的还是当地政府政策的支持和呵护，NGO可以助力推动政府政策的落实。虽然长久以来，政府给予乡村学校以资金支持，但是乡村学校整体教育质量水平的提高需要全面的关注和支持，不是仅仅依靠资金就可以解决问题的。NGO还可以在理念、人力等方面与政府人员沟通交流，在政府的帮助下对乡村学校提供支持，如此会更加有效。同时，在NGO离开学校之后，政府也会继续关注和帮助乡村学校的发展。

2. 乡村学校与NGO合作的可能性

乡村学校与NGO合作有诸多有利因素，这些因素增加了NGO与乡村学校合作成功的可能性。

第一，相关理论为二者合作提供理论支撑。义务教育属于公共服务的领域，完善公共服务改革需要政府提供公共服务的财政和政策、法律支持，力求公共服务均等化，还需要推进公共服务社会化。这样，可以充分发挥NGO等社

---

① 张金玲.我国教育NGO与学校的互动及其发展研究[D].青岛：中国海洋大学，2014：5.

会力量在公共管理中的作用。其一，治理理论。治理理论的主要创始人之一詹姆斯N·罗西瑙（James N. Rosenau）在其代表作《没有政府统治的治理》和《21世纪的治理》等中将治理定义为一系列活动领域里的管理机制，认为治理与政府统治最基本的或者是最本质的区别是：① 权威不同，治理虽然也是需要权威，但是这个权威不一定是指政府机关，而政府统治的权威必定是政府；② 主体不同，政府统治的主体一定是公共机构，而治理的主体既可以是公共机构也可以是社会机构；③ 管理过程中权力运行的向度不同，政府统治的权力运行方向是自上而下的，而治理则是一个上下互动的管理过程。治理不是一种活动，也不是一整套规则，而是一个过程；治理过程的基础不是控制而是协调；治理不是一种正式的制度，而是持续的互动；治理不再是中央集权，而是权力分散；不再是监督，而是合同包工；不再是由国家进行再分配，而是国家只负责管理；不再是行政部门的管理，而是根据市场原则的管理。[①]其二，正义论。罗尔斯的正义论是学界公认现代公平理论中最具有代表性的理论之一。他关于公平有著名的两条原则：第一条原则是每个人都有平等的权利去拥有可以与别人类似自由权并存的、最广泛的基本自由权。第二条原则是社会的和经济的平等应该满足两个条件：首先，它们所从属的公职和职位应该在公平的、机会平等的条件下对所有人开放（公平的、机会平等原则）；其次，它们应该有利于社会之最不利成员的最大利益（差别原则）。[②]假设人们的开始状况是不同的，比如财富收入的差别等，那么政府组织就应该关注弱势群体，并进行一定的补偿（补偿利益原则）。对义务教育来讲，补偿触及了社会资源配置的问题，很多国家和地区都对此做出了努力，比如给贫困地区的孩子发放补贴，或者教师采取流动制以补偿乡村小学师资力量困乏的问题等。

第二，政府的政策支持。义务教育是国家强制推行的教育，以国家强制力保证其实施。义务教育的普及和发展关系到国家整体的发展，因此政府对义务教育的权利和义务都非常重大。同时，政府也一直大力推动义务教育的发展，颁布各项政策，其中就有支持和鼓励非营利性组织和学校合作。例如国务院办公厅印发的《国家贫困地区儿童发展规划（2014—2020年）》，[③]提出促进贫困

① 高小平，颜佳华．行政的价值［M］．湘潭：湘潭大学出版社，2013：171.
② 张人杰．国外教育社会学基本文选［M］．上海：华东师范大学出版社，2009：218，149，158.
③ http://www.gov.cn/zhengce/content/2015-01/15/content_9398.htm.

地区儿童发展工作，其中办好农村义务教育这一点中强调对口支援政策等。由此看来，国家政策支持各方组织对于乡村学校的支持。

第三，双方合作的愿望。教育是乡村地区百姓的希望，提升自身的教育水平是乡村学校的发展方向。一个学校能够给予学生良好的教育，是教师们的幸福追求。一个学生能够得到良好的教育，是一个家庭的幸福追求。同样，NGO充满着热情和志愿精神，希望能够通过自己的努力给周围的世界带来一点温暖和光亮，不管会遇到什么样的困难和挫折，它们都不会退缩。正是因为双方的美好愿望和对生活的期待，才能够使得乡村学校和NGO能够走到一起，共同朝向一个方向迈进——师生的成长与教育的幸福。

（二）乡村学校与NGO合作的案例

1. 教育类NGO支教乡村学校

NGO走进乡村学校最显著的案例便是青年支教组织，其主要是由在校大学生（特别是曾经得到爱心人士帮助圆梦大学的受助学生）组成的从事帮扶贫困中小学的公益助学组织。大学生们利用假期走进乡村学校，为学生带来丰富多彩的课程；利用网络在线为学生更新学习资源，进行心理辅导。如2009年4月由在校大学生创办的“千里草助学计划”，具有“求真、奉献、责任”的理念，还有2011年3月同样由高校大学生创办的“一乡人公益服务中心”等。

当然也有由政府部门组织成立的NGO，如中国青年志愿者协会是由中国共产主义青年团在中央的指导下成立的，是中国目前比较成熟的一个教育类NGO。该组织在获得政府或学校的支持和同意后，会将教育援助定期化、常态化、规范化。它致力于构建一个专业、高效、可靠的公益平台，联合社会爱心人士、慈善机构、慈善企业、大学生志愿者等多方力量一起帮助解决中小学生在思想、学习、生活等方面的困难，推动教育事业均衡、健康、快速、和谐发展。该组织的项目主要有结对助学、爱心捐赠、助学育人以及图书推广等，会定期组织人员到全国各个贫困地区进行教育援助，其支教时间长短不一，教学活动不受政府限制，学校课程灵活设计，有的甚至有自己的编写的教科书。

表5-1中列举了我国目前的一部分教育类NGO。

表5-1　我国相关NGO信息汇总表

组织名称	创办时间	创办者	愿景/理念
中国青年志愿者协会	1994年	中国共产主义青年团	奉献、友爱、互助、进步
春苗助学网	2002年	四川宜宾五粮液集团退休职工罗耀奎	公益助学；奉献爱心，服务社会
萤火虫计划	2005年	深圳大学义工联助学分会	一切为了孩子；活力助学，传播希望
挚友计划	2006年	海外中国留学生和中国知名高校学生	乡土博雅教育、实践服务学习、团队协作创新；分享世界，分享未来
好友营支教	2006年	佛山市团委	热心公益，理性支教。对山区孩子的教育方面提供适度而合适帮助，协助提高当地人知识水平，帮助他们自己强大
爱飞翔·乡村教师培训	2007年	华东师范大学飞翔公益基金等	高能力教师带动高素质学生
美丽中国支教项目	2008年	北京立德未来助学公益基金会	让所有中国孩子，无论出身，都能获得同等的优质教育
千里草助学计划	2009年	在校大学生	求真、奉献、责任
一乡人公益服务中心	2011年	高等院校在校大学生	（爱心+感恩+责任感+……）×团结+行动=公益
绿之叶公益	2012年	黄媛媛	助力山区儿童成为自尊、自信、自强的中国公民；放飞希望、健康成长

我们再来看三个具体的案例：

案例5-1

千里草助学计划[①]

千里草计划（简称“千里草”）简介：成立于2009年4月，千里草助学计划是由在校大学生组成的帮扶组织，集公益助学服务、素质教育课程研发、素质教育服务、公益人士孵化、公益助学咨询服务等为一体，以助学育

① http://blog.sina.com.cn/qianlicaozhuxue2010.

人为核心,致力于促进和谐社会及社会主义新农村建设的快速发展。

千里草计划每年组织大学生志愿者赴甘肃、贵州、四川、云南等地区开展支教活动,其支教的内容涵盖能力、知识和人格等方面,并且系统性地开发了多套课程,每套课程都有可供学生们阅读的教材以及供支教志愿者和学校老师参考的教案。

千里草短期支教项目拥有五大创新,包括理念创新、管理创新、资源创新、内容创新和实施创新等。千里草组织的五大创新为山区学校(师生)、爱心人士(组织)以及大学生志愿者等提供一个可靠、科学的爱心助学平台。

理念创新——力做素质教育和公益教育助推器,以促进山区教育的健康发展。

资源创新——公益资源开发与整合,以保障资源的充分供给和合理分配。

内容创新——"微笑成才五部曲"等特色课程,以改善短期支教的质量。

实施创新——回乡支教+教师计划+校内推广,以优化支教团队和拓展实施广度。

千里草计划还注重对能力的培养,设计"微笑成才"夏令营活动。"微笑成才"五部曲(smile-project)活动共分五个模块:Self-cognition(自我认知)、Morality(道德养成)、Intelligence(智力开发)、Life-Guidance(人生导引)及Exploration(探索实践)。具体来说:

自我认知:引导学生认识自己的重要性,认识自己的家乡,从而认识幸福,能乐观向上地生活、追求、拼搏。

道德养成:中华民族有着历史悠久的传统美德和文化,而这一模块的主要内容就是让学生体会到中华民族的优良传统,培养学生的道德意识和文化传承意识。以话剧的形式教导学生《弟子规》的知识,让他们接触国学,带领他们反思自己日常生活中的"礼仪"与"孝"的德性,最终要教会学生价值的取舍。

智力开发：紧急救护、变废为宝和创新思维的课程，带给学生很多生活中的“奇特”现象，激发他们善于观察、勇于创新的热情。

人生导引：以“梦想零距离”课程引导学生每个人从小就应该有个梦想；接着以“梦想缤纷”和“梦想洋溢”课程让他们将自己的梦想以艺术画的形式展示给大家；最后通过“梦想起航”课程教导他们人要树立一个远大的志向，毕生为实现这个志向而努力。前进的路上障碍重重，但只有奋勇直前的人，才可以登上成功的殿堂。

探索实践：通过“红旗飘飘”等课程教导学生要有团队合作意识、爱国意识，只有善于合作的人才得以在当今社会上取得更大的成就。

千里草助学计划有一个共同的愿景：探寻出一条适应中国教育事业发展的公益助学之路，开创公益助学新品牌，建立完善可持续的助学育人平台，力争将公益助学变成素质教育的助推器和公益人士的孵化器。在这个共同愿景的支撑下，千里草助学计划在教学、课程设置上都非常有创新意义，并且注重乡村学生的全面的发展，从自我认知、道德养成、智力开发、人生导引、探索实践五个方面出发，培养学生的综合素养。

案例5–2

毅恒挚友计划—PEER[①]

Peer Experience Exchange Rostrum（PEER）是一个以由海外中国留学生和中国知名高校学生为主体，以中国内陆欠发达地区中学生为对象，以乡土博雅教育、实践服务学习和团队协作创新为主要方法，以激发学员独立思维、培养创新能力、锻炼团队意识和增强社会责任感为主要目标，以补充与促进内陆欠发达地区中学阶段教育为基本目标的非营利组织。

自2006年成立以来，PEER的足迹已经到达湖南、贵州与陕西农村地

① http://peerchina.org/.

区的5所学校，有约500名中学生从中获益，而迄今为止参与过PEER暑期活动的“挚愿者”也已达到80多名：他们来自世界8个国家和地区的53所高校，形成了一个初具规模的“PEER网络”。

PEER的三个核心理念是：

第一，乡土博雅教育(Liberal Arts Rural Education)：扩展中国教育的意义，培养学生的批判性、创造性、理性思考方式并同时提高学生对家乡情况的认知度，培养他们对于家乡发展的责任感从而弥补传统教育的不足，以适应乡镇农村对于后备人才的需求。

第二，实践服务学习(Service-Learning)：让学生在社区服务中寻找学习的乐趣、动力与灵感，在更好地了解当地社会的同时，把自己的课堂所学与社区服务联系起来。

第三，团队协作创新(Collaborative Innovation)：以激励和引导的模式促使学生形成团队、自我学习、合作探索，从而发掘自身的潜能与优势，增进团队精神和创新能力。

“挚友(PEER)暑期项目”是PEER的主体活动模式，即每年7、8月在中西部地区定点学校进行的为期4周的支教暑期项目，主要包括为期1周的拓展训练、为期2周的支教夏令营和为期1周的社会实践活动。同时，通过广泛招募海内外“挚愿者”并提供系统的培训，“挚友暑期项目”将提升海内外中国学子对国内教育的关注，整合海内外优秀资源，更有效地促进欠发达地区的中学教育。目前，“挚友暑期项目”已续进行三年，得到学生的良好反馈与学校的积极支持，具有极强的稳定性和可跟踪性。

此外，PEER致力于建立与支教地区的“长效帮扶机制”。除短期暑期项目外，PEER设有调研团队对支教地区进行系统的调研与评估，长期跟踪该地区学生、教师的反馈情况，并以此为基础，不断提供力所能及的帮助，如建立长期图书捐赠渠道，设立“PEER奖学金”以鼓励、支持优秀学生完成学业等。

在进一步完善暑期服务项目以更好地服务当地学生的基础上，

PEER还设有长年、定期的活动来更好地服务"挚愿者"，帮助"挚愿者"们深入了解中国乡村教育的现状，共同研究当地经济文化的特点，从而设计出更适合当地实际情况的实践服务计划。

"挚愿者服务学习社区"是PEER为"挚愿者"们设立的互动式交流平台。通过网上平台，他们可以交流经验、分享心得；通过线下活动，他们可以与其他公益组织进行联络协作，集思广益、形成合力，共同推动中国公益事业的发展。

"挚友社会创新项目"是PEER在挚友暑期项目之后举办的社会创新大赛，以鼓励"挚愿者"与当地学生合作，对当地社区进行长期服务。PEER将对创新项目进行长期的跟踪、辅导和支持。

PEER拥有一个明确的目标——深入教育资源相对劣势的内陆欠发达地区，为当地中学生提供开放式的教育，并促进其长期运用。为实现这一目标，PEER的近期工作任务将集中在以下两个方面：第一，在实践中对现有的活动模式进行总结、创新，整合为成熟的"PEER模式"，并加以推广，以指导、帮助海内外大学生支教与社会实践活动；第二，以更加专业并契合农村实际的教育理念与方法为指导，逐步扩大影响力，推动农村社区教育的进步。PEER还拥有一个更加长远的理想——希望中国所有的学生都能获得应有的教育，开发自身的潜力，了解社区的需求，共创中国的未来。通过PEER"挚愿者"的努力，PEER团队已经在其目标与愿景的指引下不断前进。

PEER挚友计划是由中国的海外留学生和国内知名高校的学生共同实践的一个公益组织，他们将国外的教育理念同中国的乡土文化相结合，并依据现代社会对人才的需求，制定出了合理的教育理念，即乡土博雅教育、实践服务学习以及团队协作创新。在此过程中，学生不仅可以获得新的知识和文化，同时会学习如何同社会合作、如何在社会团体中做事和做人。这为乡村学生走向社会搭建了一个良好的桥梁，让乡村学生不再是生活在学校里的"井底之蛙"，而是能够认识到外面的世界，并结合自己的兴趣所在，恰当合理地思考和选择自己的未来。

案例5-3

真爱梦想基金[①]

上海真爱梦想公益基金会是一家由金融机构和上市公司的专业管理人员发起与运营的公益组织，2007年由潘江雪创办。真爱梦想专注素养教育，推动教育均衡，帮助孩子们自信、从容、有尊严地成长。具体的做法是通过系统化地为学校提供教育公益产品和服务——“梦想中心”体系，使偏远乡村和城市的孩子都能够基于自我意识的觉醒，探索更广阔的世界和更多的人生可能性。

公益服务包括以下几项：

一是改建学校的一间教室成为“梦想中心”。集平板电脑、图书、多媒体设备为一体，且便于互动式课程开展的教室。还有移动版梦想中心——“梦想大篷车”，每到一处都会停留2—3天，让当地的孩子们体验多节“梦想课程”。

二是提供核心素养校本课程和综合实践活动——“梦想课程”。秉承全人教育的价值理念，从“我是谁”“我要去哪里”“我如何去”三个哲学命题出发，以发展学生个人成长和适应社会所必需的正确价值观念、必备品格和关键能力为课程建构的主要方向，以合作、体验、探究、表达为基本的学习方式，是与基础教育国家课程互补的结构化的课程体系。在纵向上分为1—3、4—6、7—9三个年龄段，分为“求真”“有爱”“追梦”三个内容模块。自2008年起覆盖全国31个省/地区，开课时数达309万课时，受益学生459万。

三是实施“梦想领路人”教师培训，以推动开展“梦想课程”，提升教师专业发展。为教育工作者（教师、校长、局长）搭建全方位赋能的培训体系，不断探索教育领域与其他领域、国际化视野的融合和碰撞。2010—2019年暑期，基金会成功连续举办了10次“梦想教练计划”支教活动，累计有3 560名志愿者，结成446支队伍，行走近320万公里，对超过10万余名教师进行“梦想领路人”培训。

四是创建“梦想盒子”网上互动平台，满足教师对课程资源以及跨学

① https://mp.weixin.qq.com/s/HwMxwzh5MFqz3m8DsvB25Q.

科交流的需求。截至2020年8月，网站注册用户达到108 773人，微信服务号总注册用户为63 368人，月均活跃（PC端+移动端）13 000人。

上海真爱梦想公益基金从一个民间爱心慈善项目到和地方政府结成教育共同体，共同实现“五育并举”全面育人的质量提升。在扶贫扶智领域，真爱梦想联结政府、企业和社会各界，在全国262个贫困县累计建成1 798间梦想中心，项目投资款项累计2.72亿元（不包含实物捐赠），为贫困区县的精神脱贫、文化脱贫和长期脱贫做出贡献。[①]这份初心和使命来自十几年前真爱梦想创始人潘江雪女士在四川甘孜州走访时看见了偏远贫困地区孩子们的内心迷茫。每一个社会问题背后都有教育的影子，而教育不仅意味着学知识、考高分，教育要帮助孩子们有准备地从容应对未来生活的挑战。因此，真爱梦想首先把在乡村的学校将传统教室改造成孩子们的“梦想中心”；然后开发一套育人的课程，帮助孩子们成为“有爱求真的追梦人”；重要的是陪伴乡村教师、校长成长，提供长期培训和终身学习服务，成为传播者和陪伴者。[②]

2. 其他NGO援助乡村学校

除了教育类NGO援助乡村学校之外，其他非教育类的NGO也对乡村学校提供了大力的支持，这些支持主要体现在资金上以及学校基础设备上的支持。如服装厂免费为学校定制校服、装修公司免费为学校装修等。

案例5-4

贵州乌江中学与NGO的互动[①]

乌江中学简介：乌江中学位于贵州省遵义市乌江镇，为西部山区（贵

① https://mp.weixin.qq.com/s/l7OV5pEV8CKM1EzQdxEH-A.

② https://mp.weixin.qq.com/s/wL22pANJSJVLuhVCZisW8Q.

③ 张金玲.我国教育NGO与学校的互动及其发展研究——以贵州遵义乌江中学为例[D].青岛：中国海洋大学，2014：12.

州省遵义县）较为边远的农村初级中学，学校建于1969年秋，为遵义县直属初级中学，现有教学班12个，学生510人，教师47人。学校现有多媒体教室一间、理化生实验室各一间，计算机28台，2001年邵逸夫捐资80万、政府匹配80万修建了教学楼之后，不断有社会公益组织、爱心人士向学校伸出援助之手。

乌江中学与NGO的互动：

第一，邵氏基金的资助为乌江中学开启了新的发展模式。2001年邵逸夫向乌江中学捐资80万、政府匹配80万修建了教学楼，大大改善了教学环境，为学校的发展开启了新的模式。

第二，其他社会慈善的资助。除了大学生支教团对学校支取的资助，政府部门也积极引入社会慈善力量，改善学校教学环境。由于资金不足，乌江中学一直没有自己的学生食堂，学生就餐只能在教室或者宿舍，每到冬天或者是雨季，学生就餐面临着很大的问题，从打饭的地方回到教室或者宿舍，饭菜都凉了，孩子们甚至吃不上热乎乎的饭菜。2010年经遵义市教育局联系，遵义县新华书店捐资8万元为乌江中学修建了食堂。

在乌江中学的发展中，政府财政投入占主要部分，中央政府按照每生每年700元的标准下拨教育经费，但是这一经费仅够维持正常的教学活动，教育资源严重不足，学生和教师的生活质量都偏低，学校发展更是困难重重。乌江中学在得到NGO与社会爱心人士的帮助之后，逐步形成了与NGO互动的模式，在政府的主导下有条不紊地开展各种助学项目，使学校教学设施不断完善，学生生活条件有所改观，教师的教学素质得到提升。逸夫楼的建造使学校开始探究新的发展模式。在政府财政支持之外，学校积极寻找社会力量的支持，如大学生支教团的到来，为社会力量的进驻打开了一扇窗户。这种合作模式需要学校行政人员和教师的共同努力。这启示我们：乡村学校的视野决定着这所乡村学校的发展状态和未来的前途，同时，也决定着乡村学校学生未来的发展。

“一方有难八方支援”是中国的一句老话，但是用在乡村学校的发展上确实有效。乡村学校资金、设备的不足是有目共睹的，单纯靠政府的财政资助是远远不够的。那么，这时就需要社会各种组织的援助和支持，就像乌江中学一样，书店、服装店的一点点帮助就可以帮助学校很好地改善学习环境。

（三）乡村学校与NGO合作的困难与解决策略

1. 乡村学校与NGO合作的困难

第一，NGO对乡村学校的发展缺乏可持续性。在NGO中，承担辅助性工作的志愿者通常工作时间不能维持很久，随着阶段性志愿活动的完成，志愿者的职责也就相应的完成，而后继工作的承担和传承往往缺乏固定人员担任，导致许多工作不能够很好地传承下去。因此，建立一套完整的系统的NGO管理机制是非常必要的。但现在多数NGO没有系统的管理机制，有的NGO即使有管理机制，在运作方面也遇到以下诸多困难：其一，NGO不能根据组织需要及时调动志愿者人力资源。志愿者作为NGO的人力资源，并不是长期挂靠在NGO内部，而是阶段性的，这就导致人员的调度不顺。其二，NGO志愿者招募缺乏科学性。不能保证所招募的人员都有很强的奉献精神，其中难免会有一部分人员是带有功利性的心态加入组织的，因此，在进行具体工作时会影响团队的精神面貌，甚至给乡村学校带来不利的影响，从而引发一系列的社会问题。其三，志愿者绩效评估和考核缺乏科学性。所谓NGO志愿者绩效评估，是指对组织成员的工作业绩和工作行为的考察、评估和测度的一种制度。这种评估既是对NGO成员的一种激励和提醒措施，使他们在做事时注意自己的行为影响，也是对于NGO内部管理的一种辅助。目前，我国大部分NGO普遍对绩效评估的工作流于形式，考核所考虑的规定大都过于原则性，实际操作性不强。这就导致了NGO内部环境松散，使得NGO在和乡村学校合作之时也体现出松散的特点。这会影响乡村学校对整个组织的态度，使之失去对该组织的信心，从而影响NGO在乡村学校这个教育体系中所发挥的作用。

第二，乡村学校参与不够，部分NGO成员志愿奉献意识不足。合作是关乎双方的一个工作。一方的情绪状态会影响另外一方的状态，这就是情感能量的传递。在乡村学校和NGO的合作中，一方面，大多乡村学校并没有专门的负责人员，NGO与其合作时沟通不畅，并且得不到学校的合理响应。另一方面，由于中国NGO的发展大多还不够完善，需要在摸索中前进，因此存在人员甄选时的不科学、成员培训的缺失、组织宗旨的不明确等方面的问题，导致NGO成员缺乏应有的志愿精神和奉献的热情，反而多了功利色彩，这样的精神状态同样会影响乡村学校对NGO的态度。如果双方都有以上问题，那么，双方之间的合作将会以失败告终。

第三，NGO对乡村学校的捐助具有分散性和偶然性。NGO的经费是保证组织运行及开展志愿活动的基本经济保障，但是经费不足问题在我国的NGO中是最为常见的现象。经费短缺导致NGO的活动难以顺利进行。当然，导致NGO经费短缺主要有三个方面的原因：一是，政府没有充分发挥在NGO资金筹集方面的助推作用；二是，社会捐助动力不足，社会对NGO存在某些偏见；三是，我国NGO自身盈利方面运作不够。NGO虽然是非营利性组织，但是关键在于一个组织营利的目的是什么。如果一个组织营利的目的在于私人的利益，那便不是一个NGO。但是，NGO的营利目的是为了公益活动的维持和开展，这就无可厚非了。但是，我国NGO的确缺少营销的观念，也就导致了我国NGO企业化和战略化的意识不强。NGO经费困难导致其对乡村学校的捐助也存在分散性和不确定性。大部分NGO的捐助是碎片式的，在资金充裕的情况下可以资助一笔钱，但是不能保证有周期或者长期几次的捐助，这就导致NGO捐助的偶然性和分散性，结果使得资金使用效率低、捐助效果不明显。

2. 乡村学校与NGO合作困难的解决策略

为了解决乡村学校与NGO合作中的困难，除了健全NGO人力资源管理机制、稳定双方合作关系，加强合作前的沟通、增强双方的信任度之外，还可以在以下方面寻求突破：

第一，扩展乡村学校和NGO的资金来源渠道。资金来源方面需要政府的支持和帮助。政府对乡村学校和NGO的拨款，对于双方的合作发展都非常重要。当然私人资助也是必不可少的。比如，美国的各项资金来源所占的比重分别是：公共部门的资金拨款占43%，私人部门的捐赠47%，私人捐赠10%，私人部门甚至超过政府的资金投入。这对政府和乡村学校的启示是要重视社会各方的力量，而不能局限自己的视野和范围。

第二，地方政府做好监督管理工作。由于中国的NGO起步晚、发展尚不成熟，存在诸多问题，学校与NGO的合作需要政府的支持。一方面，政府需要为NGO的发展提供较为宽松的政策环境，鼓励NGO与乡村学校的合作。另一方面，政府也是NGO的监督者，通过地方政府监督合作中NGO的资金使用等情况，落实对国家教育事业的帮助。

第三，发展和利用网络媒体。一方面，乡村学校通过网络媒体将自身发展困境、对社会NGO寻求帮助的需要进行发布，使得乡村学校能被社会更多地关注。另一方面，乡村学校与NGO的合作项目也需要通过网络媒体进行宣传，扩大社会影响力，得到更多人的理解。这样做不仅可以吸引更多志愿者的加入、资金的融入，而且可以探索通过网络平台使得合作更加方便、互动更加便利。例如：大学生利用假期组织的支教活动，或许可以通过网络平台实现线上支教，使得项目的开展时间、地点变得更加灵活，有利于合作的持续性。

第四，培育农村NGO。中国农村问题的彻底解决还需依靠其他社会主体的共同参与和培育各种农村NGO。以北京富平职业技能学校为例，该校帮助农村剩余劳动力进城就业。富平学校还与各个地区的农村NGO合作，务工人员就地培训合格后再去北京上岗。与地方政府的扶贫部门进行合作，使用财政专项“扶贫”拨款。促进不同的农村NGO互通有无，通力合作，支持乡村学校谋求共同发展。[①]

二、乡村学校与企业的合作

（一）乡村学校与企业合作的意义和可能性

企业是什么？企业为什么存在？经济学家科斯明确提出并回答了这个问题，即运用价格机制配置资源是有成本的，企业是一种可以替代市场配置资源的管理机构，企业的产生是为了节约交易成本。[②]他的这个回答影响非常大，同时也成为学界公认的最全面、最本质的定义。

分类是“指根据事物的特点分别归类”。[③]“对企业进行分类，即是从不同的角度依不同的标准对企业进行划分，以从各个层面去理解和把握企业的特质与属性。”[④]企业的分类是多种多样的，依据不同的标准可以对企业进行不同的分类：① 依据企业规模，可划分为大型企业、中型企业和小型企业；② 依据企

① 郝月珍.中国农村NGO的培育与可持续发展——以富平学校的创办为例[J].乐山师范学院学报，2006(03)：101—104.

② 王亚珂.企业定义与存在的再思考[J].郧阳师范高等专科学校学报，2003(02)：72.

③ 中国社会科学院语言研究所词典编辑室.现代汉语词典[M].北京：商务印书馆，2005：400.

④ 甘培忠.企业与公司法学[M].北京：北京大学出版社，2002：6.

业所属的经济部门，可划分为工业企业、商业企业、交通企业、金融企业、邮电企业、建筑安装企业、水利企业，以及外贸、物资、农林企业等；③依据企业使用的技术装备及生产力要素所占比重，可划分为技术密集型企业与劳动密集型企业；④依据企业内部结构，可划分为单一企业和联合企业；⑤还有其他一些划分，如军工企业和民用企业；外资企业和内资企业等。

1. 乡村学校与企业合作的意义

在新的历史时期，随着经济的发展，我国大小型企业都得到了迅猛的发展。当经济发展到一定程度，企业家通过与教育文化的连接来提升企业的文化。因此，校企合作这一模式便应运而生。校企合作最初是在企业和高职院校之间进行的，这样有利于企业和高职院校相关专业进行对接，直接有利于学校学生的培养和企业人才的输入。除此之外，企业也开始走进乡村学校，为乡村学校提供资金援助和技术支持。虽然企业和乡村学校的合作并不常见，但是通过企业和职高的合作，我们可以看得出二者之间的合作包含诸多意义。

第一，有助于缓解乡村学校的经济负担。企业资金输入乡村学校，一部分用于乡村学校的日常运行，另一部分用于资助困难学生。此外，如果条件允许的话，还可以为乡村学校的校舍建设提供支持。乡村学校在这些方面的改善，将会增强教师和学生对于学校的信心，同时使学校的整体水平得到提高。

第二，有利于乡村学校课程设置的丰富。就目前来看，由于经费和设备的欠缺，乡村学校的课程设置仍然是以文化知识的学习为主。通过校企合作，可以增设参观企业等一类的课程，通过此类课程的开设，可以使得学生开阔视野、拓展学习的宽度和广度。利用企业自身建设的资源可以缓解乡村学校课程资源不足的问题，利用企业的设备、场地可给学生提供动手实践、观摩学习的机会。

第三，有利于提高乡村学校师资队伍的水平。目前，乡村学校的师资力量匮乏、师资水平不高。通过与企业和企业家的合作，可以提高教师的专业素养。为什么这样说呢？我们知道，当今世界企业500强中有90%以上的企业在美国，卓越成功的企业家群体是美国核心竞争力的坚实基础。现当代管理科学从心理学和组织行为学对成功企业家的素质进行了总结，管理学大家如彼得·圣吉、约翰·科特等对东方圣哲的管理智慧则推崇有加。有学者综合国外的管理学知识和中国圣哲的哲学智慧，总结出了企业家素质系统分析框架，认为“每一个人相对恒态的精神气势均是由'信心、精进、念知、定力、慧力'等五种精神力量的相互协调平衡而成。'信心、精进、念知、定力、慧力'的五种精神态势并非是一成不变的,但有一定的恒定性,相互之间可以相互影响相互制约,并可随自己的意愿加以引导、调整、平衡、强化。"[①]他认为人的精神系统是一个动态的平衡系统,是一个系统的全面、全过程的有机整体,不能够割裂、片面地来看待。他对五种精神力量的构图如下:

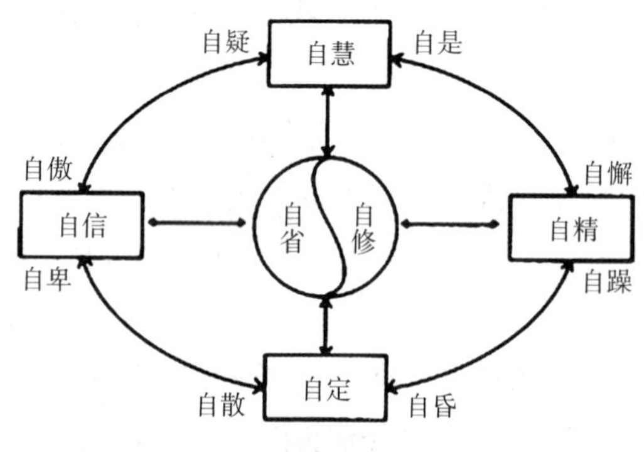

图5-1　人的五种精神力量

图5-1是一个有机的动态的系统整体:它们是在自反馈中心主体"念力"(自省、自修)的全面全过程的观照和把握下,时刻警觉与平衡好"信心与精进,定力与慧力,信心与慧力,慧力与精进,精进与定力,定力与信心"等力量的相互协调与均等平衡,并同时注意识别与消除"自卑与自傲,自疑与自是,自懈与自躁,自昏与自散"等多种消极偏执的心理状态,中道而行,这恰恰证明我国传统管思想中"中庸"之道的正确性与实际应用价值。[②]

信心力是指企业家能够把握清晰一件事情之后的自觉努力的内在状态。教师需要不断地学习,和学生一起学习,甚至从学生身上学习,这是信心力的表现。精进力是自身不断努力的一个过程,即在信心的基础上,对自身未来的需要的一种向往。同样,教师也是需要坚持的过程,不断学习去了解每一个学生。定力是指一个人精神专注、身心愉悦的做事状态,是一个人在不懈精进努力后,身心高度和谐统一,最后必将成功的精神状态。如果教师能够具有这样的专注状态,必然能够感染身边的学生,因为学生的学习最初就是从模仿开始的。慧

①② 贾小明,赵曙明.成功企业家内在素质研究[J].现代经济探讨,2005(06):57—58.

力需要注意的是智慧并非聪明，耳聪目明，人人皆备。智慧是从虚心忘我的角度去观察和思考，就像成功企业家对模糊事物判断的准确和把握的力度。教师需要因材施教，而不是千篇一律地教。对于不同的学生采用不同的教法，这需要智慧的观察，需要教师了解每一个学生的最细微的差别。念力可以理解为“自我反省”和“自我修正”，古人曰：“正知”和“正念”，是人的精神世界的总司令。如若教师能够经常自我反省和自我修正，学生也会受到教师的陶冶与感染，学会自我反思，追求知行合一。

2. 乡村学校与企业合作的可能性

乡村学校与企业的合作是随着时代的发展而逐渐形成的，两者之间合作的可能性是非常明显的。经济需要文化的支撑，文化同样需要经济的推动。企业是经济的主要来源，而教育又是文化发展的推动力和决定性因素。因此，企业和学校的合作是必然的趋势。企业和乡村学校合作的可能性有以下几方面：

第一，企业对文化价值的追求促进了校企合作。企业文化是一个企业的魂，也是一个企业能够长期稳定发展的决定性因素。企业需要通过行动来建构自己特殊的文化体系。通过对乡村学校的支援，可以提升一个企业的存在感和价值感。就像一个人活在世上，存在感和价值感是支撑其生活的重要因素，企业也是如此。在这一点上，企业的存在感和价值感提升了，那么便可以很好地优化企业文化体系。同时，企业文化也可以通过企业与乡村学校的合作（以下简称校企合作）得到推广和宣传，甚至可以得到完善。由此，企业对文化价值的这些需求就促成了校企合作的成功。

第二，乡村学校对资金的需求推动了二者的合作。乡村学校的设备和资金匮乏是众所周知的，因此乡村学校亟须企业资金的援助。虽然政府的财政补贴是每年都有的，但是对于乡村学校的发展进步来说还是远远不够的，因此，乡村学校需要企业给予大力的支持。如果能在诸多物质援助方面得到企业的帮助，将有效缓解乡村学校的办学困难。正是乡村学校对资金的需求，才能够很好地促进乡村学校和企业的合作发展。

第三，政府的大力支持为二者长期稳定的合作提供了条件。乡村学校的任何发展都需要政府的大力支持才能够很顺利的开展。在校企合作方面，政府的确也可以给予大力支持，牵线搭桥，帮助有需求的企业和乡村学校双方建立合作联系。同时，在合作过程中政府承担监督、督促的第三方角色，能有效地促进乡村学校与企业合作的进程。因此，政府是乡村学校与企业成功合作的重要促成因素。

第四，学校教育的深度改革使得二者的合作成为可能。在当代这样一个日新月异的时代，学校如何能够成为社会培养人才的基地，如何能够培养出适合当代社会需要的人才，改革成为学校的成长之路。当前从中小学、职业学校到大学、研究院校等，都在进行着改革。乡村学校也势必在这样的时代潮流之中进行改革。乡村学校也需要变革传统的观念，接受新的科技和信息，引进新的产品设备，与不同的组织与文化进行对话、合作等。由此可见，学校教育的深度改革也是校企二者合作的基础之一。

（二）乡村学校与企业合作的途径和方式

1. 以信息化推动乡村学校的设备升级

为解决城乡教育发展不均衡的问题，首先就要解决乡村学校的设备落后问题，而解决设备问题的方式之一便是与相关企业相互合作。企业的参与与合作，可以带动乡村学校向教育信息化迈进，为学校提供软硬件保障。

例如，农村中小学现代远程教育工程（以下简称农远工程）是指为提高农村教育质量和效益，在国家有关部门的组织下，以信息技术为手段，采取教学光盘播放点、卫星教学收视点、计算机教室等三种模式将优质教育资源传输到农村的信息化工程。农远工程涉及的群体包括但不限于政府、教育行政部门、企业、学校、教师、学生、农民群众等主体，因此，作为一个多维的系统工程问题，农远工程离不开上述群体的合作。“教育技术企业通过政府、教育行政部门向学校出售信息化设备和软件资源获取利润；专家对软件进行鉴定，向学校建议该采用何种软件和资源；教师和学生作为使用者，通过使用软件和资源对其优劣进行评价。在整个推进和应用过程中，还有各级电教馆、信息中心和研究者等都不同程度地为农远工程的应用和发展提供相应的指导和支持服务。”①

---

① 杨晓宏，贾巍.基于利益相关者视角的农村中小学现代远程教育工程应用效益评估研究［J］.电化教育研究，2013，34（10）：52—57+65.

又如，公私合营实现全县“教育一朵云”。[①]在2017年，河南省叶县政府与河南天业仁和信息科技有限公司签订叶县县城教育信息化整体建设运营PPP项目，重点建设校园网、多媒体教室、互动录播设备、数据中心、运营中心、软件资源等，至2019年8月底，基本实现了“校校通网络、班班多媒体、师生有终端、课课有资源、城乡能互通”的建设目标。此外，为解决长期以来形成的城乡教育发展不均衡问题，叶县县委、县政府决定通过实施教育信息化工程，将城镇和乡村这一血脉相融、地域相连的有机整体在教育方面贯通起来，用互联网思维填平城乡“数字鸿沟”，解决农村普遍存在的优质教育资源匮乏、师资短缺、课程难以开足开齐等重大问题，加快实现城乡教育一体化发展。[②]因此，为推动叶县基础教育信息化的进程，提升教育质量、促进城乡教育均衡发展，解决乡村学校存在的教育不均衡问题，叶县于2018年5月成立县域教育信息化推进小组，全面启动“教育+现代信息化”工程，开辟了全国性的以信息化推动乡村基本教育发展的特色路径。

2. 以数字化丰富乡村学校的课堂资源

乡村振兴战略是我国建设社会主义现代化强国的重要战略，其中人才振兴和文化振兴都是在教育的推动下建设发展的。乡村振兴战略的提出和新农村建设目标关系到我国建设和发展的大局，关系到我国全面小康社会目标的实现。然而，乡村学校的基础设施和师资力量都较为薄弱，《乡村振兴战略规划(2018—2022年)》提到，要把农村教育作为优先发展的目标，积极发展“互联网+教育”，推进乡村学校信息化基础设施建设，优化数字教育资源公共服务体系。只有增强乡村教育的造血能力，使得贫困人口有学上、上好学，乡村才会快速地走向振兴。[③]

在乡村学校推广数字化教育，使数字化技术进课堂，无疑大大增强了乡村学校的教育教学条件，但数字化课堂不仅是使用多媒体教学，数字化教育的课堂应该是随着现代化的发展。数字化教育是一种新型的教育方式，依托计算机、通信、网络等信息技术，使课堂具有高效性、开放性、灵活性的教育方

---

① 李飞.公私合营实现全县“教育一朵云”[J].中国教育网络，2019(02)：76—78.

② http://www.cedumedia.com/i/27268.html.

③ 中共中央国务院印发《乡村振兴战略规划(2018—2022年)》[N].人民日报，2018—09—27(001).

式。[①]如“乡村教师赋能计划”，该计划发起于2017年，是中国知名“AI+教育”企业——上海流利说信息技术有限公司的主要公益项目。2019年12月，“流利说”正式和贵州省黔西南州教育局达成合作，开展“乡村教师赋能计划”，为全州中小学英语教师无偿捐献为期一年的人工智能英语课程。经过3个月线上AI课程的学习，黔西南州64.73%的教师获得了一个等级及以上的提升。同时，“流利说”携手牛津大学出版社、鲲鹏公益事业发展中心，联合举办“流利说®乡村教师赋能计划进阶工作坊”公益活动。来自贵州省黔西南州的40多名乡村骨干英语教师应邀来沪，通过线上、线下相结合方式“充电”，学习前沿教学方法，提升综合能力。再如宜信财富母公司推出的“苔花计划”，是旨在促进教育公平、助力乡村振兴人力资本打造的项目，为乡村各年龄段的孩子提供软、硬件支持，通过校园建设、教学苔花奖，苔花助学金、苔花夏令营、心智德育方面阅读课程开展、社会实践、持续一对一陪伴等方式，帮助他们打造美好校园，获得公平的教育机会，促进身心方面的全面成长，实现心中的梦想，并为乡村未来的发展赋能。除了教师进行资源的建设，还应鼓励学生结合他们在信息技术课程中所学的知识，协助教师设计课堂教学中所需的资源，这些资源可以是交互白板活动挂图中的背景、页面或图像，也可以是flash动画，能增强教学信息的感染力，激发学生的学习兴趣和求知欲望，充分开拓学生的思路，从而大大提高教学效率和质量。[②]

数字化进课堂是促进乡村教育现代化的一种重要途径，乡村教育的振兴就可以通过发展数字经济、建设数字乡村、开发数字技术和培养数字人才等方式来进行，各企业与乡村、学校间的合力则会大大加快乡村教育的振兴之路。

3. 结合乡村实际生活，渗透“生计教育”思想

陶行知先生认为中国乡村教育走错了路，“他教人离开乡下向城市里跑，他教人吃饭不种稻，穿衣不种棉，做房子不造林。他教人羡慕奢华，看不起务农。他教人分利不生利，他教农夫子弟变成书呆子”。[③]他主张要建设“适合乡村实际生活的活教育”，乡村教育只有根植在乡村社会的土壤中，同乡村社会的方方

---

① 杨现民，余胜泉．论我国数字化教育的转型升级［J］．教育研究，2014，35（05）：113—120.
② 杨慧兰．交互式电子白板：农村课堂教学中的一缕阳光［J］．学周刊，2015（33）：215.
③ 中央教育科学研究所．陶行知教育文选［C］．北京：教育科学出版社，1981：57.

面面密切合作，与乡村社会的发展息息相关，才能找到自己生存与发展的空间和道路。乡村学校不仅要培养乡村所需要的人才，还要参与乡村经济、政治、文化活动，成为乡村改造与发展的中心。结合当代社会和乡村生活实际，乡村学校教育中渗透一定的“生计教育”思想还是很有必要和有意义的。“生计教育”又称“职业前途教育”，集普通教育和职业教育于一身，使每个学生在接受传统教育的同时建立起职业价值观念，获得谋生能力，而不仅仅是学会某一种实用技术。[①]生计教育的主要目的是加强学校与社会的联系，使教育更好地适应社会和个人发展的需要，使每个学生成就“自我认知、自我实现和自觉有用，能够过上富于创造、有生命价值的人生”。从现代教育思想看，孩子很小就应受到较科学的理财知识教育，教给孩子正确对待金钱、运用金钱，在日常生活里，从对金钱的接触、感受中，学习自尊、自立、责任才是最重要的事情，也是每个做父母的最应当做的事情。

案例5-5

美国的生计教育点滴[②]

在今日的市场经济社会，学校对学生的教育是否依然停留在传统的生光化电、唐诗宋词之上，能否适应市场社会对培养人才的特殊需要，有意识地对学生大量开设有关职业指导、生计教育等课程，以求将来在社会中脱颖而出？美国在这一方面做出了较大的努力。

美国的职业指导包括了解信息、提供咨询和职业安置三个环节。生计指导更进一步地拓宽了职业指导的领域，它特别强调对学生在以下方面提供咨询和指导：

在幼儿园，教师帮助儿童形成他们将成为“职业劳动和工作者”的意识。

小学1—6年级属于“职业了解阶段”。美国把上万种不同职业归纳为15个系列。从小学开始，就让学生通过活动树立起关于各种职业的

①② 吴春丽.美国的生计教育点滴[N].社会科学报，2006-07-27(07).

价值观念，培养小学生的职业意识和自我意识，扩大他们对不同职业的了解。

7—10年级属于“职业探索阶段”。学校通过对农业、商业、通讯、建筑、家政、文艺、医药、旅游、制造业、航海、销售与分配、私人服务等门类的一般职业训练，引导学生按自己的兴趣爱好和特点尝试着选择职业，其中7—8年级是以校内学习为主，9—10年级以社会实践为主。

11—12年级属于“职业选择阶段”。学校集中安排学生学习自己所选的一门职业课程，同时也学习语文、文艺、社会科学和自然科学等基础课程。

不管对于城市学生还是对于乡村学生，其实生计教育都是非常必需的。“生计教育”重视学生的实际工作经验，主张把学校内的职业课程与学生校外的工作经历结合起来，要求学生一边读书，一边参加体验实际的职业活动。通过生计教育，学生能够学会独立，能够在社会上贡献自己的一分力量。

4. 校企合作，建设农村学校劳动实践基地

建设学校劳动实践基地是培养学生劳动观念、吃苦耐劳精神的重要途径之一，也是实现学校劳动教育的重要途径之一。在农村，通过校企合作，建设农村学校劳动实践基地，既可以帮助学生改善生活、补贴家用，也能促进农村教育的发展，深化农村改革。农村学校劳动实践基地的建设也离不开当地教育厅、企业、学校、学生家庭的支持，在实践基地建成后，农村学校可以此设置相应的校本课程，丰富学校的校园生活；企业可以派遣技术人员进行专业指导和辅助管理；当地政府和教育行政部门可以制定相关政策以政策扶持与保障。

如山西省朔州市朔城区当地教育局紧抓劳动教育，联合朔州国新交通能源有限公司，共盘活农村闲置教育资源，打造中小学社会综合实践、劳动教育等研学基地。

案例5-6

朔城区教育局：校企合作又有新动作[①]

4月12日，朔州国新交通能源有限公司总经理乔志龙，朔州国新交通能源有限公司培训中心主任胡占雄，朔州研学基地项目总负责人解俊等一行6人，就中小学社会实践基地、中小学劳动教育实践基地的研学项目到朔城区进行考察。朔城区教育局局长魏立山，局党组成员温海，朔城区一中党委书记谭富德与部分区直中小学校长陪同考察。

朔城区教育局将盘活农村闲置教育资源，打造中小学社会综合实践、劳动教育等研学基地，切实贯彻落实党的教育方针。朔州国新交通能源有限公司考察团前来考察合作项目，必将有效促进朔城区教育事业的发展。

朔州国新交通能源有限公司总经理乔志龙表示，当前，全省各地研学基地正从无到有，从疲转兴。朔城区各乡镇中心校具有得天独厚的地理资源、人文资源，非常适合打造环境条件优美、研学内容丰富的中小学生实践基地。他对区教育局领导高瞻远瞩的教育理念，干事创业的诚恳态度深表敬意，对深化细化合作事宜，加快项目推进步伐，争取早日见效，努力为朔城区教育高质量发展做出新的更大贡献充满信心。

又如海子梁小学是一所8村联办的农村完小，学校利用闲置地开辟了24亩小学生劳动实践基地，分为大棚蔬菜基地、无公害马铃薯基地、经济苗圃基地。师生全员参与学校劳动实践活动，有组织、有纪律地展开分工合作，并聘请当地企业的蔬菜技术人员进行技术指导，辅助学生劳动并参与管理。“如此一来，既保证了师生营养用餐，改善了生活条件，又资助了23名留守、残疾、特困儿童，还培养了近千名科技小能手，引领了当地科技致富的理念。”[②]

（三）乡村学校与企业合作的困难与解决策略

从以上的介绍中，可以得知校企合作的发展已经有一定的进展，然而，在合作发展的过程中难免会产生各种各样的问题。

---

① https://baijiahao.baidu.com/s?id=1663895163701328706&wfr=spider&for=pc.
② 邹柏君.在农村中小学创建劳动实践基地之我见[J].小作家选刊：教学交流，2013，000(008)：189.

1. 乡村学校与企业合作的困难

第一，理论教学与实践教学的难于融合。目前，普通教育和职业教育之间还存在一定的隔阂。在理论教学时，普通教育所教授的还是应试教育的内容，而职业教育则是在实践中学习操作的技能，二者很难有联系和结合，这使得学生对于理论和实践很难进行实际的融合。二者之间的差别非常大，这就导致学生的关注点比较分散，很容易忽视其中一项的学习。

第二，过于受经济利益的制约。校企合作的模式是强调短期利益最大化。生计教育的定位是快速解决学生的生计问题，但是，生计教育也企图为地方经济的发展服务。在校企合作初期，学校为了满足企业的要求和企业建立良好的联系，可能会中断教学计划，服从企业对学校不合理的安排。这种简单的合作将会把学生培养成企业的工具，培养成单纯的打工仔。对于这样过于受经济利益制约的现象，学校和企业双方都要进行深刻的反省和有效地改进。

第三，政策保障不齐全。首先，企业在办学上缺乏法律的制约，这就无法衡量企业办学的效果和限度。在出现问题时，对于责任的归咎就无法采取有效的法律途径。其次，教育行政部门在校企合作方面的政策导向上的力度不够。虽然各级各类教育行政部门都强调了校企合作的重要性，但是仍然有一些学校看不清方向，仅仅将一纸协议作为校企合作的敷衍品，而没有真正的践行校企合作。最后，校企合作缺乏有效的评价体系和激励机制。目前，校企合作还未形成良好的评价体系，对校企合作的评价标准、评价程序等还缺乏统一的认知。虽然在实际工作中有一些可以借鉴的经验，比如对于校企合作运行良好的学校和企业进行奖励和授予荣誉，对企业负责人进行物质奖励等，但这并没有一个标准。因此，建立校企合作的完善的评价体系是非常重要的，这将关系到校企合作的安全性的保护和二者合作积极性的激发。

2. 乡村学校与企业合作困难的解决策略

第一，校企双方共同努力。校企合作理想的状态是：同一地区关注教育的所有各方，包括政府、企业、各级教育机构、其他团体和个人，为着共同的目标朝着一个方向而一起努力工作。这个共同的目标就是改革现有的教育体制，让其更为完善。的确，这样的校企合作模式是每一个参与合作者的追求。只有当合作各方有着共同的目标，才能齐心协力，把校企合作长期进行下去。一般情况下，刚开始合作时，双方都会带有各自的合作目的，但是随着双方互相慢慢地了解和合作的逐渐深入，合作的目标也会越来越趋于一致。在这一阶段，双方共同努力，校企合作会达到一些实质性的变化，如学校办学质量的改善、学生学习动力和兴趣的增强、企业文化与人力资源的改善等。

第二，改善实践教学和理论教学。教学环节是教育过程的重要环节。虽然校企合作的目标是培养学生的生存技能，但是也不能忽视学生知识的学习。知识是学生生存技能提升的基础。因此，教学环节就显得非常重要。在理论教学中，教师要很好地将书本知识传授给学生，可以采取以下两种方法：一是，教师应将理论知识与实践知识相结合。在备课阶段，教师可以提前进行知识的分析，找出可以与实践教学相结合的环节，然后从二者之间的结合点进行切入，这将引起学生的学习兴趣。二是，教师在实践教学中，不能缺少理论教学。教师只有将理论教学与实践教学有机结合，才能更好地帮助学生理解和掌握所学内容。

三、乡村学校与社会网络媒体的合作

（一）乡村学校与社会网络媒体合作的意义和可能性

社会网络媒体主要是通过新兴的网络社会模式进行信息发布、信息获取、信息交换，其典型代表主要有国外的Facebook、Twitter、Youtube等，国内的如新浪微博、腾讯微博、人人网、开心网等。如图5-2所示，使用者A通过社会网络媒

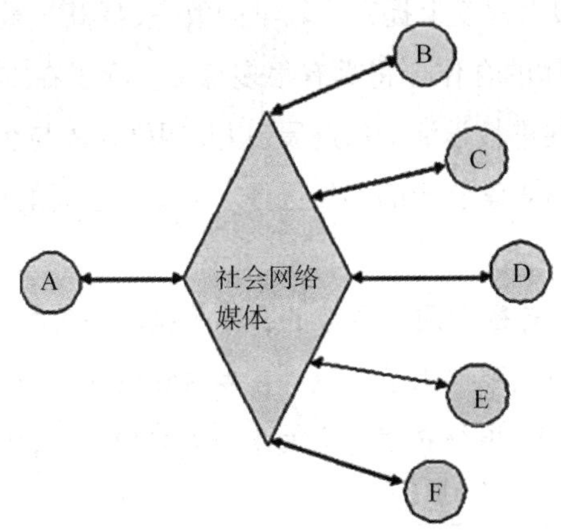

图5-2　社会网络媒体信息传播方式

体认识到网络中的B、C、D、E、F等，而这时社会网络媒体对于A来说就相当于一个中介平台，它为使用者A提供了认识其他人，并同其他人进行交流沟通的机会。同理，对于其他使用者也如此。[①]

社会媒体不仅可以实现思想和观点的分享，还能够实现文本的建构，此外还会涉及视频和音频以及社会交往等多种形式。因此社会媒体也必然有各种各样的形式。如果将各种类型的社会媒体进行总结概括，大体可以分为以下几大类：交流沟通类（Communication）；协作类（Colaboration）；多媒体类（Multimedia）；娱乐类（Entertainment）；社会媒体监控类（Social Media Monitoring）。

社会媒体网络平台具有以下特点[②]：① 易获得性。社会媒体大多是免费使用的，不需要付出过多的成本，任何人都可以在其中发布或者获取信息。② 可用性。社会媒体不需要特定的技能来操作，它简化了自身的操作过程，在某些情况下，人们还可以进行再开发，任何人都可以使用社会媒体。③ 可到达性。社会媒体如同其他工业媒体一样，其受众群具有一定的规模，可以覆盖全球的任何使用者，通过社会媒体可以同世界上的任何一个人进行交流和沟通。④ 即时性。在社会媒体中，时间变得不同以往，瞬间的发起也可以获得瞬间的回复，在这里，时间变得富有弹性，时间拖延长短完全由参与者来决定，而不必受到传统时间秩序的束缚。

1. 乡村学校与社会网络媒体合作的意义

随着网络媒体的发展，学校在教学上应用网络媒体的现象越来越多。同时，网络媒体也在很大程度上提升了教学的效率，提高了教学的趣味性。乡村学校与社会网络媒体的合作也将具有很多意义。除了在本书专题二中提到了网络媒体技术可以促进教学活动的进展，以及网络媒体与乡村学校的合作是促进乡村学校获得丰富教学资源的必然选择。从更加全局的视角来看，二者的合作还具有以下意义：

第一，乡村学校与社会网络媒体的合作是推动乡村教育改革的重要手段。网络媒体为乡村学校改革提供了契机。在乡村学校加入网络媒体的因素，通过视听技术、计算机技术、网络技术等方面来开展乡村教学，为乡村学校带来新的

①② 李银玲.构建聚合的社会媒体网络半格促进个人知识管理[J].现代远距离教育，2009(05)：65—67.

气息，从而推动乡村学校的变化。改革的推进首先是学校领导层观念的革新。网络的进入可以随时随地给予新的文化和概念，这是学校领导层观念革新的一个很好的平台。有研究者提出，面对数字化时代的教育变迁，教育方式应更加个性化、教育信息应更加泛在化、教育环境应更加智慧化、教育评价应更加智能化，这些要求促使了教育变革。[①]因此，网络媒体技术对乡村学校的革新是一个有利的助推器。

第二，乡村学校和社会网络媒体的合作是为乡村培养人才的重要举措。乡村地区人才流失的现象日益严重，从乡村地区走出的青年并不愿意回到家乡，一个很重要的原因就是乡村地区技术落后。因此，把网络技术引入乡村，是吸引青年人回流的一个非常好的举措，也能使优质的教师资源获得更多的保障。因此，乡村学校和社会网络媒体的合作是为乡村地区培养和吸引人才的一个重要举措。同样的，乡村学校可以利用社会网络媒体更便捷地帮助大学生求职，获取更多的求职机会。

第三，利用社会网络媒体扩大宣传教育的影响力。充分利用社会网络媒体传播速度快、传播方式多、互动性强的特点，对于地方政府开展防震减灾宣传等类似工作具有积极意义。与网络媒体开展合作，可以克服乡村学校、地震部门等自持网络媒体技术力量不足、人力资源有限等劣势，保障宣传活动效果。使得政府相关部门面向中小学、甚至面向社会公众的教育类活动取得更好的效果。[②]

与此同时，研究发现，暴露于线上发布的危险内容会培养不利的行为规范，并通过在线网络迅速传播，导致青少年采用危险的信念和行为。[③]比如社交媒体的烟草信息暴露对青少年吸烟行为的影响超过了传统媒体，不吸烟者被诱导使用传统烟草的风险增加。因此，社会网络媒体如果能对信息的传播加以严格的控制，既可以更好地传播控烟信息，扩大宣传教育的影响力，还可以为有戒烟

---

① 邹红军，皮特·麦克莱伦.数字化时代与教育变革：研究背景、进展与局限［J］.天津师范大学学报（基础教育版），2021，22（01）：7—12.

② 李红梅，等.借力社会网络媒体开展防震减灾宣传教育的探索［J］.城市与减灾，2014（06）：20—22.

③ Huang GC, Soto D, Fujimoto K, et al. The interplay of friendship networks and social networking sites: longitudinal analysis of selec-tion and influence effects on adolescent smoking and alcohol use [J]. American Journal of Public Health, 2014, 104(8): e51–e59.

意愿的青少年提供有力的线上社会支持等。[1]

第四，乡村学校通过加强与社会网络媒体的合作传播学校形象。乡村学校的建设必须做好学校的宣传工作。尤其是作为学校官方网站的校园网是获取学校相关信息的首要选择。[2]一方面，建设和维护好学校官网，能为师生、家长提供更多人性化的服务，也能为学生营造良好的网络环境。另一方面，利用社会网络媒体中拥有高浏览量的网站进行学校宣传，将学校与社会各方的合作项目进展进行宣传和发布，能塑造良好的学校形象。

2. 乡村学校与社会网络媒体合作的可能性

乡村学校和社会网络媒体的合作现在看来是一个必然趋势。在两者合作的背后，有多方面因素的影响。这些因素的推动，使得两者的合作成为可能。

第一，经济的发展与社会网络媒体的全面覆盖，使得网络媒体和乡村学校的合作成为可能。网络媒体现在已经几乎可以覆盖全球。在中国，除了交通极为困难的地区，大多数乡村都有网络并且网络设备也已经非常齐全，因此，乡村学校与网络媒体的合作并不是空谈，而是具有很大的可能性。

第二，网络信息传递的快速和便利，促进了乡村学校引进网络的动力。随着时代网络的发展，城市学校基本都已经开始使用网络媒体，并且取得了很好的教学效果。对于大多数乡村学校来说，网络媒体技术对教学的促进也让相关学校对网络媒体的引进有了动力。

第三，政府的政策和财政的支持。学校是教育的执行部门，政府是学校的管理和监督部门。如果获得政府的支持，乡村学校与社会网络媒体合作收到更好的效果。政府管理学校也有很多方式，如通过制定、实施法律法规，对学校进行宏观管理；通过下拨经费，对学校的建设和教育、教学施加必要的影响；通过督导机构和委托中介机构开展评估，对学校进行督促检查等。因此，政府的管理在很大程度上会关系到学校的发展状况。正是因为政府的支持和有效引导，社会网络媒体和乡村学校的合作才能够顺利地开展。

---

① 戴珞佳，谭银亮，朱静芬.社会网络及其在新媒体环境下对青少年吸烟行为的影响研究[J].现代预防医学，2021，48(02)：288—291.

② 马超俊，吴琪琼.试论网络媒体下的高校形象塑造与传播[J].网络财富，2009(18)：147—149.

（二）乡村学校与社会网络媒体合作的途径和方式

1. 社会网络媒体的技术支持

随着现代社会网络媒体的发展，网络技术和媒体技术也得到不断地提高。媒体技术在基础教育中得到广泛的应用，如Web2.0、社会性网络、网络云盘、移动图书馆、电子词典、平板电脑等，这些新的技术和媒体对中小学生的学习方式和思维模式都产生了巨大的影响。

案例5–7

千乡万才工程[①]

该工程由台资企业千乡万才科技公司推动，其投资由企业投入与民间捐资共同完成。该工程着力于营造西部地区学校与乡村的数字化教育环境，即为每所会员学校配置计算机网络教室、建立东西部之间的互联网交互平台，展开帮助当地教师、学生与农民应用互联网的技能培训，帮助当地人利用互联网渠道提高素质、寻求就业或致富，并引导其将西部文化资源数字化以吸引外界的关注，其应用活动呈现"渠道至先"的特性。

以上案例体现的是大多数社会网络媒体和乡村学校合作的方式，即社会网络媒体帮助乡村学校建立自己的网络空间。这种合作方式需要花费一定的资金和技术。网络平台设置完成之后，由乡村学校来进行操作和应用。"千乡万才工程"项目在西部农村地区分散吸纳了150多所会员学校，以互联网为"东西联结"的渠道，其利用网络平台组织的"西才东用""西部故事"等活动初步取得了成效，但是，企业由于资金、人力短缺的限制，对教师和学生实施的远程教育培训并未普及。项目还远没有实现"以数字化技术推动当地学校教育质量提高并促进当地社会信息化"的目标。[②]

① 罗江华.教育资源数字化的价值取向研究[D].重庆：西南大学，2008：11.
② 罗江华.教育资源数字化的价值取向研究[D].重庆：西南大学，2008：7.

2. 现代远程教育课堂的建设

现代远程教育是指学生和教师，学生和教育机构之间主要采用多种媒体手段进行远程教育、系统教学和通信联系的教育形式。现代远程教育贯彻的是“以人为本”的教育思想和“以学生及学生的学习为中心”的教学理念。构建该学习模式，其一，要树立以服务于学习者为宗旨的现代教学理念，使教的模式要服务和服从于学的需要和多元化学习模式构建的需要。其二，要培养学习者的学习兴趣和学习动机，满足不同学习者的个性化需求。

案例5-8

“农远工程”①

以“光盘播放点、卫星接收点和计算机网络教室”的“硬件”配置方式介入西部农村中小学，远程传送所谓优质教育资源并应用于教育、农民致富等活动，其应用活动呈现“内容为王”的特性。“农远工程”以光盘、卫星和互联网远程提供教育信息资源为主，持“东部资源西部用”的理念，在价值追求上仅满足现有学校教育以学科教学为中心的需求，忽视师生对“生于斯、长于斯”之自然与人文资源的潜在需求，未着力于营造“外来”与“本土”教育资源共存的教育信息资源环境。

“农远工程”项目着力于将东部教育信息资源远程传送至西部地区，在一定程度上缓解了一部分边远农村小学师资紧缺的问题，项目的应用亦在部分地区乡村学校与社会网络媒体合作的困难与解决策略，促进了教师信息技术素养的提升。但是，“农远工程”项目资源的应用频率在地区及学校间存在明显差异；远程教育资源的应用活动未能发挥教师的重要作用；项目提供的远程教育资源以东部学校学科教学资源为主，不能完全适应教师、学生的实际需求，且管理部门的评价方式简单化、配套服务措施不足。②

① 罗江华.教育资源数字化的价值取向研究[D].重庆：西南大学，2008：6.
② 罗江华.教育资源数字化的价值取向研究[D].重庆：西南大学，2008：7.

案例5–9

微　课　网[①]

北京微课创景教育科技有限公司旗下微课网，国内首家中学生ESNS学习社交网络，以中考、高考为目标，提供初、高中各学科的在线教育微课程视频，同时可以和同学组成圈子互动答疑、测试并分享学习动态。以全新的分享学习理念为引导，由京城顶级名师独家倾力奉献丰富的微缩精品课程，以全新视角解读新高考、新中考，20分钟轻松打通一个盲点，全面构建多层次初、高中学科知识体系，采用国际领先的视频流媒体技术实现学生全高清视频视听体验，通过ESNS系统精确整合微课、检测、疑难问答多个学习环节，真正实现了全国顶级名师的个性化高效指导，帮助万千中国孩子实现学习的跨越式进步。

第一，微课学习：微课网针对学生学习特点——大多数人的认真学习时间只有十到二十分钟，推出精品微课，针对知识点进行单独讲解，把时间充分控制在有效学习时间内，提升学习效率。同时，微课学习还具有以下四大特点：

①“位微不卑”。微课虽然短小，比不上一般课程宏大丰富，但是它意义非凡，效果明显，是非常重要的教学资源。

②“课微不小”。微课虽然短小，但它的知识内涵和教学意义非常巨大，有时一个短小微课比几十节课都有用。

③“步微不慢”。微课都是小步子原则，一个微课讲解一两个知识点，看似很慢，但稳步推进，实际效果并不慢。

④“效微不薄”。微课有积少成多、聚沙成塔的作用，通过不断的微知识、微学习，从而达到大道理、大智慧。

第二，名师精讲：微课网集中了北京各大名校的顶级名师，课堂风格轻松活泼，不仅涵盖初高中各类知识点，而且切中中、高考要害；同时新近推出小学课程，生动有趣的动画场景，在提升孩子们学习兴趣的同时，也

① http://www.070210.com/www/25241.html.

会扩大孩子们的知识面。

第三，视频听课：微课视频时间短，质量小，方便通过手机、平板电脑、笔记本、台式电脑等终端观看。充分发挥“随时随地学习，随时随地提高”的网络学习优越性。

第四，海量题库自我测试微课网不仅有搭配授课视频的试题，依据知识点的测试题，更有历年中高考真题，供同学们自我测试，了解自己的缺陷，体验中、高考题目难度。具体包括以下几点：

① 中高考题库海量真题，自我测试，提前熟悉中高考氛围。

② 课程配套题课程配套题，帮助同学们强化记忆所学知识。

③ 测试分学科、分年级、分知识点的测试题，让同学们更加了解自己对知识点的把握程度。

微课程作为一种新的课程组织形式，在遵从学生学习过程中所表现出的个人体验独特性和稳定性基础上，推动着学习方式新变革。[①]通过现代远程教育课堂，乡村学生可以与全国数以万计的有志学子一起聆听国内顶级名师近在咫尺的教学，这可以有效地缓解乡村学校地区师资力量缺乏的现状，同时，还可以根据学生自己的情况进行选择相应的课堂，与自己的薄弱项进行强化学习，把握自己的学习步骤，这在一定程度上达到因材施教和注重学生个体的教学的效果。

案例5-10

传　课　网[②]

传课网是传课公司的主体网站，定位于教育领域的C2C电子商务平台，是专业的知识与经验的交易平台。通过传课网，拥有知识和经验的

---

① 邹红军，皮特·麦克莱伦.数字化时代与教育变革：研究背景、进展与局限[J].天津师范大学学报（基础教育版），2021，22（01）：7—12.

② https://baike.sogou.com/v63378369.htm?fromTitle=%E4%BC%A0%E8%AF%BE%E7%BD%91.

人，可以免费在传课网开设课堂，施展才华，进行教学，获取收益，实现知识的增值；而需要学习知识、经验的人，只需一台电脑，即可登录传课网，轻松找到老师，足不出户开始学习所需知识！传课网的主要老师和课程定位于中小学教育领域，这是中国教育培训领域最大的市场。在这个领域存在着东西部、大小城市之间的极大地域不均衡，而传课网的出现，将打破这种不均衡，让优质的师资资源可以惠及更多用户，实现教育资源的公平共享。主要运作的模式有：

第一，传课KK。传课KK是传课网独家推出的即时通信工具。用户可以直接通过KK客户端，即轻松实现购买课程、进入教室、课程评价、个人信息设置、添加好友、好友聊天、视频语音等多项操作。传课KK实现了与用户网站账户的绑定，让用户的很多操作通过KK即可实现。这大大简化了用户的使用操作流程，给用户带来全新的网络使用体验。同时，传课KK让老师、同学之间有了一个在不上课的时候也能进行即时沟通、互相联系的工具，让用户不仅可以学习课程，还能够交到朋友，实现用户价值的增值。

第二，直播教室。传课网络为直播互动教室，是传课用户进行教学与学习的核心平台。对于老师，可以在网络直播教室添加课件、主持上下课、录制课程视频、切换授课模式、使用白板功能、屏幕共享、视频语音。对于学生，可以在网络直播教室听取老师课程、查看课件、发表文本和语音发言、提问、添加好友等各种操作。其中，上课模式有讲师模式和举手模式两种。在讲师模式下，只有老师可以发言，学生听讲；在举手模式下，学生可以举手，按照举手先后次序进行语音发言。这样一来，就保证了课堂上的有效互动，让学生可以及时提出自己的反馈意见。白板功能，主要是让老师可以根据课堂互动需要，在课件上或者白板上进行随意的标记、绘画等操作，让网络教学能够更加生动灵活，有效提升教学效果。屏幕共享，可以让老师远程操作本地计算机，进行远程的桌面演示，非常适合软件类课程的教学。电脑桌面真实共享，让老师可以将“桌面上的精彩”分享给大家，也让操作演示课变成了现实！视频语音互动，课程可以通过视频的方式，进行讲座类、采访式等教学模式，提高了课程的互动性和真实感。

第三，传课HD。传课HD是传课为用户倾情打造的iPad平台上的即时互动学习应用。通过传课HD，用户可以随时随地观看在传课平台上的直播课程和海量视频课。

传课网是中国教育领域新兴的在线教育平台，它致力于用互联网的方式来打破中国教育资源地域分布的不平衡，精心打造在线课程发布网站、直播互动教室，提供在线直播互动的一站式全方位的专业教育服务。它对于教育资源匮乏的乡村学校来说是一个珍贵的学习平台。传课网不仅可以通过在线课堂进行学习，还可以下载课程视频，有利于教师针对学生和本校的学习节奏来下载相应的视频供学生学习。

案例5-11

网易公开课[①]

2010年11月1日，中国领先的门户网站网易推出“全球名校视频公开课项目”，首批1 200集课程上线，其中有200多集配有中文字幕。用户可以在线免费观看来自哈佛大学等世界级以及国内名校的公开课课程。

首批上线的公开课视频来自哈佛大学、牛津大学、耶鲁大学等世界知名学府，内容涵盖人文、社会、艺术、金融等领域，其中有200多集配有中文字幕。“这个项目是完全公益性的”，网易副总编辑张锐此前接受媒体采访时强调，“网易此举是希望加速信息流动，惠及中国网民。虽然目前视频广告的投放很火，但我们不会在公开课频道上进行任何的广告营销，保

① 郭红霞.基于网易公开课的大学生非正式学习现状调查与思考[J].周口师范学院学报，2015，32(01)：126—129.

持频道的公益性和纯粹性”。

网易公开课对外推出了“可汗学院”课程。“可汗学院”是世界著名的免费在线课堂，其创办人萨尔曼·可汗在《时代周刊》评出的“2012年影响世界的百人榜”中位列第四。网易作为可汗学院在中国唯一官方授权合作的门户网站，将推出更多面向14—18岁年龄层用户的基础课程。

网易于2011年11月9日宣布其旗下网易公开课项目正式推出中国大学视频公开课，这也继网易公开课上线一周年后，首次大规模的上线国内大学的公开课程。网民只要通过互联网即可享用这些课程。网易首批上线了20门国内大学课程，覆盖信息技术、文化、建筑、心理、文学和历史等不同学科，这些课程分别来自北京大学、清华大学等十余所国内著名的高等院校。网易公开课有以下一些特点：

（1）海量名校课程，随时随地上来自世界一流名校的两千余集精品视频课程，内容涵盖人文、哲学、数理、心理、经济等领域。视频播放速度流畅，视频画面高清。

（2）支持视频下载，本地收看省流量。可将视频下载到本地，无网络时也能看，节省流量。另外，可手动暂停或启动下载中的视频，还支持断点续传。

（3）收藏与同步，任意设备同步看。我的收藏列表可与服务器保持同步，满足学习者在不同设备上的收看需求。

（4）播放进度记忆，断点续播最给力。帮学习者记录每一课视频的播放进度，下次能从上次停止收看处继续播放。

（5）翻译进度提示，实时提醒最温馨。可提示课程总集数及已翻译集数，还可为学习者推送所收藏课程的最新翻译通知。

有研究者指出，开发与利用课程数字化资源主要包括两条路径：一是课程资源库即教学素材库、辅助教学素材库等的建设目标、建设内容及促进学科教学的建议；二是教师的专业信息素养即教师对信息资源的收集与整理、编辑、制作和使用水平。[①]在信息化时代，不仅学生需要学习，教师也需要不断地学习。网络平台也是教师学习的一个很好的平台。网易公开课就提供了这样一个聚集世界知名高校的课程平台，其课程涉及信息技术、文化、建筑、心理、文学和历史等不同学科，并提供最热门的话题探讨。网易公开课这个平台，也可以丰富乡村教师的视野，提高教师的综合素养。

3. 让社会网络媒体发起的教育公益项目走进乡村学校

通过互联网学习方式改变传统教育，如沪江、CCtalk等网络媒体平台发起了教育公益项目。推动基于互联网的教育公益项目与乡村学校的合作，可以实现优质网络课程在全国各地的共建共享，进而帮助解决乡村学校核心素养课程难以开足开齐的问题，通过使用教室里的电脑、网络、投影（或白板、屏幕）实现优质资源的快速辐射，助力乡村教育质量均衡发展，推进教育公平。

以“互+计划”[②]为例，它是2015年专业互联网学习平台沪江发起的“互联网+教育”公益项目，旨在用互联网链接优质教育资源，改变传统教与学的方式，助力国家教育精准扶贫。目前已覆盖5 000余所学校、培训约15万名教师、累计100万学生受益。2019年1月，“互+计划”入围国务院扶贫办“2018企业精准扶贫案例”，成为全国教育扶贫的典型。一方面开展优质课程资源整合、乡村教师社群化培训，为乡村小规模学校连接优质教育资源进行“输血”；另一方面开展区域整体合作，培养乡村学校探索符合自身发展的支持保障体系，激活区域乡村教育自主发展的内驱力，以“开放、平等、协作、快速、分享”的精神聚合政府、企业和社会的资源，实现教育资源集装箱式的重组和整合利用，最大程度地发挥集合影响力。[③]

（三）乡村学校与社会网络媒体合作的困难与解决策略

1. 乡村学校与社会网络媒体合作的困难

第一，社会网络媒体对乡村学校的宣传存在偏颇。媒体舆论所涉及的农村教育问题中，如失学儿童问题、留守儿童的教育问题，是经济、社会发展在学校

---

① 邹红军，皮特·麦克莱伦.数字化时代与教育变革：研究背景、进展与局限[J].天津师范大学学报（基础教育版），2021，22（01）：7—12.

② https://data-hujia.cctalk.com/intro/.

③ https://data-hujia.cctalk.com/intro/hujia-project.

和教育领域中的表现，它们本身并不主要是学校的问题，而且也不是仅凭学校所能解决的问题。有些问题的根源并不在学校和教育领域，这类问题中最为突出的就是公共教育投入的问题，例如，教育机会不公平等，事实上，学校和教育本身也在深受其弊。还有些问题是我国教育发展过程中必然经历的问题，例如学生权益问题以及近年来学生与学校的法律关系问题等。以上这些问题都是随着社会和教育发展而产生，在客观上是难以避免的。有时，来自社会网络媒体的不恰当、不合理的指责有失偏颇，反而会导致一些乡村学校为避免来自社会方方面面的指责，不得不采取“鸵鸟战术”，时时谨小慎微、如履薄冰，难以自主开展真正需要的教育改革。因此，社会网络媒体的报道应把握度，更多关注乡村学校自身存在的问题或者有能力改变的问题。[①]另外，一些将农村留守儿童问题夸大化、标签化甚至污名化、把留守儿童等同于问题儿童的倾向的媒体宣传，[②]也不利于乡村学校与社会网络媒体开展合作。

第二，乡村学校教师媒体技术素养不足，造成资源浪费。尽管乡村学校中媒体技术设备日渐完善，社会网络媒体在乡村地区也得到了快速发展。但是由于许多乡村教师自身的多媒体技术素养不足、能力精力有限，并未能有效地利用这些资源。在乡村学校与社会网络媒体合作的过程中，更需要乡村教师的积极主动参与，需要他们有意识地利用技术改善教学，然而，技术上的空白亟须填补。授人以鱼不如授人以渔，为此，转变教师思想、加强提升教师媒体技术素养的培训是乡村学校与社会网络媒体长期开展合作的基础。

第三，社会网络媒体的公信力不足，信息混杂。网络是一把双刃剑，我们从中获得很多好处，但是，教育是一项需要人参与的活动，是一项需要感情投入的活动。而过分依赖网络媒体却弱化了人，尤其是弱化了教师在教学活动中的情感作用。此外，乡村学校如果一味地追赶技术时尚，追赶与模仿城市学校，会不会不仅没有学到别人的精华还把自己最本真的自然状态给丢失了？这是值得乡村教育改革者和促进者思考的问题。

第四，乡村学生线上学习处于不利地位。新型冠状病毒肺炎疫情发生以来，全国教育系统积极响应教育部发出的“停课不停学”号召，城乡中小学陆续

---

① http://paper.dzwww.com/ncdz/data/20081118/html/5/content_5.html.

② 邬志辉，李静美.农村留守儿童生存现状调查报告［J］.中国农业大学学报（社会科学版），2015，32（01）：65—74.

开展了线上教学工作，但是“在家上学”使传统“学校主场”的“线下教学”变成了“家庭主场”的“线上教学”，使得原先以学校为单位建设的教育信息化成果失去了作用，而城乡家庭数字条件和学习环境成了制约城乡学生能否参与线上学习、能否取得良好学习效果的关键性因素。调查显示，除了智能手机外，乡村家庭的其他物质性数字资源处于全面落后地位，导致全国有5.98%的学生处于“线上失学”的状态，其中乡村更是高达8.07%。[①] 为此，有关方面应当帮助解决这种影响教学公平性和学习连续性的情况。

2. 乡村学校与社会网络媒体合作困难的解决策略

第一，健全社会网络媒体的管理、监督机制。社会网络媒体是一个非常灵活的主体，如何使之有效地应用到乡村学校之中，需要我们做好管理机制建设的工作。有些省区为了保证乡村学校现代远程教育的实施和效果，专门建立了“以县为主”的管理机制，即以县教育局为主导，组织专门技术和课程人员，对远程教学资源进行整理、考核、筛选，最终确定可以使用和借鉴的远程教育资源。这就大大地提高了远程教育资源的使用效率。同样，我们也可以“以县为主导”，组织人员进行网络媒体技术的培训和学习，并且对乡村学校的网络媒体的使用状况进行及时的了解，在出现问题时及时帮助解决。这样，在人员培训和管理上，有县教育局设定人员培训的要求、建立合理的人事架构等，这将使得网络媒体技术能够更好地促进县级教育的不断发展。

第二，摆正观念，认清对象，正确对待社会网络媒体的优与劣。如何发挥网络媒体的功用，关键在于使用者能够认清对象，并做出合适的选择。优秀的教师能够知道什么是学生最需要的，什么是学生不需要的。在使用网络媒体时，作为教育教学的主导者，教师应该适当地选取网络媒体教育资源。通过对学生的学习能力、学习风格、学习内容等方面的深入了解，教师结合学生选择优质教学资源，并加以内化和吸收，融合进自己的教学风格当中去。此外，还要安全使用网络，发挥网络优势，规避传播隐患，[②] 如，在个人隐私管理等方面提高安全意识和媒介素养。

---

① https://mp.weixin.qq.com/s/IsFgf5Qj_YChw47RJ2SFOA.

② 韩旭. 以儿童走失问题为例论互联网时代下网络传播对隐私安全的双面作用[J]. 新媒体研究，2018，4(14)：66—68.

拓展阅读材料

1. 千里草助学的博客：http://blog.sina.com.cn/qianlicaozhuxue2010.
2. PEER毅恒挚友官网：http://www.peerchina.org/.
3. 中国青年志愿服务网：http://www.zgzyz.org.cn/.
4. 美丽中国官网：http://www.tfchina.org/.
5. 微课网：http：//www.vko.cn/.
6. 网易公开课：https：//open.163.com/.
7. 中国大学MOOC：http：//www.icourse163.org/.

后续学习活动

任务一：

了解更多的网络教学资源及教学方法，将其带入课堂。在初期，可以并观察和调查学生的初步感受；在中、后期，可以对网络教学资源的教学效果进行一个评估，可以采取考试的方式或者问卷调查的方式。最后，请反思自己的教学过程，进行改善和进一步的实践。

任务二：

制定一个学习计划，在网易公开课或MOOC中国上选取自己喜欢的一门或两门课，并坚持学习。一段时间之后，请你对自己的学习成果进行评价与反思。

后记

本书在撰写过程中参考和吸收了学术界许多已有研究成果，我在此深表致谢！为了提高本书的学术质量和实践启发性，我和研究团队花了大量时间分析和建构框架、收集国内外资料，尤其是尽可能地收集和整理来自乡土教育实践鲜活的案例素材。本书最终能顺利出版面世，由衷感谢主编杨小微教授的包容、鼓励和督促，非常感谢李家成教授在写作过程中给予的著作范例和大力支持，也非常感谢出版社师文、刘雪编辑给予的理解和专业支持。

本书也是我和研究团队共同思考、探索、积累的思想结晶。几年来，我和研究团队围绕着本书的主题阅读和梳理文献、定期研讨、不断吸收新的案例、关注政策的变化。华中科技大学教育科学研究院研究生黄艺协助我做了大量工作，和我一起重新讨论了专题一的架构并撰写了专题一、专题三的初稿，同时对专题二、专题四、专题五补充了有关文献、调整了有关论述。武汉软件工程职业学院唐圆整理撰写了乡村学校家校合作的原始素材，并协助我整理、统计了各专题资料。研究生郭书鲜、张小晶、方婷、李俊怡、郭学明、徐孝雪等先后协助我收集并整理了专题二、专题三、专题四、专题五及有关方面的大量素材。研究生黄艺、王士超、史文俊、蒙泳瑛协助我在定稿阶段重新核对和校订了全书的参考文献，并整理撰写专题五中“乡村学校与企业合作的途径和方式”的原始素材。在写作过程中，我也就某些专题向有关乡村教师、校长和研究者进行了请教、咨询，在此一并表示衷心的感谢！

就我和研究团队掌握的文献来看，乡村学校与社会合作方面系统、深入的理论研究与实践探索还不是特别多。因时间、精力、积累和水平所限，本书一定还存在着诸多不足之处，非常期待广大读者和研究者批评指正，帮助我和研究团队不断修改与完善！

星垂乡野，放牧平川。作为一个从乡村“走”出来的孩子和学子（其实很多次的夜里，我都梦到回到乡村家乡、回到农村童年），我一直都深深感恩与感念生我养我的乡村故乡，深深感恩与感念护佑和鼓励我成长和发展的乡亲父老们，深深感恩与感念那些以朴实诚挚的人格情怀、精益求进的知识追求、包容严谨的教育艺术培育我和无数乡村孩子、学子的乡村老师们！乡村为我做得太多，而我为乡村做得太少，希望以此书为一个契机，今后有更多的机会“回到乡村”、为乡村与乡村教育做贡献。是为记。

李　伟

2021年4月